Max Weber

Schriften
zur Wissenschaftslehre

Herausgegeben und eingeleitet
von Michael Sukale

Philipp Reclam jun. Stuttgart

Universal-Bibliothek Nr. 8748
Alle Rechte vorbehalten
© 1991 Philipp Reclam jun. GmbH & Co., Stuttgart
Gesamtherstellung: Reclam, Ditzingen. Printed in Germany 1991
RECLAM und UNIVERSAL-BIBLIOTHEK sind eingetragene
Warenzeichen der Philipp Reclam jun. GmbH & Co., Stuttgart
ISBN 3-15-008748-1

Inhalt

Einleitung

Max Weber (1864–1920) hatte sich schon früh mit Logik und Philosophie befaßt, aber seine ersten Veröffentlichungen zur Methodologie der Sozialwissenschaften erfolgten erst, nachdem er bereits als Jurist, Sozialgeschichtler und Nationalökonom hervorgetreten war und nach mehrjähriger arbeitsreicher Tätigkeit als Professor und Publizist einen schweren psychischen und körperlichen Zusammenbruch erlitten hatte, der ihn zwang, früh aus dem aktiven akademischen Leben auszuscheiden. Zum Zeitpunkt der erneuten Arbeitsaufnahme (1902) war er 38 Jahre alt. Seitdem begleiteten methodologische und sozialphilosophische Untersuchungen, zumeist in kritischer Auseinandersetzung mit Nationalökonomen und Historikern, seine inhaltlichen Studien bis an sein Lebensende.

Um diese, erst nach Webers Tode von seiner Frau Marianne in Buchform gesammelten und als seine *Wissenschaftslehre* herausgegebenen Aufsätze zu verstehen, müssen zwei Themenkreise aus der Philosophiegeschichte und der unmittelbaren philosophischen Umgebung Webers angesprochen und deren Konsequenzen für seine Wissenschaftslehre untersucht werden: zum einen der Gegensatz zwischen der aristotelischen und der kantischen Erkenntnistheorie und das hieraus für Weber entspringende Problem, wie objektiv und wertfrei die Sozialwissenschaften sein können; zum anderen die Unterteilung der Wissenschaften in Natur- und Geisteswissenschaften und die damit verbundenen Probleme der sozialwissenschaftlichen Begriffs- und Urteilsbildung.

Weber entwickelte seine eigenen Anschauungen zur Wissenschaftslehre schon in der Studienzeit, als er in Heidelberg bei dem Neukantianer Kuno Fischer Logik studierte, und später in enger Anlehnung an die Schriften des Neukantianers Wilhelm Windelband und die seines Schülers Heinrich

Rickert. Wir gehen zunächst auf die philosophiegeschichtli-
chen Zusammenhänge ein und stellen dann Webers Position
im Vergleich zu seinen unmittelbaren Vorgängern und Kollegen dar.

1. Chaos und Erkenntnis

Für Platon war die materielle Welt ein Chaos von Gegeben-
heiten, das sich in den von ihm ebenfalls als chaotisch begriffenen Wahrnehmungen widerspiegelte. Dagegen stand die
geordnete Welt der Formen, die sich im reinen oder logischen
Denken abbilden konnte. Aristoteles hat sich mit diesem
System nicht anfreunden können und behauptete, daß das,
was Platon hinter der Welt der materiellen Dinge vermutete,
nämlich die Formen, eigentlich in der materiellen Welt selbst
als deren Wesen zu Hause sind. Für Aristoteles sind daher in
der Welt der materiellen Dinge auch Ordnungen vorhanden,
die der Geist aus den Dingen herauslesen und in einer Definition begreifen und sprachlich bündeln kann. Daher rührt
für Aristoteliker die wissenschaftliche Bedeutung der sogenannten Wesensdefinitionen oder Realdefinitionen, in denen
das Wesen eines Dinges erkannt wird und zum Ausdruck
kommt.

Kant glaubte wie Platon, daß die Welt der sinnlich erfahre-
nen oder wahrgenommenen Dinge oder Objekte ein unge-
ordnetes Chaos ist, und er spricht daher von einer Mannigfaltigkeit der Empfindungen, die nicht nur mannigfaltig, also
vielartig, sondern auch unendlich ist. Dennoch glaubte er,
daß es empirisches, also sinnlich erfahrbares Wissen gibt;
aber die Frage ist, auf welche Weise er diese Tatsache erklärt,
ohne wie Platon eine Welt postulieren zu wollen, in der es
Objekte gibt, die man erkennt, die aber immateriell und nicht
durch die Wahrnehmung erfahrbar sind, oder wie Aristoteles
zu glauben, daß die erfahrbare Welt selbst schon geordnet ist.
Kant versuchte, dieses Problem zu lösen, indem er zu be-

weisen suchte, daß wir als denkende und anschauende Subjekte immer schon bestimmte Grundkategorien in die uns vorgegebene unendliche und ungeordnete Mannigfaltigkeit der Empfindungen projizieren und sie so zu innerlich und äußerlich strukturierten Objekten ordnen, die Kant *Erscheinungen* nennt. So kommt es zustande, daß in der Welt der Erscheinungen tatsächlich Ordnung herrscht und diese Ordnung von ihr auch abgelesen werden kann. Aber eigentlich ist es gar kein Ablesen dieser Ordnung, wie bei Aristoteles, sondern in den Erscheinungen wird nur das gefunden, was eine unwillkürliche Projektion in die ungeordnete Mannigfaltigkeit der Empfindungen hineingelegt hatte.

Weber stimmt zunächst Platon und Kant zu, was das Chaos der unendlichen Mannigfaltigkeit der Erscheinungen anbetrifft, und zieht den Schluß, daß es eine voraussetzungslose, rein rezeptive Wissenschaft von der Realität nicht geben kann, denn »es gibt keinerlei in den Dingen selbst liegendes Merkmal, einen Teil von ihnen als allein in Betracht kommend auszusondern. Ein Chaos von ›Existentialurteilen‹ über unzählige einzelne Wahrnehmungen wäre das einzige, was der Versuch eines ernstlich ›voraussetzungslosen‹ Erkennens der Wirklichkeit erzielen würde. [...] In dieses Chaos bringt n u r der Umstand Ordnung, daß in jedem Fall nur e i n T e i l der individuellen Wirklichkeit für uns Interesse und B e d e u t u n g hat« (S. 58)*. Dieses nach Bedeutung ordnende Interesse stellt nach Heinrich Rickert und Max Weber die sogenannte *Wertbeziehung* zwischen dem Forscher und seinem Forschungsgebiet her, begründet aber keineswegs positive oder negative *Werturteile* oder *Wertungen* über einzelne Forschungsgegenstände (S. 202).

Weber entscheidet sich sodann konsequenterweise eindeutig gegen Aristoteles und für Kant, wenn er schreibt: »Nicht die s a c h l i c h e n Zusammenhänge der ›D i n g e‹, sondern die gedanklichen Zusammenhänge der P r o b l e m e

---

* Die Seitenzahlen beziehen sich hier und im folgenden auf den Textabdruck in der vorliegenden Ausgabe.

liegen den Arbeitsgebieten der Wissenschaften zugrunde«
(S. 44).

Weber ist drittens hinsichtlich der Definitionslehre kein
Realist, sondern ein Nominalist: eine Definition spiegelt
nicht das Wesen der Dinge wider, sondern regelt als Wort-
erklärung nur einen Sprachgebrauch. Daher rührt die von
Weber immer wieder verwendete Formel: ». . . x . . . (etwa:
Soziologie, Vergemeinschaftung, Kampf usw.) soll heißen
. . . y . . .«

Max Webers Wissenschaftslehre ist von der kantischen
Erkenntnistheorie vollständig durchdrungen, und er spricht
daher immer wieder davon, daß sich der Strom der Geschehnisse unendlich, chaotisch und sinnlos durch die Zeit der
Ewigkeit entgegenwälze (S. 61, 65 f., 99 f.).

Aus dieser kantischen Einstellung heraus überträgt Weber
in die Sozialwissenschaften auch das Argument, das Kant
in der Erkenntnistheorie angewandt hatte, nämlich, daß
im Subjekt, das im unermeßlichen Weltgeschehen einen endlichen Teilbereich von abgrenzbaren Erkenntnisobjekten
unterscheidet, ein Strukturierungs- und Selektionsprinzip
wirksam sein müsse. War aber bei Kant dieses Selektionsprinzip ein ganz allgemeines, *a priori* in jedem Menschen gleichermaßen verankertes kategorisches Raum-Zeit-System, so treten bei Weber an dessen Stelle sich wandelnde Interessen, die
er *höchste Wertideen* nennt und von denen er behauptet, sie
würden Teile des chaotischen Stromes der Geschehnisse
beleuchten und bedeutsam machen (S. 100).

Diese höchsten Wertideen bestimmen auch die Kultur:
»›Kultur‹ ist ein vom Standpunkt des Menschen aus mit
Sinn und Bedeutung bedachter endlicher Ausschnitt aus der
sinnlosen Unendlichkeit des Weltgeschehens« (S. 61).

An dieser Stelle wird man sich fragen müssen, ob die Kombination eines erkenntnistheoretischen Subjektivismus mit
dem Wertrelativismus nicht die Sozialwissenschaften ihrer
Objektivität und Wertfreiheit beraubt, das heißt aber: ihre
Wissenschaftlichkeit in Abrede stellt?

Weber verneint dies, indem er einerseits die Interessenbe-

zogenheit aller Wissenschaft zugibt, aber die Wertfreiheits-
these auch für die Sozialwissenschaften verteidigt; und indem
er andererseits mit seinen *Idealtypen* ein methodisches Werkzeug bereitstellt, das zwischen den subjektiven Wertideen des
Forschers und der zwar chaotischen, aber objektiv vorliegenden Wirklichkeit vermittelt.

2. Objektivität und Wertfreiheit

Weber stellt ausdrücklich fest, daß wertendes Verhalten
selbstverständlich zum Objektbereich des Sozialwissenschaftlers gehört (S. 188), und zweitens gibt er zu, daß praktische Werturteile des Forschers seiner empirisch-wissenschaftlichen Arbeit die Richtung weisen können (S. 202),
»daß auf dem Gebiet der Sozialwissenschaften der Anstoß
zur Aufrollung wissenschaftlicher Probleme erfahrungsgemäß regelmäßig durch praktische ›Fragen‹ gegeben wird« (S. 35); aber er behauptet, daß man Tatsachen-
urteile von Werturteilen logisch trennen könne und daß sie
nicht voneinander ableitbar seien. Daraus folgert er, daß es
grundsätzlich zwei Arten der Diskussion geben kann, eine
Tatsachendiskussion, die insofern »wertfrei« ist, als sie lediglich die verständlichen Handlungs- und kausalen Ereignisver-
läufe selbst betrifft, und eine Wertdiskussion, in der die eigenen höchsten Wertideen oder diejenigen anderer, die schon
bei der Auswahl der zu untersuchenden Tatsachen Pate
gestanden haben mögen, einer Kritik unterzogen werden.
Nun sind auch Tatsachenfeststellungen oft umstritten, aber
bei der Wertdiskussion ist ein Streit oberster Wertideen prinzipiell weder auszuschließen noch aufzulösen: »Es handelt
sich nämlich zwischen den Werten letztlich überall und
immer wieder nicht nur um Alternativen, sondern um
unüberbrückbar tödlichen Kampf, so wie zwischen ›Gott‹
und ›Teufel‹. Zwischen diesen gibt es keine Relativierungen
und Kompromisse« (S. 197).

Daraus folgert Weber: »Die aller menschlichen Bequemlichkeit unwillkommene, aber unvermeidliche Frucht vom Baum der Erkenntnis aber ist gar keine andere als eben die: um jene Gegensätze wissen und also sehen zu müssen, daß jede einzelne wichtige Handlung und daß vollends das Leben als Ganzes, wenn es nicht wie ein Naturereignis dahingleiten, sondern bewußt geführt werden soll, eine Kette letzter Entscheidungen bedeutet, durch welche die Seele, wie bei Platon, ihr eigenes Schicksal: – den Sinn ihres Tuns und Seins heißt das – wählt« (S. 197 f.).

Dennoch haben Wertdiskussionen einen Sinn. Sie können die Diskutanten dazu bringen, einander ihre innersten Motive und obersten Wertaxiome aufzudecken, die auch ihre Forschungen leiten, und sie können dazu führen, daß deren praktische Konsequenzen durchdacht und auf beabsichtigte und unbeabsichtigte Folgen und Nebenfolgen geprüft werden. Letztlich sind aber solche Erörterungen allesamt nicht imstande, den Verteidiger eines letzten Wertpostulates durch rein logische Mittel zu zwingen, dieses aufzugeben. Man hat hieraus gefolgert, Weber sei auf der Ebene höchster Wertaxiome dem Irrationalismus und Relativismus verfallen, doch dies ist falsch, denn aus der Tatsache, daß auf der Ebene höchster Wertaxiome keine *logisch* zwingenden Argumente zur Verfügung stehen, folgt nicht, daß sie daher *unkritisierbar* wären – die Kritik wird sich nur anderer Mittel bedienen müssen –, und daraus, daß kein Wertsystem aus Tatsachen ableitbar oder sonstwie beweisbar ist, folgt nicht, daß alle möglichen Wertsysteme gleichermaßen akzeptabel seien. Beide Punkte werden von Weber ausdrücklich angesprochen (S. 192 f.).

Mit dieser Fragestellung verbunden ist eine andere, ob es nämlich angemessen oder empfehlenswert sei, im akademischen Unterricht seine eigenen Wertungen den Studenten vorzutragen. Wären Werturteile von Tatsachenurteilen nicht zu scheiden, so würde der akademische Lehrer nicht anders können, als den Vortrag von Werturteilen bei der Vermittlung von Tatsachenwissen mit in Kauf zu nehmen. Da Weber aber an der logischen Trennung von Tatsachen- und Werturteilen festhält, muß er sich dieser Frage stellen. Obwohl diese Frage selbst eine Wertfrage ist, die daher nach Weber nicht schlüssig beantwortet werden kann, spricht er sich mit mehreren sachlichen Argumenten vehement gegen eine »Kathederwertung« aus und hält es für »ein Gebot der intellektuellen Rechtschaffenheit« (S. 178), daß der akademische Lehrer in der modernen, rein auf Fachausbildung ausgerichteten Universität Werturteile vermeide oder aber sich und seinen Hörern zumindest immer klarmachen müsse, was Tatsachenaussage und was praktische Wertung sei.

3. Naturwissenschaft und Sozialwissenschaft

Mit und seit der modernen Naturwissenschaft hat sich die Philosophie zu großen Teilen unter das Joch der naturwissenschaftlichen Empirie begeben und sich deren experimentellen Befunden sowie Meß- und Instrumentenkunst fügen müssen. Seitdem sind die Philosophen gehalten, ihre Weltauffassung mit derjenigen der Naturwissenschaftler verträglich zu machen oder abzustimmen. Doch gab es bei dieser Verweltlichung der Philosophie zwei Ausnahmen, nämlich die Bewußtseinsphilosophie, die von Descartes ausging und in den deutschen Idealismus mündete, und die Logik, die weiterhin von aller Empirie befreit blieb und den Wissenschaften deren innere Form vorschreiben konnte.

Die am Subjekt orientierte Bewußtseinsphilosophie konnte natürlich an die Versuche Platons und Aristoteles, das reine Denken letztlich vom wissenschaftlichen Begreifen abzuspalten, anknüpfen und, mit der unangreifbaren Logik verbunden, ein eigenes und von der Naturwissenschaft abgelöstes Leben des Selbstbewußtseins begründen. Dies führte auf Umwegen zu einer erneuten Zweiteilung der Wissenschaften, die sich in aller Schärfe im 19. Jahrhundert herausbildete und vor allem in Deutschland seitdem viel diskutiert wird, nämlich die Unterscheidung zwischen den »Naturwissenschaften« wie Physik, Chemie usw. und den »Geistes- oder Sozialwissenschaften« wie Geschichte, Psychologie und Soziologie. Hierbei brach der Streit vor allem darüber aus, ob die Geisteswissenschaft mit der Naturwissenschaft in logisch-methodischer Hinsicht vereinigt werden könne. Die Kausalanalyse war in den Naturwissenschaften längst eingeführt, doch Wilhelm Dilthey führte erstmals ausdrücklich die »verstehende Methode« für die Geisteswissenschaften ein und Wilhelm Windelband unterschied zwischen der naturwissenschaftlich-nomothetischen und der geschichtlich-idiographischen Methode. Da beide Philosophen – zusammen mit Heinrich Rickert – die unmittelbaren Vorläufer der Wissenschaftslehre Webers waren, wollen wir auf sie in diesem Zusammenhang kurz eingehen.

Noch im 18. Jahrhundert glaubte man, daß man unabhängig vom einzelnen und historischen Geschehen allgemeine sozialwissenschaftliche Gesetze aufstellen könne, nach denen sich geschichtliche Abläufe gestalteten. Dies war die Fortführung der in der Renaissance ausgebildeten Naturrechtslehre, nach der das Wesen und die aus ihm abzuleitenden Rechte der Menschen im Kern unveränderlich sind. Gegen diese, vor allen Dingen in Frankreich herrschende Strömung behauptete sich in Deutschland die sogenannte historische Schule, für die in den Sozialwissenschaften statt allgemeiner Gesetze die Darstellung individueller und unwiederholter Ereignisse im Mittelpunkt stand. Dilthey glaubte, er könne diese historische Methode mit allen Geisteswissenschaften zusammenschließen und so für diese eine methodische Grundlage nachweisen, die von der methodischen Grundlage der Naturwissenschaften prinzipiell verschieden ist.

Der Unterschied zwischen Natur und Geist, den Dilthey im Auge hatte, geht auf Descartes zurück, für den die Natur bewußtlos und unfrei, der Mensch aber mit einheitlichem Bewußtsein und Spontaneität, also Freiheit, ausgestattet ist:

»Unangerührt noch von Untersuchungen über den Ursprung des Geistigen findet der Mensch selbst in diesem Selbstbewußtsein eine Souveränität des Willens, eine Verantwortlichkeit der Handlungen, ein Vermögen alles dem Gedanken zu unterwerfen und allem innerhalb der Burgfreiheit seiner Person zu widerstehen durch welche er sich von der ganzen Natur absondert [...]. So sondert er von dem Reich der Natur ein Reich der Geschichte, in welchem mitten in dem Zusammenhang einer objektiven Notwendigkeit, welcher Natur ist, Freiheit an unzähligen Punkten dieses Ganzen aufblitzt [...]« (Wilhelm Dilthey, *Einleitung in die Geisteswissenschaften*, 1883, in: W. D., *Gesammelte Schriften*, Bd. 1, Leipzig/Berlin 1914, S. 6; Nachdr. Stuttgart/Göttingen 1962 ff.).

Parallel zu diesem ontologischen Unterschied setzte Dilthey einen weiteren, von Kant übernommenen Unterschied, nämlich denjenigen zwischen der äußeren Wahrnehmung, welche die Gegenstände der Natur kausal erfaßt, und der inneren Wahrnehmung, in der Bewußtsein reflektierend sich selbst und per Analogie anderes Bewußtsein zu begreifen vermag. Aus beidem leitete Dilthey dann den methodologischen Unterschied ab: in der Naturwissenschaft würde kausal erklärt, in der Geschichts- oder Geisteswissenschaft deutend verstanden: »Das Verstehen und Deuten ist die Methode, welche die Geisteswissenschaften erfüllt« (Dilthey, Gesammelte Schriften, Bd. 7, S. 205).

Max Weber folgt darin Dilthey und schreibt: »Dazu tritt, daß es sich in den Sozialwissenschaften um die Mitwirkung geistiger Vorgänge handelt, welche nacherlebend zu ›verstehen‹ natürlich eine Aufgabe spezifisch anderer Art ist, als sie die Formeln der exakten Naturerkenntnis überhaupt lösen können oder wollen« (S. 52).

Den mächtigsten Einfluß auf die Wissenschaftslehre Webers übten jedoch die Schriften von Wilhelm Windelband aus, denen auch dessen Schüler Heinrich Rickert, Max

Webers fast gleichaltriger und zur gleichen Zeit nach Freiburg
berufener Kollege, viel zu verdanken hat.

Windelband hatte in seiner Straßburger Rektoratsrede
»Geschichte und Naturwissenschaft«, die er elf Jahre nach
Erscheinen von Diltheys erstem Hauptwerk, im Jahre 1894,
hielt, eine ähnliche Unterscheidung vorgenommen: »So dürfen wir sagen: die Erfahrungswissenschaften suchen in der
Erkenntnis des Wirklichen entweder das Allgemeine in der
Form des Naturgesetzes oder das Einzelne in der geschichtlich bestimmten Gestalt; sie betrachten zu einem Teil die
immer sich gleichbleibende Form, zum anderen Teil den einmaligen, in sich bestimmten Inhalt des wirklichen Geschehens. Die einen sind Gesetzeswissenschaften, die anderen
Ereigniswissenschaften; jene lehren was immer ist, diese was
einmal war. Das wissenschaftliche Denken ist – wenn man
neue Kunstausdrücke bilden darf – in dem einen Falle nomo-
thetisch, in dem anderen idiographisch.« (Wilhelm Windelband, »Geschichte und Naturwissenschaft«, in: W. W., *Präludien. Aufsätze und Reden zur Philosophie und ihrer
Geschichte*, Bd. 2, Tübingen [6]1919, S. 145.)

Heinrich Rickert hatte diese Unterscheidung aufgegriffen
und von *generalisierender* und *individualisierender* Methode
gesprochen (*Die Grenzen der naturwissenschaftlichen Begriffsbildung*, Tübingen 1896). Bei Max Weber wird aus der
nomothetischen die *nomologische* und aus der *idiographischen*
die *historische* Methode. Die erste behandelt das *abstrakte*
oder *generelle* Gesetz, die zweite das *konkrete* oder *historische Individuum*.

Tatsachen werden von der Naturwissenschaft als Exem-
plare von Gesetzen behandelt, aber das Einzelwissen »erfüllt
sich ebenso da, wo das einzelne Merkmal sich als bedeutsamer Bestandteil einer lebendigen Gesamtanschauung einord-
net« (Windelband, *Präludien*, Bd. 2, S. 154) – also in der Geschichtswissenschaft.

Auch dies hat Max Weber übernommen, denn er schreibt:
»Die Sozialwissenschaft, die w i r treiben wollen, ist eine

Wirklichkeitswissenschaft. Wir wollen die uns umgebende Wirklichkeit des Lebens, in welches wir hineingestellt sind, in ihrer Eigenart verstehen – den Zusammenhang und die Kulturbedeutung ihrer einzelnen Erscheinungen in ihrer heutigen Gestaltung einerseits, die Gründe ihres geschichtlichen So-und-nicht-anders-Gewordenseins andererseits« (S. 49 f.).

Nun kommen wir zur Frage, wie denn die Tatsachen in der Geschichtswissenschaft erklärt werden. Hier ist es wichtig, daß Windelband ausdrücklich behauptet: »Andererseits bedürfen nun aber die idiographischen Wissenschaften auf Schritt und Tritt der allgemeinen Sätze, welche sie in völlig korrekter Begründung nur den nomothetischen Disziplinen entlehnen können. Jede Kausalerklärung irgendeines geschichtlichen Vorganges setzt allgemeine Vorstellungen vom Verlauf der Dinge überhaupt voraus; und wenn man historische Beweise auf ihre rein logische Form bringen will, so erhalten sie stets als oberste Prämissen Naturgesetze des Geschehens, insbesondere des seelischen Geschehens.« (Windelband, *Präludien*, Bd. 2, S. 156.)

Weber knüpft daran an: »wenn die kausale Erkenntnis des Historikers Zurechnung konkreter Erfolge zu konkreten Ursachen ist, so ist eine gültige Zurechnung irgendeines individuellen Erfolges ohne die Verwendung »nomologischer« Kenntnis – Kenntnis der Regelmäßigkeiten der kausalen Zusammenhänge – überhaupt nicht möglich« (S. 59).

4. Idealtypische Begriffsbildung

Der Unterschied, den Max Weber zwischen erklärenden allgemeinen Gesetzen und den zu verstehenden historischen Individuen macht und sein Festhalten am sogenannten methodologischen Individualismus, wonach nur einzelne Individuen, nicht aber »Gruppen«, »Nationen« oder andere abstrakte Gebilde konkrete Handlungen in Raum und Zeit

vollziehen können, veranlaßten ihn auch, eine besondere
sozialwissenschaftliche Begriffsbildung vorzuschlagen. Gemeint sind hier die Idealtypen, von deren Notwendigkeit
und Tauglichkeit er überzeugt war. Da er sie ausdrücklich
von Gattungsbegriffen absetzt, seien diese hier kurz erläutert
und den Idealtypen gegenübergestellt.

Gemäß der traditionellen Definitionslehre wird der Begriff eines Objektes dadurch definiert, daß dieses der nächst
übergeordneten Gattung subsumiert und die spezifische
Differenz angegeben wird, die das so begriffene Objekt von
anderen Objekten, die ebenfalls unter denselben Gattungsbegriff fallen, absetzt. Wird etwa der Mensch als *animal
rationale* definiert, so deswegen, weil die nächsthöhere Gattung, unter die der Mensch hier subsumiert wird, die Gattung
der Tiere und die spezifische Differenz, die den Menschen von anderen Tieren unterscheidet, seine Vernunft ist.
Nun haben aber Begriffsbildungen, die nach dem Schema
genus proximum, differentia specifica vorgehen, die Eigenschaft, daß die Dinge in Merkmalskomplexe aufgelöst und die
Merkmale wiederum in übereinandergeschichteten Ebenen
von Gemeinsamkeiten eingeordnet werden. Je höher ein
Merkmal liegt, etwa das Merkmal des Lebens gegenüber dem
Merkmal des Tieres, desto größeren Umfang hat es zwar, das
heißt, mehr und mehr Dinge können ihm subsumiert werden,
aber desto abstrakter ist es auch, das heißt, es liegt zu weit von
den konkreten Dingen, um sie ausreichend zu charakterisieren. Eine solche Begriffsbildung schien zwar für die Aufstellung allgemeiner und möglichst weit reichender Gesetzlichkeiten des Naturgeschehens geeignet, aber nicht für die typi-
sierende Beschreibung und Vergleichung historischer Vorgänge. Hier sollte der Idealtypus Abhilfe schaffen: »Er ist ein
Gedankenbild, welches nicht die historische Wirklichkeit
oder gar die ›eigentliche‹ Wirklichkeit ist, welches noch viel
weniger dazu da ist, als ein Schema zu dienen, in welches die
Wirklichkeit als E x e m p l a r eingeordnet werden sollte, sondern welches die Bedeutung eines rein idealen G r e n z b e g r i f-

fes hat, an welchem die Wirklichkeit zur Verdeutlichung
bestimmter bedeutsamer Bestandteile ihres empirischen Gehaltes gemessen, mit dem sie verglichen wird« (S. 77).

Idealtypen sind also Idealbilder von der Wirklichkeit, die
dadurch zustande kommen, daß einzelne *konkrete*, also tatsächlich vorliegende Elemente der Wirklichkeit gedanklich
gesteigert und zu Sinnbildern zusammengeschlossen werden,
die zwar nicht so in der Wirklichkeit zu finden sind, aber ein
als konkret gedachtes *Modell* von Teilen der Wirklichkeit
vorstellen, mit dem die Wirklichkeit verglichen und so
gemessen werden kann. Webers eindrücklichstes und auch
noch heute in der Ökonomie viel besprochenes Beispiel ist
der Idealtypus des »Marktes«, in welchem die Elemente der
Tauschwirtschaft, der freien Konkurrenz und des rationalen Handelns zu einem so nirgends in reiner Form vorkom-
menden Modell der verkehrswirtschaftlichen Organisation
zusammengeschlossen sind. Dennoch kann nunmehr die
Wirklichkeit daraufhin untersucht werden, inwieweit sie sich
einem solchen Modell annähert oder nicht. Hierin, daß der
Grad der Annäherung der Wirklichkeit an einen Idealtypus
bestimmt werden kann, liegt ein weiterer Vorteil gegenüber
der klassifikatorischen Begriffsbildung, denn die exemplari-
sche Unterordnung eines Objektes unter einen allgemeinen
Begriff kann nur entweder gelingen oder mißlingen, also nur
eine Ja- oder Nein-Entscheidung offenlassen, während die
Vergleichung eines Objektes mit einem Modell dem Urteil so
viele Möglichkeiten offenläßt, als es bestimmbare Ähnlich-
keitsgrade zwischen beiden gibt.

Webers Idealtypen kamen auch seiner erkenntnistheoretischen Grundposition zugute. Mit ihrer Hilfe konnte er das
bedeutungslose Chaos konkreter Einzelerscheinungen nicht
nur durch Wertideen und Forschungsinteressen in bedeutende und unbedeutende Teilbereiche aufspalten, sondern er
konnte aus dem Material des Chaos selbst, nämlich durch
Zusammenschluß von Einzelerscheinungen (S. 73) individuelle Agenten bilden, die im »Fluß des Geschehens verhar-

rend« (S. 87) dieses durch die Ermöglichung von Vergleich und Messung bändigten.

Webers Ansichten über die verstehende Methode in den Sozialwissenschaften sind nicht unbestritten geblieben, zumal die neuere Wissenschaftslehre dazu neigt, den Unterschied zwischen Naturwissenschaft und Sozialwissenschaft im Hinblick auf die nunmehr als allgemeingültig angesehene naturwissenschaftliche Methode wieder zu verwischen, andererseits ist idealtypisches oder modelltheoretisches Denken gerade durch die verbreiteten mathematischen und informationstheoretischen Simulationen wieder aktuell geworden.

5. Möglichkeitsurteile und Regeln

Weber glaubte – mit Windelband – daß alle Wissenschaft Einzeltatsachen in Raum und Zeit durch Subsumtion unter allgemeine Gesetzmäßigkeiten erklärte. Er glaubte aber auch – hierin Dilthey folgend –, daß die Einzeltatsachen, mit denen es die Sozialwissenschaften zu tun haben, vor allem Tatsachen des Bewußtseins seien und daher deutend verstanden werden müßten. Das brachte ihn dazu zu glauben, daß die Sozialwissenschaften sowohl verstehen als auch erklären müßten, was sich schließlich in seiner oft zitierten, aber auch oft mißverstandenen Definition der Soziologie niederschlug, die am Anfang von *Wirtschaft und Gesellschaft* steht: »Soziologie (im hier verstandenen Sinn dieses sehr vieldeutig gebrauchten Wortes) soll heißen: eine Wissenschaft, welche soziales Handeln deutend verstehen und dadurch in seinem Ablauf und seinen Wirkungen ursächlich erklären will.« (Max Weber, *Wirtschaft und Gesellschaft. Grundriß der verstehenden Soziologie*, Tübingen [5]1976, S. 1.)

Doch wie kommen einzelne historische Kausalurteile zustande? Die Frage ist für Weber nicht unbedeutend, denn einerseits sind für den Neukantianer und Deterministen

Weber Kausalurteile nur gedankliche Zurechnungen, die aus den unendlich vielen Ursachen eines Ereignisses nur einige wenige herausheben, andererseits sollen solche Urteile empirisch »adäquat« sein, also die »wesentlichen« Ursachen von den »zufälligen« trennen und benennen. Weber behauptet, daß dies dem Historiker und Sozialwissenschaftler gelingt durch das Fällen einer Vielzahl kontrafaktischer Urteile der Form: Wenn dies oder das passiert wäre oder nicht gewesen wäre, dann wäre dieses oder jenes die Folge oder nicht die Folge gewesen. Zwei Beispiele: Wenn die Griechen bei Marathon nicht gegen die Perser gewonnen hätten, dann wäre die abendländische Entwicklung, die durch das griechische Drama, die griechische Staatskunst und die griechische Philosophie in Bewegung gesetzt wurde, nicht zustande gekommen. Wenn die zwei Schüsse, die die Straßenkämpfe der Märzrevolution von 1848 unmittelbar provozierten, nicht gefallen wären, wäre die Revolution dennoch ausgebrochen. Im ersten Falle wurde eine wesentliche Ursache isoliert, im zweiten Falle eine Ursache als unwesentlich abgetan. Solche Möglichkeitsurteile werden von Weber eingehend analysiert, und er folgert: »Schon der erste Schritt zum historischen Urteil ist also – darauf liegt hier der Nachdruck – ein Abstraktionsprozeß, der durch Analyse und gedankliche Isolierung der Bestandteile des unmittelbar Gegebenen, – welches eben als ein Komplex möglicher ursächlicher Beziehungen angesehen wird, – verläuft und in eine Synthese des ›wirklichen‹ ursächlichen Zusammenhanges ausmünden soll« (S. 113).

Um jedoch solche Urteile fällen zu können, muß der Historiker über empirische Erfahrungsregeln verfügen, die ihm angeben, was bei bestimmten Bedingungen zu erwarten gewesen wäre, er muß wiederum nomologisches Wissen haben (S. 114).

Hierbei ergibt sich allerdings eine erneute Schwierigkeit, die damit zu tun hat, daß es dem Sozialwissenschaftler darum geht, das Verhalten von bewußt agierenden Menschen zu erklären. Das Wissen des Sozialwissenschaftlers kann sich nicht auf die Feststellung von Regelmäßigkeiten beschränken, denen das Verhalten der untersuchten Individuen unterworfen ist, es muß auch jene »Regeln« und »Gesetze« umfassen, deren sich die Handelnden bewußt sind und die ihr Verhalten verursachen können, entweder weil die Handelnden bestimmte Normen einhalten oder aber, weil sie diese brechen. Wie etwa könnten wir die Handlungsabläufe zwischen drei Personen auch nur als »Skatspiel« klassifizieren, geschweige denn den Zornesausbruch einer der Personen als die Verärgerung über die Verletzung einer Spielregel verstehend erklären, wenn wir nicht die Normen und Maximen kennen würden, deren Befolgung ein Skatspiel ausmacht? Was Weber an diesem Beispiel so amüsant demonstriert, gilt für viele »bedeutsame« Handlungen, so etwa für ökonomische Austauschprozesse oder gerichtliche Prozesse. Was er jedoch ausdrücklich immer wieder betont, ist, daß der Unterschied, den man zwischen dogmatisch geltenden Normen im rechtlich-ethischen Sinne und empirisch geltenden Normen im ursächlichen Sinne machen muß, nicht dazu ausgenutzt werden kann, in den Sozialwissenschaften das »naturalistische« Erklärungsmodell zu »überwinden«, sei es nun in teleologischer oder sonst einer nichtkausalen Richtung.

Michael Sukale

Die »Objektivität« sozialwissenschaftlicher und sozialpolitischer Erkenntnis[1]

Die erste Frage, mit der bei uns eine sozialwissenschaftliche und zumal eine sozialpolitische Zeitschrift bei ihrem Erscheinen oder bei ihrem Übergang in eine neue Redaktion begrüßt zu werden pflegt, ist: welches ihre »Tendenz« sei. Auch wir können uns einer Antwort auf diese Frage nicht entziehen und es soll an dieser Stelle darauf im Anschluß an die Bemerkungen in unserem »Geleitwort« in etwas prinzipiellerer Fra-

1 Wo in Abschnitt I der nachstehenden Ausführungen ausdrücklich im Namen der Herausgeber gesprochen wird oder dem Archiv Aufgaben gestellt werden, handelt es sich natürlich nicht um Privatansichten des Verfassers, sondern sind die betreffenden Äußerungen von den Mitherausgebern ausdrücklich gebilligt. Für Abschnitt II trifft die Verantwortung für Form und Inhalt den Verfasser allein.

Daß das Archiv niemals in den Bann einer bestimmten Schulmeinung geraten wird, dafür bürgt der Umstand, daß der Standpunkt nicht nur seiner Mitarbeiter, sondern auch seiner Herausgeber, auch in methodischer Hinsicht, keineswegs schlechthin identisch ist. Andererseits war natürlich eine Übereinstimmung in gewissen Grundanschauungen Voraussetzung der gemeinsamen Übernahme der Redaktion. Diese Übereinstimmung besteht insbesondere bezüglich der Schätzung des Wertes theoretischer Erkenntnis unter »einseitigen« Gesichtspunkten, sowie bezüglich der Forderung der Bildung scharfer Begriffe und der strengen Scheidung von Erfahrungswissen und Werturteil, wie sie hier – natürlich ohne den Anspruch, damit etwas »Neues« zu fordern – vertreten wird.

Die vielen Breiten der Erörterung (sub II) und die häufige Wiederholung desselben Gedankens dient dem ausschließlichen Zweck, das bei solchen Ausführungen mögliche Maximum von Gemeinverständlichkeit zu erzielen. Diesem Interesse ist viel – hoffentlich nicht zu viel – an Präzision des Ausdrucks geopfert, und ihm zuliebe ist auch der Versuch an Stelle der Aneinanderreihung einiger methodologischer Gesichtspunkte eine systematische Untersuchung treten zu lassen, hier ganz unterlassen worden. Dies hätte das Hineinziehen einer Fülle von zum Teil noch weit tiefer liegenden erkenntnistheoretischen Problemen erfordert. Es soll hier nicht Logik getrieben, sondern es sollen bekannte Ergebnisse der modernen Logik für uns nutzbar gemacht, Probleme nicht gelöst, sondern dem Laien ihre Bedeutung veranschaulicht werden. Wer die Arbeiten der modernen Logiker kennt – ich nenne nur Windelband, Simmel, und für unsere Zwecke speziell Heinrich Rickert – wird sofort bemerken, daß in allem Wesentlichen lediglich an sie angeknüpft ist.

gestellung eingegangen werden. Es bietet sich dadurch Gelegenheit, die Eigenart der in unserem Sinne »sozialwissenschaftlichen« Arbeit überhaupt nach manchen Richtungen in ein Licht zu rücken, welches, wenn nicht für den Fachmann, so doch für manchen der Praxis der wissenschaftlichen Arbeit ferner stehenden Leser nützlich sein kann, obwohl oder vielmehr gerade weil es sich dabei um »Selbstverständlichkeiten« handelt. –

Ausgesprochener Zweck des »Archivs« war seit seinem Bestehen neben der Erweiterung unserer Erkenntnis der »gesellschaftlichen Zustände aller Länder«, also der Tatsachen des sozialen Lebens, auch die Schulung des Urteils über praktische Probleme desselben und damit – in demjenigen, freilich sehr bescheidenen Maße, in dem ein solches Ziel von privaten Gelehrten gefördert werden kann – die Kritik an der sozialpolitischen Arbeit der Praxis, bis hinauf zu derjenigen der gesetzgebenden Faktoren. Trotzdem hat nun aber das Archiv von Anfang an daran festgehalten, eine ausschließlich wissenschaftliche Zeitschrift sein zu wollen, nur mit den Mitteln wissenschaftlicher Forschung zu arbeiten, – und es entsteht zunächst die Frage: wie sich jener Zweck mit der Beschränkung auf diese Mittel prinzipiell vereinigen läßt. Wenn das Archiv in seinen Spalten Maßregeln der Gesetzgebung und Verwaltung oder praktische Vorschläge zu solchen beurteilen läßt – was bedeutet das? Welches sind die Normen für diese Urteile? Welches ist die Geltung der Werturteile, die der Beurteilende seinerseits etwa äußert, oder welche ein Schriftsteller, der praktische Vorschläge macht, diesen zugrunde legt? In welchem Sinne befindet er sich dabei auf dem Boden wissenschaftlicher Erörterung, da doch das Merkmal wissenschaftlicher Erkenntnis in der »objektiven« Geltung ihrer Ergebnisse als Wahrheit gefunden werden muß? Wir legen zunächst unseren Standpunkt zu dieser Frage dar, um daran später die weitere zu schließen: in welchem Sinne gibt es »objektiv gültige Wahrheiten« auf dem Boden der Wissenschaften vom Kulturleben überhaupt? – eine Frage, die angesichts des steten Wandels und erbitterten Kampfes um die scheinbar elementarsten Probleme unserer Diszplin, die Methode ihrer Arbeit, die Art der Bildung ihrer Begriffe und deren Geltung, nicht umgangen werden kann. Nicht Lösungen bieten, sondern Probleme aufzeigen, wollen wir hier, – solche Probleme nämlich, denen unsere Zeitschrift, um ihrer bisherigen und zukünftigen Aufgabe gerecht zu werden, ihre Aufmerksamkeit wird zuwenden müssen. –

I.

Wir alle wissen, daß unsere Wissenschaft, wie mit Ausnahme vielleicht der politischen Geschichte jede Wissenschaft, deren Objekt menschliche Kulturinstitutionen und Kulturvorgänge sind, geschichtlich zuerst von praktischen Gesichtspunkten ausging. Werturteile über bestimmte wirtschaftspolitische Maßnahmen des Staates zu produzieren, war ihr nächster und zunächst einziger Zweck. Sie war »Technik« etwa in dem Sinne, in welchem es auch die klinischen Disziplinen der medizinischen Wissenschaften sind. Es ist nun bekannt, wie diese Stellung sich allmählich veränderte, ohne daß doch eine prinzipielle Scheidung von Erkenntnis des »Seienden« und des »Seinsollenden« vollzogen wurde. Gegen diese Scheidung wirkte zunächst die Meinung, daß unabänderlich gleiche Naturgesetze, sodann die andere, daß ein eindeutiges Entwicklungsprinzip die wirtschaftlichen Vorgänge beherrsche und daß also das Seinsollende entweder – im ersten Falle – mit dem unabänderlich Seienden, oder – im zweiten Falle – mit dem unvermeidlich Werdenden zusammenfalle. Mit dem Erwachen des historischen Sinnes gewann dann in unserer Wissenschaft eine Kombination von ethischem Evolutionismus und historischem Relativismus die Herrschaft, welche versuchte, die ethischen Normen ihres formalen Charakters zu entkleiden, durch Hineinbeziehung der Gesamtheit der Kulturwerte in den Bereich des »Sittlichen« dies letztere inhaltlich zu bestimmen und so die Nationalökonomie zur Dignität einer »ethischen Wissenschaft« auf empirischer Grundlage zu erheben. Indem man die Gesamtheit aller möglichen Kulturideale mit dem Stempel des »Sittlichen« versah, verflüchtigte man die spezifische Dignität der ethischen Imperative, ohne doch für die »Objektivität« der Geltung jener Ideale irgend etwas zu gewinnen. Indessen kann und muß eine prinzipielle Auseinandersetzung damit hier beiseite bleiben: wir halten uns lediglich an die Tatsache, daß noch heute die unklare Ansicht nicht geschwunden, sondern besonders den Praktikern ganz begreiflicherweise geläufig ist, daß die Nationalökonomie W e r t u r t e i l e aus einer spezifisch »wirtschaftlichen Weltanschauung« heraus produziere und zu produzieren habe. –

Unsere Zeitschrift als Vertreterin einer empirischen Fachdisziplin muß, wie wir gleich vorweg feststellen wollen, diese Ansicht g r u n d s ä t z l i c h a b l e h n e n, denn wir sind der Meinung, daß es niemals Aufgabe einer Erfahrungswissenschaft sein kann, bindende Normen und Ideale zu ermitteln, um daraus für die Praxis Rezepte ableiten zu können.

Was folgt aber aus diesem Satze? Keineswegs, daß Werturteile deshalb, weil sie in letzter Instanz auf bestimmten Idealen fußen und daher »subjektiven« Ursprungs sind, der wissenschaftlichen Diskussion überhaupt e n t z o g e n seien. Die Praxis und der Zweck unserer Zeitschrift würde einen solchen Satz ja immer wieder desavouieren. Die Kritik macht vor den Werturteilen nicht Halt. Die Frage ist vielmehr: Was b e d e u t e t und bezweckt wissenschaftliche Kritik von Idealen und Werturteilen? Sie erfordert eine etwas eingehendere Betrachtung.

Jede denkende Besinnung auf die letzten Elemente sinnvollen menschlichen Handelns ist zunächst gebunden an die Kategorien: »Zweck« und »Mittel«. Wir wollen etwas in concreto entweder »um seines eigenen Wertes willen« oder als Mittel im Dienste des in letzter Linie Gewollten. Der wissenschaftlichen Betrachtung zugänglich ist nun zunächst unbe-

dingt die Frage der Geeignetheit der Mittel bei gegebenem
Zwecke. Da wir (innerhalb der jeweiligen Grenzen unseres
Wissens) gültig festzustellen vermögen, welche Mittel zu
einem vorgestellten Zwecke zu führen geeignet oder ungeeignet sind, so können wir auf diesem Wege die Chancen, mit
bestimmten zur Verfügung stehenden Mitteln einen bestimmten Zweck überhaupt zu erreichen, abwägen und mithin indirekt die Zwecksetzung selbst, auf Grund der jeweiligen historischen Situation, als praktisch sinnvoll oder aber
als nach Lage der gegebenen Verhältnisse sinnlos kritisieren.
Wir können weiter, wenn die Möglichkeit der Erreichung
eines vorgestellten Zweckes gegeben erscheint, (natürlich
immer innerhalb der Grenzen unseres jeweiligen Wissens),
die Folgen feststellen, welche die Anwendung der erforderlichen Mittel neben der eventuellen Erreichung des beab-
sichtigten Zweckes, infolge des Allzusammenhanges alles
Geschehens, haben würde. Wir bieten alsdann dem Handelnden die Möglichkeit der Abwägung dieser ungewollten
gegen die gewollten Folgen seines Handelns und damit die
Antwort auf die Frage: was »kostet« die Erreichung des
gewollten Zweckes in Gestalt der voraussichtlich eintreten-
den Verletzung anderer Werte? Da in der großen Überzahl
aller Fälle jeder erstrebte Zweck in diesem Sinne etwas
»kostet« oder doch kosten kann, so kann an der Abwägung
von Zweck und Folgen des Handelns gegeneinander keine
Selbstbesinnung verantwortlich handelnder Menschen vor-
beigehen, und sie zu ermöglichen ist eine der wesentlichsten
Funktionen der technischen Kritik, welche wir bisher
betrachtet haben. Jene Abwägung selbst nun aber zur Entscheidung zu bringen, ist freilich nicht mehr eine mögliche
Aufgabe der Wissenschaft, sondern des wollenden Menschen: er wägt und wählt nach seinem eigenen Gewissen und
seiner persönlichen Weltanschauung zwischen den Werten,
um die es sich handelt. Die Wissenschaft kann ihm zu dem
Bewußtsein verhelfen, daß alles Handeln, und natürlich
auch, je nach den Umständen, das Nicht-Handeln, in sei-

nen Konsequenzen eine Parteinahme zugunsten bestimmter Werte bedeutet, und damit – was heute so besonders gern
verkannt wird – regelmäßig gegen andere. Die Wahl zu
treffen, ist seine Sache.

Was wir ihm für diesen Entschluß nun noch weiter bieten
können, ist: Kenntnis der Bedeutung des Gewollten
selbst. Wir können ihn die Zwecke nach Zusammenhang und
Bedeutung kennen lehren, die er will und zwischen denen er
wählt, zunächst durch Aufzeigung und logisch zusammenhängende Entwicklung der »Ideen«, die dem konkreten
Zweck zugrunde liegen oder liegen können. Denn es ist
selbstverständlich eine der wesentlichsten Aufgaben einer
jeden Wissenschaft vom menschlichen Kulturleben, diese
»Ideen«, für welche teils wirklich, teils vermeintlich gekämpft worden ist und gekämpft wird, dem geistigen Verständnis zu erschließen. Das überschreitet nicht die Grenzen
einer Wissenschaft, welche »denkende Ordnung der empirischen Wirklichkeit« erstrebt, so wenig die Mittel, die dieser
Deutung geistiger Werte dienen, »Induktionen« im gewöhn-
lichen Sinne des Wortes sind. Allerdings fällt diese Aufgabe
wenigstens teilweise aus dem Rahmen der ökonomischen
Fachdisziplin in ihrer üblichen arbeitsteiligen Spezialisation
heraus; es handelt sich um Aufgaben der Sozialphiloso-
phie. Allein die historische Macht der Ideen ist für die Entwicklung des Soziallebens eine so gewaltige gewesen und ist
es noch, daß unsere Zeitschrift sich dieser Aufgabe niemals
entziehen, deren Pflege vielmehr in den Kreis ihrer wichtigsten Pflichten einbeziehen wird.

Aber die wissenschaftliche Behandlung der Werturteile
möchte nun weiter die gewollten Zwecke und die ihnen
zugrunde liegenden Ideale nicht nur verstehen und nacherleben lassen, sondern vor allem auch kritisch »beurteilen« lehren. Diese Kritik freilich kann nur dialektischen Charakter
haben, d. h. sie kann nur eine formallogische Beurteilung des
in den geschichtlich gegebenen Werturteilen und Ideen vorliegenden Materials, eine Prüfung der Ideale an dem Postulat

der inneren Widerspruchslosigkeit des Gewollten sein. Sie kann, indem sie sich diesen Zweck setzt, dem Wollenden verhelfen zur Selbstbesinnung auf diejenigen letzten Axiome, welche dem Inhalt seines Wollens zugrunde liegen, auf die letzten Wertmaßstäbe von denen er unbewußt ausgeht oder – um konsequent zu sein – ausgehen müßte. Diese letzten Maßstäbe, welche sich in dem konkreten Werturteile manifestieren, zum Bewußtsein zu bringen, ist nun allerdings das letzte, was sie, ohne den Boden der Spekulation zu betreten, leisten kann. Ob sich das urteilende Subjekt zu diesen letzten Maßstäben bekennen soll, ist seine persönlichste Angelegenheit und eine Frage seines Wollens und Gewissens, nicht des Erfahrungswissens.

Eine empirische Wissenschaft vermag niemanden zu lehren, was er soll, sondern nur was er kann und – unter Umständen – was er will. Richtig ist, daß die persönlichen Weltanschauungen auf dem Gebiet unserer Wissenschaften unausgesetzt hineinzuspielen pflegen auch in die wissenschaftliche Argumentation, sie immer wieder trüben, das Gewicht wissenschaftlicher Argumente auch auf dem Gebiet der Ermittlung einfacher kausaler Zusammenhänge von Tatsachen verschieden einschätzen lassen, je nachdem das Resultat die Chancen der persönlichen Ideale: die Möglichkeit, etwas Bestimmtes zu wollen, mindert oder steigert. Auch die Herausgeber und Mitarbeiter unserer Zeitschrift werden in dieser Hinsicht sicherlich »nichts Menschliches von sich fern glauben«. Aber von diesem Bekenntnis menschlicher Schwäche ist es ein weiter Weg bis zu dem Glauben an eine »ethische« Wissenschaft der Nationalökonomie, welche aus ihrem Stoff Ideale oder durch Anwendung allgemeiner ethischer Imperative auf ihren Stoff konkrete Normen zu produzieren hätte. – Richtig ist noch etwas weiteres: gerade jene innersten Elemente der »Persönlichkeit«, die höchsten und letzten Werturteile, die unser Handeln bestimmen und unserem Leben Sinn und Bedeutung geben, werden von uns als etwas »objektiv« Wertvolles empfunden. Wir können sie ja nur

vertreten, wenn sie uns als geltend, als aus unseren höchsten
Lebenswerten fließend, sich darstellen und so, im Kampfe
gegen die Widerstände des Lebens, entwickelt werden. Und
sicherlich liegt die Würde der »Persönlichkeit« darin
beschlossen, daß es für sie Werte gibt, auf die sie ihr eigenes
Leben bezieht, – und lägen diese Werte auch im einzelnen
Falle ausschließlich innerhalb der Sphäre der eigenen Individualität: dann gilt ihr eben das »Sichausleben« in denjenigen ihrer Interessen, für welche sie die Geltung als Werte
beansprucht, als die Idee, auf welche sich bezieht. Nur
unter der Voraussetzung des Glaubens an Werte jedenfalls
hat der Versuch Sinn, Werturteile nach außen zu vertreten.
Aber: die Geltung solcher Werte zu beurteilen, ist
Sache des Glaubens, daneben vielleicht eine Aufgabe
spekulativer Betrachtung und Deutung des Lebens und der
Welt auf ihren Sinn hin, sicherlich aber nicht Gegenstand
einer Erfahrungswissenschaft in dem Sinne, in welchem sie an
dieser Stelle gepflegt werden soll. Für diese Scheidung fällt
nicht – wie oft geglaubt wird – entscheidend ins Gewicht die
empirisch erweisliche Tatsache, daß die letzten Ziele historisch wandelbar und streitig sind. Denn auch die Erkenntnis der sichersten Sätze unseres theoretischen – etwa des exakt
naturwissenschaftlichen oder mathematischen – Wissens ist,
ebenso wie die Schärfung und Verfeinerung des Gewissens,
erst Produkt der Kultur. Allein wenn wir speziell an die praktischen Probleme der Wirtschafts- und Sozialpolitik (im üblichen Wortsinn) denken, so zeigt sich zwar, daß es zahlreiche,
ja unzählige praktische Einzelfragen gibt, bei deren Erörterung man in allseitiger Übereinstimmung von gewissen
Zwecken als selbstverständlich gegeben ausgeht – man
denke etwa an Notstandskredite, an konkrete Aufgaben der
sozialen Hygiene, der Armenpflege, an Maßregeln wie die
Fabrikinspektionen, die Gewerbegerichte, die Arbeitsnach-
weise, große Teile der Arbeiterschutzgesetzgebung, – bei
denen also, wenigstens scheinbar, nur nach den Mitteln zur
Erreichung des Zweckes gefragt wird. Aber selbst wenn wir

hier – was die Wissenschaft niemals ungestraft tun würde – den Schein der Selbstverständlichkeit für Wahrheit nehmen und die Konflikte, in welche der Versuch der praktischen Durchführung alsbald hinein führt, für rein technische Fragen der Zweckmäßigkeit ansehen wollten, – was recht oft irrig wäre –, so müßten wir doch bemerken, daß auch dieser Schein der Selbstverständlichkeit der regulativen Wertmaßstäbe sofort verschwindet, wenn wir von den konkreten Problemen karitativ-polizeilicher Wohlfahrts- und Wirtschaftspflege aufsteigen zu den Fragen der Wirtschafts- und Sozialpolitik. Das Kennzeichen des sozial politischen Charakters eines Problems ist es ja geradezu, daß es nicht auf Grund bloß technischer Erwägungen aus feststehenden Zwecken heraus zu erledigen ist, daß um die regulativen Wertmaßstäbe selbst gestritten werden kann und muß, weil das Problem in die Region der allgemeinen Kulturfragen hineinragt. Und es wird gestritten nicht nur, wie wir heute so gerne glauben, zwischen »Klasseninteressen«, sondern auch zwischen Weltanschauungen, – wobei die Wahrheit natürlich vollkommen bestehen bleibt, daß dafür, welche Weltanschauung der Einzelne vertritt, neben manchem anderen auch und sicherlich in ganz hervorragendem Maße der Grad von Wahlverwandtschaft entscheidend zu werden pflegt, der sie mit seinem »Klasseninteresse« – wenn wir diesen nur scheinbar eindeutigen Begriff hier einmal akzeptieren – verbindet. Sicher ist unter allen Umständen eines: je »allgemeiner« das Problem ist, um das es sich handelt, d. h. aber hier: je weittragender seine Kulturbedeutung, desto weniger ist es einer eindeutigen Beantwortung aus dem Material des Erfahrungswissens heraus zugänglich, desto mehr spielen die letzten höchst persönlichen Axiome des Glaubens und der Wertideen hinein. Es ist einfach eine Naivität, wenn auch von Fachmännern gelegentlich immer noch geglaubt wird, es gelte, für die praktische Sozialwissenschaft vor allem »ein Prinzip« aufzustellen und wissenschaftlich als gültig zu erhärten, aus welchem alsdann die Normen

für die Lösung der praktischen Einzelprobleme eindeutig
deduzierbar seien. So sehr »prinzipielle« Erörterungen praktischer Probleme, d. h. die Zurückführung der unreflektiert
sich aufdrängenden Werturteile auf ihren Ideengehalt, in der
Sozialwissenschaft vonnöten sind, und so sehr unsere Zeitschrift speziell sich gerade auch ihnen zu widmen beabsichtigt, – die Schaffung eines praktischen Generalnenners für
unsere Probleme in Gestalt allgemein gültiger letzter Ideale
kann sicherlich weder ihre Aufgabe noch überhaupt die
irgendeiner Erfahrungswissenschaft sein: sie wäre als solche
nicht etwa nur praktisch unlösbar, sondern in sich widersin-
nig. Und wie immer Grund und Art der Verbindlichkeit ethischer Imperative gedeutet werden mag, sicher ist, daß aus
ihnen, als aus Normen für das konkret bedingte Handeln des
Einzelnen, nicht Kulturinhalte als gesollt eindeutig
deduzierbar sind, und zwar um so weniger, je umfassender
die Inhalte sind, um die es sich handelt. Nur positive Religionen, – präziser ausgedrückt: dogmatisch gebundene Sekten
– vermögen dem Inhalt von Kulturwerten die Dignität
unbedingt gültiger ethischer Gebote zu verleihen. Außerhalb ihrer sind Kulturideale, die der Einzelne verwirklichen
will, und ethische Pflichten, die er erfüllen soll, von prinzipiell verschiedener Dignität. Das Schicksal einer Kultur-
epoche, die vom Baum der Erkenntnis gegessen hat, ist es,
wissen zu müssen, daß wir den Sinn des Weltgeschehens
nicht aus dem noch so sehr vervollkommneten Ergebnis seiner Durchforschung ablesen können, sondern ihn selbst zu
schaffen imstande sein müssen, daß »Weltanschauungen«
niemals Produkt fortschreitenden Erfahrungswissens sein
können, und daß also die höchsten Ideale, die uns am mächtigsten bewegen, für alle Zeit nur im Kampf mit anderen
Idealen sich auswirken, die anderen ebenso heilig sind, wie
uns die unseren.

Nur ein optimistischer Synkretismus, wie er zuweilen das
Ergebnis des entwicklungsgeschichtlichen Relativismus ist,
kann sich über den gewaltigen Ernst dieser Sachlage entweder

theoretisch hinwegtäuschen oder ihren Konsequenzen praktisch ausweichen. Es kann selbstverständlich subjektiv im
einzelnen Falle genau ebenso pflichtgemäß für den praktischen Politiker sein, zwischen vorhandenen Gegensätzen der
Meinungen zu vermitteln, als für eine von ihnen Partei zu
ergreifen. Aber mit wissenschaftlicher »Objektivität«
hat das nicht das Allermindeste zu tun. Die »mittlere Linie«
ist um kein Haarbreit mehr wissenschaftliche
Wahrheit als die extremsten Parteiideale von rechts oder
links. Nirgends ist das Interesse der Wissenschaft auf die
Dauer schlechter aufgehoben als da, wo man unbequeme Tatsachen und die Realitäten des Lebens in ihrer Härte nicht
sehen will. Das Archiv wird die schwere Selbsttäuschung,
man könne durch Synthese von mehreren oder auf der Diago-
nale zwischen mehreren Parteiansichten praktische Normen
von wissenschaftlicher Gültigkeit gewinnen, unbedingt bekämpfen, denn sie ist, weil sie ihre eigenen Wertmaßstäbe relativistisch zu verhüllen liebt, weit gefährlicher für die
Unbefangenheit der Forschung als der alte naive Glaube der
Parteien an die wissenschaftliche »Beweisbarkeit« ihrer Dogmen. Die Fähigkeit der Unterscheidung zwischen Erkennen und Beurteilen und die Erfüllung sowohl der wissenschaftlichen Pflicht, die Wahrheit der Tatsachen zu sehen, als
der praktischen, für die eigenen Ideale einzutreten, ist das,
woran wir uns wieder stärker gewöhnen wollen.

Es ist und bleibt – darauf kommt es für uns an – für alle
Zeit ein unüberbrückbarer Unterschied, ob eine Argumentation sich an unser Gefühl und unsere Fähigkeit für konkrete
praktische Ziele oder für Kulturformen und Kulturinhalte
uns zu begeistern wendet, oder, wo einmal die Geltung ethischer Normen in Frage steht, an unser Gewissen, oder endlich an unser Vermögen und Bedürfnis, die empirische Wirklichkeit in einer Weise denkend zu ordnen, welche den
Anspruch auf Geltung als Erfahrungswahrheit erhebt. Und
dieser Satz bleibt richtig, trotzdem, wie sich noch zeigen
wird, jene höchsten »Werte« des praktischen Interesses

für die Richtung, welche die ordnende Tätigkeit des Denkens auf dem Gebiete der Kulturwissenschaften jeweils einschlägt, von entscheidender Bedeutung sind und immer bleiben werden. Denn es ist und bleibt wahr, daß eine methodisch korrekte wissenschaftliche Beweisführung auf dem Gebiete der Sozialwissenschaften, wenn sie ihren Zweck erreicht haben will, auch von einem Chinesen als richtig anerkannt werden muß oder – richtiger gesagt – daß sie dieses, vielleicht wegen Materialmangels nicht voll erreichbare, Ziel jedenfalls erstreben muß, daß ferner auch die logische Analyse eines Ideals auf seinen Gehalt und auf seine letzten Axiome hin und die Aufzeigung der aus seiner Verfolgung sich logischer und praktischer Weise ergebenden Konsequenzen, wenn sie als gelungen gelten soll, auch für ihn gültig sein muß, – während ihm für unsere ethischen Imperative das »Gehör« fehlen kann, und während er das Ideal selbst und die daraus fließenden konkreten Wertungen ablehnen kann und sicherlich oft ablehnen wird, ohne dadurch dem wissenschaftlichen Wert jener denkenden Analyse irgend zu nahe zu treten. Sicherlich wird unsere Zeitschrift die immer und unvermeidlich sich wiederholenden Versuche, den Sinn des Kulturlebens eindeutig zu bestimmen, nicht etwa ignorieren. Im Gegenteil: sie gehören ja selbst zu den wichtigsten Erzeugnissen eben dieses Kulturlebens und unter Umständen auch zu seinen mächtigsten treibenden Kräften. Wir werden daher den Verlauf auch der in diesem Sinne »sozialphilosophischen« Erörterungen jederzeit sorgsam verfolgen. Ja, noch mehr: es liegt hier das Vorurteil durchaus fern, als ob Betrachtungen des Kulturlebens, die über die denkende Ordnung des empirisch Gegebenen hinausgehend die Welt metaphysisch zu deuten versuchen, etwa schon um dieses ihres Charakters willen keine Aufgabe im Dienste der Erkenntnis erfüllen könnten. Wo diese Aufgaben etwa liegen würden, ist freilich ein Problem zunächst der Erkenntnislehre, dessen Beantwortung hier für unsere Zwecke dahingestellt bleiben muß und auch kann. Denn eines halten wir für unsere

Arbeit fest: eine sozialwissenschaftliche Zeitschrift in unserem Sinne soll, soweit sie Wissenschaft treibt, ein Ort sein, wo Wahrheit gesucht wird, die – um im Beispiel zu bleiben – auch für den Chinesen die Geltung einer denkenden Ordnung der empirischen Wirklichkeit beansprucht. –

Freilich können die Herausgeber weder sich selbst noch ihren Mitarbeitern ein- für allemal verbieten, die Ideale, die sie beseelen, auch in Werturteilen zum Ausdruck zu bringen. Nur erwachsen daraus zwei wichtige Pflichten. Zunächst die: in jedem Augenblick den Lesern und sich selbst scharf zum Bewußtsein zu bringen, welches die Maßstäbe sind, an denen die Wirklichkeit gemessen und aus denen das Werturteil abgeleitet wird, anstatt, wie es nur allzuoft geschieht, durch unpräzises Ineinanderschieben von Werten verschiedenster Art sich um die Konflikte zwischen den Idealen herumzutäuschen und »jedem etwas bieten« zu wollen. Wird dieser Pflicht streng genügt, dann kann die praktisch urteilende Stellungnahme im rein wissenschaftlichen Interesse nicht nur unschädlich, sondern direkt nützlich, ja, geboten sein: in der wissenschaftlichen Kritik von gesetzgeberischen und anderen praktischen Vorschlägen ist die Aufklärung der Motive des Gesetzgebers und der Ideale des kritisierten Schriftstellers in ihrer Tragweite sehr oft gar nicht anders in anschaulich-verständliche Form zu bringen, als durch Konfrontierung der von ihnen zugrunde gelegten Wertmaßstäbe mit anderen, und dann natürlich am besten: mit den eigenen. Jede sinnvolle Wertung fremden Wollens kann nur Kritik aus einer eigenen »Weltanschauung« heraus, Bekämpfung des fremden Ideals vom Boden eines eigenen Ideals aus sein. Soll also im einzelnen Fall das letzte Wertaxiom, welches einem praktischen Wollen zugrunde liegt, nicht nur festgestellt und wissenschaftlich analysiert, sondern in seinen Beziehungen zu anderen Wertaxiomen veranschaulicht werden, so ist eben »positive« Kritik durch zusammenhängende Darlegung der letzteren unvermeidlich.

Es wird also in den Spalten der Zeitschrift – speziell bei der Besprechung von Gesetzen – neben der Sozialwissenschaft – der denkenden Ordnung der Tatsachen – unvermeidlich auch die Sozialpolitik – die Darlegung von Idealen – zu Worte kommen. Aber: wir denken nicht daran, derartige Auseinandersetzungen für »Wissenschaft« auszugeben und werden uns nach besten Kräften hüten, sie damit vermischen und verwechseln zu lassen. Die Wissenschaft ist es dann nicht mehr, welche spricht, und das zweite fundamentale Gebot wissenschaftlicher Unbefangenheit ist es deshalb: in solchen Fällen den Lesern (und – sagen wir wiederum – vor allem sich selbst!) jederzeit deutlich zu machen, daß und wo der denkende Forscher aufhört und der wollende Mensch anfängt zu sprechen, wo die Argumente sich an den Verstand und wo sie sich an das Gefühl wenden. Die stete Vermischung wissenschaftlicher Erörterung der Tatsachen und wertender Raisonnements ist eine der zwar noch immer verbreitetsten, aber auch schädlichsten Eigenarten von Arbeiten unseres Faches. Gegen diese Vermischung, nicht etwa gegen das Eintreten für die eigenen Ideale richten sich die vorstehenden Ausführungen: Gesinnungslosigkeit und wissenschaftliche »Objektivität« haben keinerlei innere Verwandtschaft. – Das Archiv ist, wenigstens seiner Absicht nach, niemals ein Ort gewesen und soll es auch nicht werden, an welchem Polemik gegen bestimmte politische oder sozialpolitische Parteien getrieben wird, ebensowenig eine Stelle, an der für oder gegen politische oder sozialpolitische Ideale geworben wird; dafür gibt es andere Organe. Die Eigenart der Zeitschrift hat vielmehr von Anfang an gerade darin bestanden und soll, soviel an den Herausgebern liegt, auch fernerhin darin bestehen, daß in ihr scharfe politische Gegner sich zu wissenschaftlicher Arbeit zusammenfinden. Sie war bisher kein »sozialistisches« und wird künftig kein »bürgerliches« Organ sein. Sie schließt von ihrem Mitarbeiterkreise niemand aus, der sich auf den Boden wissenschaftlicher Diskussion stellen will. Sie kann kein

Tummelplatz von »Erwiderungen«, Repliken und Dupliken sein, aber sie schützt niemand, auch nicht ihre Mitarbeiter und ebensowenig ihre Herausgeber dagegen, in ihren Spalten der denkbar schärfsten sachlich-wissenschaftlichen Kritik ausgesetzt zu sein. Wer das nicht ertragen kann, oder wer auf dem Standpunkt steht, mit Leuten, die im Dienste anderer Ideale arbeiten als er selbst, auch im Dienste wissenschaftlicher Erkenntnis nicht zusammenwirken zu wollen, der mag ihr fern bleiben.

Nun ist aber freilich – wir wollen uns darüber nicht täuschen – mit diesem letzten Satze praktisch zur Zeit leider mehr gesagt, als es auf den ersten Blick scheint. Zunächst hat, wie schon angedeutet, die Möglichkeit mit politischen Gegnern sich auf neutralem Boden – geselligem oder ideellem – unbefangen zusammenzufinden, leider erfahrungsgemäß überall und zumal unter unsern deutschen Verhältnissen ihre psychologischen Schranken. An sich als ein Zeichen parteifanatischer Beschränktheit und unentwickelter politischer Kultur unbedingt bekämpfenswert, gewinnt dieses Moment für eine Zeitschrift wie die unsrige eine ganz wesentliche Verstärkung durch den Umstand, daß auf dem Gebiet der Sozialwissenschaften der Anstoß zur Aufrollung wissenschaftlicher Probleme erfahrungsgemäß regelmäßig durch praktische »Fragen« gegeben wird, so daß die bloße Anerkennung des Bestehens eines wissenschaftlichen Problems in Personalunion steht mit einem bestimmt gerichteten Wollen lebendiger Menschen. In den Spalten einer Zeitschrift, welche unter dem Einflusse des allgemeinen Interesses für ein konkretes Problem ins Leben tritt, werden sich daher als Mitarbeiter regelmäßig Menschen zusammenfinden, die ihr persönliches Interesse diesem Problem deshalb zuwenden, weil bestimmte konkrete Zustände ihnen im Widerspruch mit idealen Werten, an die sie glauben, zu stehen, jene Werte zu gefährden scheinen. Die Wahlverwandtschaft ähnlicher Ideale wird alsdann diesen Mitarbeiterkreis zusammenhalten und sich neu rekrutieren lassen, und dies wird der Zeitschrift

wenigstens bei der Behandlung praktisch-sozialpolitischer
Probleme einen bestimmten »Charakter« aufprägen, wie
er die unvermeidliche Begleiterscheinung jedes Zusammenwirkens lebendig empfindender Menschen ist, deren wertende Stellungnahme zu den Problemen auch bei der rein
theoretischen Arbeit nicht immer ganz unterdrückt wird und
bei der Kritik praktischer Vorschläge und Maßnahmen
auch – unter den oben erörterten Voraussetzungen – ganz
legitimerweise zum Ausdruck kommt. Das Archiv nun trat in
einem Zeitpunkte ins Leben, als bestimmte praktische Probleme der »Arbeiterfrage«, im überkommenen Sinne des
Wortes, im Vordergrund der sozialwissenschaftlichen Erörterungen standen. Diejenigen Persönlichkeiten, für welche
mit den Problemen, die es behandeln wollte, die höchsten
und entscheidenden Wertideen sich verknüpften, und welche
deshalb seine regelmäßigsten Mitarbeiter wurden, waren
eben daher zugleich auch Vertreter einer durch jene Wertideen gleich oder doch ähnlich gefärbten Kulturauffassung.
Jedermann weiß denn auch, daß, wenn die Zeitschrift den
Gedanken, eine »Tendenz« zu verfolgen, durch die ausdrückliche Beschränkung auf »wissenschaftliche« Erörterungen und durch die ausdrückliche Einladung an »Angehörige
aller politischen Lager« bestimmt ablehnte, sie trotzdem
sicherlich einen »Charakter« im obigen Sinn besaß. Er wurde
durch den Kreis ihrer regelmäßigen Mitarbeiter geschaffen.
Es waren im allgemeinen Männer, denen, bei aller sonstigen
Verschiedenheit der Ansichten, der Schutz der physischen
Gesundheit der Arbeitermassen und die Ermöglichung steigender Anteilnahme an den materiellen und geistigen Gütern
unserer Kultur für sie, als Ziel – als Mittel aber die Verbindung staatlichen Eingreifens in die materielle Interessen-
sphäre mit freiheitlicher Fortentwicklung der bestehenden
Staats- und Rechtsordnung vorschwebten, und die – welches
immer ihre Ansicht über die Gestaltung der Gesellschaftsordnung in der ferneren Zukunft sein mochte – für die Gegenwart die kapitalistische Entwicklung bejahten, nicht weil sie

ihnen, gegenüber den älteren Formen gesellschaftlicher Gliederung, als die bessere, sondern weil sie ihnen als praktisch
unvermeidlich und der Versuch grundsätzlichen Kampfes
gegen sie, nicht als Förderung, sondern als Hemmung des
Emporsteigens der Arbeiterklasse an das Licht der Kultur
erschien. Unter den in Deutschland heute bestehenden Verhältnissen – sie bedürfen hier nicht der näheren Klarlegung –
war dies und wäre es auch heute nicht zu vermeiden. Ja, es
kam im tatsächlichen Erfolg der Allseitigkeit der Beteiligung
an der wissenschaftlichen Diskussion direkt zugute und war
für die Zeitschrift eher ein Moment der Stärke, ja – unter den
gegebenen Verhältnissen – sogar vielleicht einer der Titel
ihrer Existenzberechtigung.

Unzweifelhaft ist es nun, daß die Entwicklung eines »Charakters« in diesem Sinne bei einer wissenschaftlichen Zeitschrift eine Gefahr für die Unbefangenheit der wissenschaftlichen Arbeit bedeuten k a n n und dann wirklich bedeuten
m ü ß t e, wenn die Auswahl der Mitarbeiter eine planvoll einseitige würde: in diesem Falle bedeutete die Züchtung jenes
»Charakters« praktisch dasselbe wie das Bestehen einer
»Tendenz«. Die Herausgeber sind sich der Verantwortung,
die ihnen diese Sachlage auferlegt, durchaus bewußt. Sie
beabsichtigen weder, den Charakter des Archivs planvoll zu
ändern, noch etwa ihn durch geflissentliche Beschränkung
des Mitarbeiterkreises auf Gelehrte mit bestimmten Parteimeinungen, künstlich zu konservieren. Sie nehmen ihn als
gegeben hin und warten seine weitere »Entwicklung« ab.
W i e er sich in Zukunft gestaltet und vielleicht, infolge der
unvermeidlichen Erweiterung unseres Mitarbeiterkreises,
u m gestaltet, das wird zunächst von der Eigenart derjenigen
Persönlichkeiten abhängen, die mit der Absicht, wissenschaftlicher Arbeit zu dienen, in diesen Kreis eintreten und in
den Spalten der Zeitschrift heimisch werden oder bleiben.
Und es wird weiter durch die Erweiterung der P r o b l e m e
bedingt sein, deren Förderung sich die Zeitschrift zum Ziel
setzt.

Mit dieser Bemerkung gelangen wir zu der bisher noch nicht erörterten Frage der s a c h l i c h e n A b g r e n z u n g unseres Arbeitsgebietes. Hierauf kann aber eine Antwort nicht gegeben werden, ohne auch hier die Frage nach der Natur des Zieles sozialwissenschaftlicher Erkenntnis überhaupt aufzurollen. Wir haben bisher, indem wir »Werturteile« und »Erfahrungswissen« prinzipiell schieden, vorausgesetzt, daß es eine unbedingt gültige Art der Erkenntnis, d. h. der denkenden Ordnung der empirischen Wirklichkeit auf dem Gebiet der Sozialwissenschaften tatsächlich gebe. Diese Annahme wird jetzt insofern zum Problem, als wir erörtern müssen, was objektive »Geltung« der Wahrheit, die wir erstreben, auf unserem Gebiet bedeuten k a n n . Daß das Problem als solches besteht und hier nicht spintisierend geschaffen wird, kann niemandem entgehen, der den Kampf um Methode, »Grundbegriffe« und Voraussetzungen, den steten Wechsel der »Gesichtspunkte« und die stete Neubestimmung der »Begriffe«, die verwendet werden, beobachtet und sieht, wie theoretische und historische Betrachtungsform noch immer durch eine scheinbar unüberbrückbare Kluft getrennt sind: » z w e i Nationalökonomien«, wie ein verzweifelnder Wiener Examinand seinerzeit jammernd klagte. Was heißt hier Objektivität? Lediglich d i e s e Frage wollen die nachfolgenden Ausführungen erörtern.

II. [2]

Die Zeitschrift hat von Anfang an die Gegenstände, mit denen sie sich befaßte, als sozial-ö k o n o m i s c h e behandelt. So wenig Sinn es nun hätte, hier Begriffsbestimmungen und Abgrenzungen von Wissenschaften vorzunehmen, so müssen wir uns doch darüber summarisch ins klare setzen, was das bedeutet.

Daß unsere physische Existenz ebenso wie die Befriedigung unserer idealsten Bedürfnisse überall auf die quanti-

2 Vgl. die Anmerkung zum Titel.

tative Begrenztheit und qualitative Unzulänglichkeit der dafür benötigten äußeren Mittel stößt, daß es zu ihrer Befriedigung der planvollen Vorsorge und der Arbeit, des Kampfes mit der Natur und der Vergesellschaftung mit Menschen bedarf, – das ist, möglichst unpräzis ausgedrückt, der grundlegende Tatbestand, an den sich alle jene Erscheinungen knüpfen, die wir im weitesten Sinne als »sozialökonomische« bezeichnen. Die Qualität eines Vorganges als »sozial-ökonomischer« Erscheinung ist nun nicht etwas, was ihm als solchem »objektiv« anhaftet. Sie ist vielmehr bedingt durch die Richtung unseres Erkenntnisinteresses, wie sie sich aus der spezifischen Kulturbedeutung ergibt, die wir dem betreffenden Vorgange im einzelnen Fall beilegen. Wo immer ein Vorgang des Kulturlebens in denjenigen Teilen seiner Eigenart, in welchen für uns seine spezifische Bedeutung beruht, direkt oder in noch so vermittelter Weise an jenem Tatbestand verankert ist, da enthält er oder kann er wenigstens, soweit dies der Fall, ein sozialwissenschaftliches Problem enthalten, d. h. eine Aufgabe für eine Disziplin, welche die Aufklärung der Tragweite jenes grundlegenden Tatbestandes zu ihrem Gegenstande macht.

Wir können nun innerhalb der sozialökonomischen Probleme unterscheiden: Vorgänge und Komplexe von solchen, Normen, Institutionen usw., deren Kulturbedeutung für uns wesentlich in ihrer ökonomischen Seite beruht, die uns – wie z. B. etwa Vorgänge des Börsen- und Banklebens – zunächst wesentlich nur unter diesem Gesichtspunkt interessieren. Dies wird regelmäßig (aber nicht etwa ausschließlich) dann der Fall sein, wenn es sich um Institutionen handelt, welche bewußt zu ökonomischen Zwecken geschaffen wurden oder benutzt werden. Solche Objekte unseres Erkennens können wir i. e. S. »wirtschaftliche« Vorgänge bez. Institutionen nennen. Dazu treten andere, die – wie z. B. etwa Vorgänge des religiösen Lebens – uns nicht oder doch sicherlich nicht in erster Linie unter dem Gesichtspunkt ihrer ökonomischen Bedeutung und um dieser willen interessieren, die aber unter Umständen unter diesem Gesichtspunkt Bedeutung gewinnen, weil von ihnen Wirkungen ausgehen, die uns unter ökonomischen Gesichtspunkten interessieren: »ökonomisch relevante« Erscheinungen. Und endlich gibt es unter den nicht in unserem Sinne »wirtschaftlichen« Erscheinungen solche, deren ökonomische Wirkungen für uns von keinem oder doch nicht erheblichem Interesse sind: etwa die Richtung des künstlerischen Geschmacks einer Zeit, – die aber ihrerseits im Einzelfalle in gewissen bedeutsamen Seiten ihrer Eigenart durch ökonomische Motive, also z. B. in unserem Falle etwa durch die Art der sozialen Gliederung des künstlerisch interessierten Publikums mehr oder minder stark mit beeinflußt sind: ökonomisch bedingte Erscheinungen. Jener Komplex menschlicher Beziehungen, Normen und normbestimmter Verhältnisse, die wir »Staat« nennen, ist beispielsweise bezüglich der staatlichen Finanzwirtschaft eine »wirtschaftliche« Erscheinung; – insofern er gesetzgeberisch oder sonst auf das Wirtschaftsleben einwirkt (und zwar auch da, wo ganz andere als ökonomische Gesichtspunkte sein Verhalten bewußt bestimmen) ist er »ökonomisch relevant«; – sofern endlich sein Verhalten und seine Eigenart auch in anderen als in seinen »wirtschaftlichen« Beziehungen durch ökonomische Motive mitbestimmt wird, ist er »ökonomisch bedingt«. Es versteht sich nach dem Gesagten von selbst, daß einerseits der Umkreis der »wirtschaftlichen« Erscheinungen ein flüssiger und nicht scharf abzugrenzender ist, und daß andererseits natürlich keineswegs etwa die »wirtschaftlichen« Seiten einer Erscheinung nur »wirtschaftlich bedingt« oder nur »wirtschaftlich wirksam« sind, und daß eine Erscheinung überhaupt die Qualität einer »wirtschaftlichen« nur insoweit und nur so lange behält, als unser Interesse sich der Bedeutung, die sie für den materiellen Kampf ums Dasein besitzt, ausschließlich zuwendet.

Unsere Zeitschrift nun befaßt sich wie die sozialökonomische Wissenschaft seit Marx und Roscher nicht nur mit »wirtschaftlichen«, sondern auch mit »wirtschaftlich relevanten«

und »wirtschaftlich bedingten« Erscheinungen. Der Umkreis derartiger Objekte erstreckt sich natürlich, – flüssig, wie er je nach der jeweiligen Richtung unseres Interesses ist, – offenbar durch die Gesamtheit aller Kulturvorgänge. Spezifisch ökonomische Motive – d. h. Motive, die in ihrer für uns bedeutsamen Eigenart an jenem grundlegenden Tatbestand verankert sind – werden überall da wirksam, wo die Befriedigung eines noch so immateriellen Bedürfnisses an die Verwendung begrenzter äußerer Mittel gebunden ist. Ihre Wucht hat deshalb überall nicht nur die Form der Befriedigung, sondern auch den Inhalt von Kulturbedürfnissen auch der innerlichsten Art mitbestimmt und umgestaltet. Der indirekte Einfluß, der unter dem Drucke »materieller« Interessen stehenden sozialen Beziehungen, Institutionen und Gruppierungen der Menschen, erstreckt sich (oft unbewußt) auf alle Kulturgebiete ohne Ausnahme, bis in die feinsten Nuancierungen des ästhetischen und religiösen Empfindens hinein. Die Vorgänge des alltäglichen Lebens nicht minder wie die »historischen« Ereignisse der hohen Politik, Kollektiv- und Massenerscheinungen ebenso wie »singuläre« Handlungen von Staatsmännern oder individuelle literarische und künstlerische Leistungen sind durch sie mitbeeinflußt, – »ökonomisch bedingt«. Andererseits wirkt die Gesamtheit aller Lebenserscheinungen und Lebensbedingungen einer historisch gegebenen Kultur auf die Gestaltung der materiellen Bedürfnisse, auf die Art ihrer Befriedigung, auf die Bildung der materiellen Interessengruppen und auf die Art ihrer Machtmittel und damit auf die Art des Verlaufes der »ökonomischen Entwicklung« ein, – wird »ökonomisch relevant«. Soweit unsere Wissenschaft wirtschaftliche Kulturerscheinungen im kausalen Regressus individuellen Ursachen – ökonomischen oder nicht ökonomischen Charakters – zurechnet, erstrebt sie »historische« Erkenntnis. Soweit sie ein spezifisches Element der Kulturerscheinungen: das ökonomische, in seiner Kulturbedeutung durch die verschiedensten Kulturzusammenhänge hindurch verfolgt, erstrebt sie Geschichtsinterpretation unter einem spezifischen

Gesichtspunkt und bietet ein Teilbild, eine Vorarbeit für die volle historische Kulturerkenntnis.

Wenn nun auch nicht überall, wo ein Hineinspielen ökonomischer Momente als Folge oder Ursache stattfindet, ein sozial-ökonomisches Problem vorliegt – denn ein solches entsteht nur da, wo die Bedeutung jener Faktoren eben problematisch und nur durch die Anwendung der Methoden der sozial-ökonomischen Wissenschaft sicher feststellbar ist – so ergibt sich doch der schier unübersehbare Umkreis des Arbeitsgebietes der sozial-ökonomischen Betrachtungsweise.

Unsere Zeitschrift hat nun schon bisher in wohlerwogener Selbstbeschränkung auf die Pflege einer ganzen Reihe höchst wichtiger Spezialgebiete unserer Disziplin, wie namentlich der deskriptiven Wirtschaftskunde, der Wirtschaftsgeschichte im engeren Sinne und der Statistik, im allgemeinen verzichtet. Ebenso hat sie die Erörterung der finanztechnischen Fragen und die technisch-ökonomischen Probleme der Markt- und Preisbildung in der modernen Tauschwirtschaft anderen Organen überlassen. Ihr Arbeitsgebiet waren gewisse Interessenkonstellationen und -konflikte, welche durch die führende Rolle des Verwertung suchenden Kapitals in der Wirtschaft der modernen Kulturländer entstanden sind, in ihrer heutigen Bedeutung und ihrem geschichtlichen Gewordensein. Sie hat sich dabei nicht auf die im engsten Sinne »soziale Frage« genannten praktischen und entwicklungsgeschichtlichen Probleme: die Beziehungen der modernen Lohnarbeiterklasse zu der bestehenden Gesellschaftsordnung, beschränkt. Freilich mußte die wissenschaftliche Vertiefung des im Laufe der 80er Jahre bei uns sich verbreitenden Interesses gerade an dieser Spezialfrage zunächst eine ihrer wesentlichsten Aufgaben sein. Allein je mehr die praktische Behandlung der Arbeiterverhältnisse auch bei uns dauernder Gegenstand der gesetzgebenden Tätigkeit und der öffentlichen Erörterung geworden ist, um so mehr mußte der Schwerpunkt der wissenschaftlichen Arbeit sich auf die Feststellung der universelleren Zusammenhänge, in welche diese Probleme hineingehören, verschieben und damit in die Aufgabe einer Analyse aller, durch die Eigenart der ökonomischen Grundlagen unserer Kultur geschaffenen und insofern spezifisch modernen Kulturprobleme ausmünden. Die Zeitschrift hat denn auch schon sehr bald die verschiedensten, teils »ökonomisch relevanten«, teils »ökonomisch bedingten« Lebensverhältnisse auch der übrigen großen Klassen der modernen Kulturnationen und deren Beziehungen zueinander historisch, statistisch und theoretisch zu behandeln begonnen. Wir ziehen nur die Konsequenzen dieses Verhaltens, wenn wir jetzt als eigenstes Arbeitsgebiet unserer Zeitschrift die wissenschaftliche Erforschung der allgemeinen Kulturbedeutung der sozialökonomischen Struktur des menschlichen Gemeinschaftslebens und seiner historischen Organisationsformen bezeichnen. – Dies und nichts anderes meinen wir, wenn wir unsere Zeitschrift »Archiv für Sozialwissenschaft« genannt haben. Das Wort soll hier die geschichtliche und theoretische Beschäftigung mit den gleichen Problemen umfassen, deren praktische Lösung Gegenstand der »Sozialpolitik« im weitesten Sinne dieses Wortes ist. Wir machen dabei von dem Rechte Gebrauch, den Ausdruck »sozial« in seiner durch konkrete Gegenwartsprobleme bestimmten Bedeutung zu verwenden. Will man solche Disziplinen, welche die Vorgänge des menschlichen Lebens unter dem Gesichtspunkt ihrer Kulturbedeutung betrachten, »Kulturwissenschaften« nennen, so gehört die Sozialwissenschaft in unserem Sinne in diese Kategorie hinein. Wir werden bald sehen, welche prinzipiellen Konsequenzen das hat.

Unzweifelhaft bedeutet die Heraushebung der sozialökonomischen Seite des Kulturlebens eine sehr fühlbare Begrenzung unserer Themata. Man wird sagen, daß der ökonomische oder, wie man unpräzis gesagt hat, der »materialistische« Gesichtspunkt von dem aus das Kulturleben hier betrachtet wird, »einseitig« sei. Sicherlich, und diese Einsei-

tigkeit ist beabsichtigt. Der Glaube, es sei die Aufgabe fort-
schreitender wissenschaftlicher Arbeit, die »Einseitigkeit«
der ökonomischen Betrachtungsweise dadurch zu heilen, daß
sie zu einer allgemeinen Sozialwissenschaft erweitert
werde, krankt zunächst an dem Fehler, daß der Gesichtspunkt des »Sozialen«, also der Beziehung zwischen Menschen, nur dann irgendwelche zur Abgrenzung wissenschaftlicher Probleme ausreichende Bestimmtheit besitzt, wenn er
mit irgendeinem speziellen inhaltlichen Prädikat versehen ist.
Sonst umfaßte er, als Objekt einer Wissenschaft gedacht,
natürlich z. B. die Philologie ebensowohl wie die Kirchenge-
schichte und namentlich alle jene Disziplinen, die mit dem
wichtigsten konstitutiven Elemente jedes Kulturlebens: dem
Staat, und mit der wichtigsten Form seiner normativen Regelung: dem Recht, sich beschäftigen. Daß die Sozialökonomik
sich mit »sozialen« Beziehungen befaßt, ist so wenig ein
Grund, sie als notwendigen Vorläufer einer »allgemeinen
Sozialwissenschaft« zu denken, wie etwa der Umstand, daß
sie sich mit Lebenserscheinungen befaßt, dazu nötigt, sie als
Teil der Biologie, oder der andere, daß sie es mit Vorgängen auf einem Himmelskörper zu tun hat, dazu, sie als Teil
einer künftigen vermehrten und verbesserten Astronomie anzusehen. Nicht die »sachlichen« Zusammenhänge der
»Dinge«, sondern die gedanklichen Zusammenhänge
der Probleme liegen den Arbeitsgebieten der Wissenschaften zugrunde: wo mit neuer Methode einem neuen Problem
nachgegangen wird und dadurch Wahrheiten entdeckt werden, welche neue bedeutsame Gesichtspunkte eröffnen, da
entsteht eine neue »Wissenschaft«. –

Es ist nun kein Zufall, daß der Begriff des »Sozialen«, der
einen ganz allgemeinen Sinn zu haben scheint, sobald man
ihn auf seine Verwendung hin kontrolliert, stets eine durchaus besondere, spezifisch gefärbte, wenn auch meist unbestimmte, Bedeutung an sich trägt; das »allgemeine« beruht
bei ihm tatsächlich in nichts anderem als eben in seiner Unbestimmtheit. Er bietet eben, wenn man ihn in seiner »allgemei-

nen« Bedeutung nimmt, keinerlei spezifische Gesichtspunkte, unter denen man die Bedeutung bestimmter
Kulturelemente beleuchten könnte.

Frei von dem veralteten Glauben, daß die Gesamtheit der
Kulturerscheinungen sich als Produkt oder als Funktion
»materieller« Interessenkonstellationen deduzieren lasse,
glauben wir unsrerseits doch, daß die Analyse der sozialen Erscheinungen und Kulturvorgänge unter
dem speziellen Gesichtspunkte ihrer ökonomischen Bedingtheit und Tragweite ein wissenschaftliches Prinzip von
schöpferischer Fruchtbarkeit war und, bei umsichtiger Anwendung und Freiheit von dogmatischer Befangenheit,
auch in aller absehbarer Zeit noch bleiben wird. Die sogenannte »materialistische Geschichtsauffassung« als »Weltanschauung« oder als Generalnenner kausaler Erklärung
der historischen Wirklichkeit ist auf das Bestimmteste abzulehnen, – die Pflege der ökonomischen Geschichtsinterpretation ist einer der wesentlichsten Zwecke unserer Zeitschrift. Das bedarf der näheren Erläuterung.

Die sogenannte »materialistische Geschichtsauffassung« in
dem alten genial-primitiven Sinne etwa des kommunisti-
schen Manifests beherrscht heute wohl nur noch die Köpfe
von Laien und Dilettanten. Bei ihnen findet sich allerdings
noch immer die eigentümliche Erscheinung verbreitet, daß
ihrem Kausalbedürfnis bei der Erklärung einer historischen
Erscheinung so lange nicht Genüge geschehen ist, als nicht
irgendwie und irgendwo ökonomische Ursachen als mitspie-
lend nachgewiesen sind (oder zu sein scheinen): ist dies aber
der Fall, dann begnügen sie sich wiederum mit der faden-
scheinigsten Hypothese und den allgemeinsten Redewen-
dungen, weil nunmehr ihrem dogmatischen Bedürfnis, daß
die ökonomischen »Triebkräfte« die »eigentlichen«, einzig
»wahren«, in »letzter Instanz überall Ausschlag gebenden«
seien, Genüge geschehen ist. Die Erscheinung ist ja nichts
Einzigartiges. Es haben fast alle Wissenschaften, von der Philologie bis zur Biologie, gelegentlich den Anspruch erhoben,

Produzenten nicht nur von Fachwissen, sondern auch von »Weltanschauungen« zu sein. Und unter dem Eindruck der gewaltigen Kulturbedeutung der modernen ökonomischen Umwälzungen und speziell der überragenden Tragweite der »Arbeiterfrage« glitt der unausrottbare monistische Zug jedes gegen sich selbst unkritischen Erkennens naturgemäß auf diesen Weg. Der gleiche Zug kommt jetzt, wo in zunehmender Schärfe der politische und handelspolitische Kampf der Nationen untereinander um die Welt gekämpft wird, der Anthropologie zugute: ist doch der Glaube weit verbreitet, daß »in letzter Linie« alles historische Geschehen Ausfluß des Spiels angeborener »Rassenqualitäten« gegeneinander sei. An die Stelle der kritiklosen bloßen Beschreibung von »Volks-charakteren« trat die noch kritiklosere Aufstellung von eigenen »Gesellschaftstheorien« auf »naturwissenschaftlicher« Grundlage. Wir werden in unserer Zeitschrift die Entwicklung der anthropologischen Forschung, soweit sie für unsere Gesichtspunkte Bedeutung gewinnt, sorgsam verfolgen. Es steht zu hoffen, daß der Zustand, in welchem die kausale Zurückführung von Kulturvorgängen auf die »Rasse« lediglich unser Nichtwissen dokumentierte, – ähnlich wie etwa die Bezugnahme auf das »Milieu« oder, früher, auf die »Zeitumstände«, – allmählich durch methodisch geschulte Arbeit überwunden wird. Wenn etwas dieser Forschung bisher geschadet hat, so ist es die Vorstellung eifriger Dilettanten, daß sie für die Erkenntnis der Kultur etwas spezifisch Anderes und Erheblicheres leisten könnte, als die Erweiterung der Möglichkeit sicherer Zurechnung einzelner konkreter Kulturvorgänge der historischen Wirklichkeit zu konkreten historisch gegebenen Ursachen durch Gewinnung exakten, unter spezifischen Gesichtspunkten erhobenen Beobachtungsmaterials. Ausschließlich soweit sie uns dies zu bieten vermögen, haben ihre Ergebnisse für uns Interesse und qualifizieren sie die »Rassenbiologie« als etwas mehr als ein Produkt des modernen wissenschaftlichen Gründungsfiebers.

Nicht anders steht es um die Bedeutung der ökonomischen
Interpretation des Geschichtlichen. Wenn nach einer Periode
grenzenloser Überschätzung heute beinahe die Gefahr
besteht, daß sie in ihrer wissenschaftlichen Leistungsfähigkeit
unterwertet werde, so ist das die Folge der beispiellosen
Unkritik, mit welcher die ökonomische Deutung der Wirklichkeit als »universelle« Methode in dem Sinne einer Deduktion aller Kulturerscheinungen – d. h. alles an ihnen für uns
Wesentlichen, – als in letzter Instanz ökonomisch bedingt
verwendet wurde. Heute ist die logische Form, in der sie
auftritt, nicht ganz einheitlich. Wo für die rein ökonomische
Erklärung sich Schwierigkeiten ergeben, stehen verschiedene
Mittel zur Verfügung, um ihre Allgemeingültigkeit als ent-
scheidendes ursächliches Moment aufrecht zu erhalten. Entweder man behandelt alles das, was in der historischen Wirklichkeit nicht aus ökonomischen Motiven deduzierbar ist,
als eben deshalb wissenschaftlich bedeutungslose »Zu-
fälligkeit«. Oder man dehnt den Begriff des Ökonomischen bis zur Unkenntlichkeit, so daß alle menschlichen
Interessen, welche irgendwie an äußere Mittel gebunden
sind, in jenen Begriff einbezogen werden. Steht historisch
fest, daß auf zwei in ökonomischer Hinsicht gleiche Situationen dennoch verschieden reagiert wurde, – infolge der
Differenzen der politischen und religiösen, klimatischen und
der zahllosen anderen nicht ökonomischen Determinanten –, dann degradiert man, um die Suprematie des Ökonomischen zu erhalten, alle diese Momente zu den historisch
zufälligen »Bedingungen«, unter denen die ökonomischen
Motive als »Ursachen« wirken. Es versteht sich aber, daß alle
jene für die ökonomische Betrachtung »zufälligen« Momente
ganz in demselben Sinne wie die ökonomischen je ihren eigenen Gesetzen folgen, und daß für eine Betrachtungsweise,
welche ihre spezifische Bedeutung verfolgt, die jeweiligen
ökonomischen »Bedingungen« ganz in dem gleichen
Sinne »historisch zufällig« sind, wie umgekehrt. Ein beliebter
Versuch, demgegenüber die überragende Bedeutung des

Ökonomischen zu retten, besteht endlich darin, daß man das konstante Mit- und Aufeinanderwirken der einzelnen Elemente des Kulturlebens in eine kausale oder funktionelle Abhängigkeit des einen von den anderen oder vielmehr aller übrigen von einem: dem ökonomischen, deutet. Wo eine bestimmte einzelne nicht wirtschaftliche Institution historisch auch eine bestimmte »Funktion« im Dienste von ökonomischen Klasseninteressen versehen hat, d. h. diesen dienstbar geworden ist, wo z. B. etwa bestimmte religiöse Institutionen als »schwarze Polizei« sich verwenden lassen und verwendet werden, wird dann die ganze Institution entweder als für diese Funktion geschaffen oder, – ganz metaphysisch, – als durch eine vom Ökonomischen ausgehende »Entwicklungstendenz« geprägt, vorgestellt.

Es bedarf heute für keinen Fachmann mehr der Ausführung, daß diese Deutung des Zweckes der ökonomischen Kulturanalyse der Ausfluß teils einer bestimmten geschichtlichen Konstellation, die das wissenschaftliche Interesse bestimmten ökonomisch bedingten Kulturproblemen zuwendete, teils eines rabiaten wissenschaftlichen Ressortpatriotismus war und daß sie heute mindestens veraltet ist. Die Reduktion auf ökonomische Ursachen allein ist auf keinem Gebiete der Kulturerscheinungen je in irgendeinem Sinn erschöpfend, auch nicht auf demjenigen der »wirtschaftlichen« Vorgänge. Prinzipiell ist eine Bankgeschichte irgendeines Volkes, die nur die ökonomischen Motive zur Erklärung heranziehen wollte, natürlich ganz ebenso unmöglich, wie es etwa eine »Erklärung« der Sixtinischen Madonna aus den sozial-ökonomischen Grundlagen des Kulturlebens zur Zeit ihrer Entstehung sein würde, und sie ist in keiner Weise prinzipiell erschöpfender als es etwa die Ableitung des Kapitalismus aus gewissen Umgestaltungen religiöser Bewußtseinsinhalte, die bei der Genesis des kapitalistischen Geistes mitspielten, oder etwa irgendeines politischen Gebildes aus geographischen Bedingungen sein würden. In allen diesen Fällen ist für das Maß der Bedeutung, die wir ökonomischen Bedingungen beizumessen haben, entscheidend, welcher Klasse von Ursachen diejenigen spezifischen Elemente der betreffenden Erscheinung, denen wir im einzelnen Falle Bedeutung beilegen, auf die es uns ankommt, zuzurechnen sind. Das Recht der einseitigen Analyse der Kulturwirklichkeit unter spezifischen »Gesichtspunkten« aber, – in unserem Falle dem ihrer ökonomischen Bedingtheit, – ergibt sich zunächst rein methodisch aus dem Umstande, daß die Einschulung des Auges auf die Beobachtung der Wirkung qualitativ gleichartiger Ursachenkategorien und die stete Verwendung des gleichen begrifflich-methodischen Apparates alle Vorteile der Arbeitsteilung bietet. Sie ist so lange nicht »willkürlich«, als der Erfolg für sie spricht, d. h. als sie Erkenntnis von Zusammenhängen liefert, welche für die kausale Zurechnung konkreter historischer Vorgänge sich als wertvoll erweisen. Aber: die »Einseitigkeit« und Unwirklichkeit der rein ökonomischen Interpretation des Geschichtlichen ist überhaupt nur ein Spezialfall eines ganz allgemein für die wissenschaftliche Erkenntnis der Kulturwirklichkeit geltenden Prinzips. Dies in seinen logischen Grundlagen und in seinen allgemeinen methodischen Konsequenzen uns zu verdeutlichen ist der wesentliche Zweck der weiteren Auseinandersetzungen.

Es gibt keine schlechthin »objektive« wissenschaftliche Analyse des Kulturlebens oder, – was vielleicht etwas Engeres, für unsern Zweck aber sicher nichts wesentlich anderes bedeutet, – der »sozialen Erscheinungen« unabhängig von speziellen und »einseitigen« Gesichtspunkten, nach denen sie – ausdrücklich oder stillschweigend, bewußt oder unbewußt – als Forschungsobjekt ausgewählt, analysiert und darstellend gegliedert werden. Der Grund liegt in der Eigenart des Erkenntnisziels einer jeden sozialwissenschaftlichen Arbeit, die über eine rein formale Betrachtung der Normen – rechtlichen oder konventionellen – des sozialen Beieinanderseins hinausgehen will.

Die Sozialwissenschaft, die wir treiben wollen, ist eine

Wirklichkeitswissenschaft. Wir wollen die uns umgebende Wirklichkeit des Lebens, in welches wir hineingestellt sind, in ihrer Eigenart verstehen – den Zusammenhang und die Kulturbedeutung ihrer einzelnen Erscheinungen in ihrer heutigen Gestaltung einerseits, die Gründe ihres geschichtlichen So-und-nicht-anders-Gewordenseins andererseits. Nun bietet uns das Leben, sobald wir uns auf die Art, in der es uns unmittelbar entgegentritt, zu besinnen suchen, eine schlechthin unendliche Mannigfaltigkeit von nach- und nebeneinander auftauchenden und vergehenden Vorgängen, »in« uns und »außer« uns. Und die absolute Unendlichkeit dieser Mannigfaltigkeit bleibt intensiv durchaus ungemindert auch dann bestehen, wenn wir ein einzelnes »Objekt« – etwa einen konkreten Tauschakt – isoliert ins Auge fassen, – sobald wir nämlich ernstlich versuchen wollen, dies »Einzelne« erschöpfend in allen seinen individuellen Bestandteilen auch nur zu beschreiben, geschweige denn es in seiner kausalen Bedingtheit zu erfassen. Alle denkende Erkenntnis der unendlichen Wirklichkeit durch den endlichen Menschengeist beruht daher auf der stillschweigenden Voraussetzung, daß jeweils nur ein endlicher Teil derselben den Gegenstand wissenschaftlicher Erfassung bilden, daß nur er »wesentlich« im Sinne von »wissenswert« sein solle. Nach welchen Prinzipien aber wird dieser Teil ausgesondert? Immer wieder hat man geglaubt, das entscheidende Merkmal auch in den Kulturwissenschaften in letzter Linie in der »gesetzmäßigen« Wiederkehr bestimmter ursächlicher Verknüpfungen finden zu können. Das, was die »Gesetze«, die wir in dem unübersehbar mannigfaltigen Ablauf der Erscheinungen zu erkennen vermögen, in sich enthalten, muß, – nach dieser Auffassung, – das allein wissenschaftliche »Wesentliche« in ihnen sein: sobald wir die »Gesetzlichkeit« einer ursächlichen Verknüpfung, sei es mit den Mitteln umfassender historischer Induktion als ausnahmslos geltend nachgewiesen, sei es für die innere Erfahrung zur unmittelbaren anschaulichen Evidenz gebracht haben, ordnet sich ja jeder so gefundenen

Formel jede noch so groß gedachte Zahl gleichartiger Fälle unter. Was nach dieser Heraushebung des »Gesetzmäßigen« jeweils von der individuellen Wirklichkeit unbegriffen verbleibt, gilt entweder als wissenschaftlich noch unverarbeiteter Rückstand, der durch immer weitere Vervollkommnung des »Gesetzes«-Systems in dieses hineinzuarbeiten sei, oder aber es bleibt als »zufällig« und eben deshalb wissenschaftlich unwesentlich überhaupt beiseite, eben weil es nicht »gesetzlich begreifbar« ist, also nicht zum »Typus« des Vorgangs gehört und daher nur Gegenstand »müßiger Neugier« sein kann. Immer wieder taucht demgemäß – selbst bei Vertretern der historischen Schule – die Vorstellung auf, das Ideal, dem alle, also auch die Kulturerkenntnis zustrebe und, wenn auch für eine ferne Zukunft, zustreben könne, sei ein System von Lehrsätzen, aus dem die Wirklichkeit »deduziert« werden könnte. Ein Führer der Naturwissenschaft hat bekanntlich geglaubt, als das (faktisch unerreichbare) ideale Ziel einer solchen Verarbeitung der Kulturwirklichkeit eine »astronomische« Erkenntnis der Lebensvorgänge bezeichnen zu können. Lassen wir uns, so oft diese Dinge nun auch schon erörtert sind, die Mühe nicht verdrießen auch unsererseits hier etwas näher zuzusehen. Zunächst fällt in die Augen, daß diejenige »astronomische« Erkenntnis an welche dabei gedacht wird, keine Erkenntnis von Gesetzen ist, sondern vielmehr die »Gesetze«, mit denen sie arbeitet, als Voraussetzungen ihrer Arbeit anderen Disziplinen, wie der Mechanik, entnimmt. Sie selbst aber interessiert sich für die Frage: welches individuelle Ergebnis die Wirkung jener Gesetze auf eine individuell gestaltete Konstellation erzeugt, da diese individuellen Konstellationen für uns Bedeutung haben. Jede individuelle Konstellation, die sie uns »erklärt« oder voraussagt, ist natürlich kausal nur erklärbar als Folge einer anderen gleich individuellen ihr vorhergehenden, und so weit wir zurückgreifen in den grauen Nebel der fernsten Vergangenheit – stets bleibt die Wirklichkeit, für welche die Gesetze gelten, gleich individuell, gleich wenig aus den Gesetzen deduzierbar. Ein kosmischer »Urzustand«, der einen nicht oder weniger individuellen Charakter an sich trüge, als die kosmische Wirklichkeit der Gegenwart ist, wäre natürlich ein sinnloser Gedanke: – aber spukt nicht ein Rest ähnlicher Vorstellungen auf unserm Gebiet in jenen bald naturrechtlich erschlossenen, bald durch Beobachtung an »Naturvölkern« verifizierten Annahmen ökonomisch-sozialer »Urzustände« ohne historische »Zufälligkeiten«, – so des »primitiven Agrarkommunismus«, der sexuellen »Promiskuität« usw., aus denen heraus alsdann durch eine Art von Sündenfall ins Konkrete die individuelle historische Entwicklung entsteht?

Ausgangspunkt des sozialwissenschaftlichen Interesses ist nun zweifellos die wirkliche, also individuelle Gestaltung des uns umgebenden sozialen Kulturlebens in seinem universellen, aber deshalb natürlich nicht minder individuell gestalteten, Zusammenhange und in seinem Gewordensein aus anderen, selbstverständlich wiederum individuell gearteten, sozialen Kulturzuständen heraus. Offenbar liegt hier der Sachverhalt, den wir eben an der Astronomie als einem (auch von den Logikern regelmäßig zum gleichen Behufe herangezogenen) Grenzfalle erläuterten, in spezifisch gesteigertem Maße vor. Während für die Astronomie die Weltkörper nur in ihren quantitativen, exakter Messung zugänglichen Beziehungen für unser Interesse in Betracht kommen, ist die qualitative Färbung der Vorgänge das, worauf es uns in der Sozialwissenschaft ankommt. Dazu tritt, daß es sich in den Sozialwissenschaften um die Mitwirkung geistiger Vorgänge handelt, welche nacherlebend zu »verstehen« natürlich eine Aufgabe spezifisch anderer Art ist, als sie die Formeln der exakten Naturerkenntnis überhaupt lösen können oder wollen. Immerhin sind diese Unterschiede nicht an sich derart prinzipielle, wie es auf den ersten Blick scheint. Ohne Qualitäten kommen – von der reinen Mechanik abgesehen – auch die exakten Naturwissenschaften nicht aus; wir stoßen ferner auf unserem Spezialgebiet auf die –

freilich schiefe – Meinung, daß wenigstens die für unsere Kultur fundamentale Erscheinung des geldwirtschaftlichen Verkehrs quantifizierbar und eben deshalb »gesetzlich« erfaßbar sei; und endlich hängt es von der engeren oder weiteren Fassung des Begriffs »Gesetz« ab, ob man auch Regelmäßigkeiten, die, weil nicht quantifizierbar, keiner zahlenmäßigen Erfassung zugänglich sind, darunter verstehen will. Was speziell die Mitwirkung »geistiger« Motive anlangt, so schließt sie jedenfalls die Aufstellung von Regeln rationalen Handelns nicht aus, und vor allem ist die Ansicht noch heute nicht ganz verschwunden, daß es eben die Aufgabe der Psychologie sei, eine der Mathematik vergleichbare Rolle für die einzelnen »Geisteswissenschaften« zu spielen, indem sie die komplizierten Erscheinungen des Soziallebens auf ihre psychischen Bedingungen und Wirkungen hin zu zergliedern, diese auf möglichst einfache psychische Faktoren zurückzuführen, letztere wieder gattungsmäßig zu klassifizieren und in ihren funktionellen Zusammenhängen zu untersuchen habe. Damit wäre dann, wenn auch keine »Mechanik«, so doch eine Art von »Chemie« des Soziallebens in seinen psychischen Grundlagen geschaffen. Ob derartige Untersuchungen jemals wertvolle und – was davon verschieden ist – für die Kulturwissenschaften brauchbare Einzelergebnisse liefern würden, können wir hier nicht entscheiden wollen. Für die Frage aber, ob das Ziel sozialökonomischer Erkenntnis in unserem Sinn: Erkenntnis der Wirklichkeit in ihrer Kulturbedeutung und ihrem kausalen Zusammenhang durch die Aufsuchung des sich gesetzmäßig Wiederholenden erreicht werden kann, wäre dies ohne allen Belang. Gesetzt den Fall, es gelänge einmal, sei es mittels der Psychologie, sei es auf anderem Wege, alle jemals beobachteten und weiterhin auch alle in irgendeiner Zukunft denkbaren ursächlichen Verknüpfungen von Vorgängen des menschlichen Zusammenlebens auf irgendwelche einfache letzte »Faktoren« hin zu analysieren, und dann in einer ungeheuren Kasuistik von Begriffen und streng gesetzlich

geltenden Regeln erschöpfend zu erfassen – was würde das
Resultat für die Erkenntnis der geschichtlich gegebenen
Kulturwelt, oder auch nur irgendeiner Einzelerscheinung
daraus, – etwa des Kapitalismus in seinem Gewordensein und
seiner Kulturbedeutung, – besagen? Als Erkenntnismittel
ebensoviel und ebensowenig wie etwa ein Lexikon der organischen chemischen Verbindungen für die biogenetische
Erkenntnis der Tier- und Pflanzenwelt. Im einen Falle wie im
andern würde eine sicherlich wichtige und nützliche Vorarbeit geleistet sein. Im einen Fall so wenig wie im andern ließe
sich aber aus jenen »Gesetzen« und »Faktoren« die Wirklichkeit des Lebens jemals deduzieren – nicht etwa deshalb
nicht, weil noch irgendwelche höhere und geheimnisvolle
»Kräfte« (»Dominanten«, »Entelechien« oder wie man sie
sonst genannt hat) in den Lebenserscheinungen stecken müßten – das ist eine Frage ganz für sich – sondern schon einfach
deswegen, weil es uns für die Erkenntnis der Wirklichkeit
auf die Konstellation ankommt, in der sich jene (hypothetischen!) »Faktoren«, zu einer geschichtlich für uns
bedeutsamen Kulturerscheinung gruppiert, vorfinden,
und weil, wenn wir nun diese individuelle Gruppierung
»kausal erklären« wollen, wir immer auf andere, ganz
ebenso individuelle Gruppierungen zurückgreifen müßten,
aus denen wir sie, natürlich unter Benutzung jener (hypothetischen!) »Gesetzes«-Begriffe »erklären« würden. Jene
(hypothetischen) »Gesetze« und »Faktoren« festzustellen,
wäre für uns also jedenfalls nur die erste der mehreren
Arbeiten, die zu der von uns erstrebten Erkenntnis führen
würden. Die Analyse und ordnende Darstellung der jeweils
historisch gegebenen, individuellen Gruppierung jener »Faktoren« und ihres dadurch bedingten konkreten, in seiner Art
bedeutsamen Zusammenwirkens und vor allem die Ver-
ständlichmachung des Grundes und der Art dieser Bedeutsamkeit wäre die nächste, zwar unter Verwendung
jener Vorarbeit zu lösende, aber ihr gegenüber völlig
neue und selbständige Aufgabe. Die Zurückverfolgung

der einzelnen, für die G e g e n w a r t bedeutsamen, individuellen Eigentümlichkeiten dieser Gruppierungen in ihrem
Gewordensein soweit in die Vergangenheit als möglich, und
ihre historische Erklärung aus früheren, wiederum individuellen Konstellationen wäre die dritte, – die Abschätzung
möglicher Zukunftskonstellationen endlich eine denkbare
vierte Aufgabe.

Für alle diese Zwecke wäre das Vorhandensein klarer
Begriffe und die Kenntnis jener (hypothetischen) »Gesetze«
offenbar als Erkenntnismittel – aber auch n u r als solches –
von großem Werte, ja sie wäre zu diesem Zwecke schlechthin
unentbehrlich. Aber selbst in d i e s e r Funktion zeigt sich an
e i n e m entscheidenden Punkte sofort die Grenze ihrer Tragweite, und mit deren Feststellung gelangen wir zu der entscheidenden Eigenart kulturwissenschaftlicher Betrachtungsweise. Wir haben als »Kulturwissenschaften« solche
Disziplinen bezeichnet, welche die Lebenserscheinungen in
ihrer Kulturbedeutung zu erkennen strebten. Die B e d e u -
t u n g der Gestaltung einer Kulturerscheinung und der
G r u n d dieser Bedeutung kann aber aus k e i n e m noch so
vollkommenen System von Gesetzesbegriffen entnommen,
begründet und verständlich gemacht werden, denn sie setzt
die Beziehung der Kulturerscheinungen a u f W e r t i d e e n
voraus. Der Begriff der Kultur ist ein W e r t b e g r i f f. Die
empirische Wirklichkeit i s t für uns »Kultur«, weil und
sofern wir sie mit Wertideen in Beziehung setzen, sie umfaßt
diejenigen Bestandteile der Wirklichkeit, welche durch jene
Beziehung für uns b e d e u t s a m werden, und n u r diese. Ein
winziger Teil der jeweils betrachteten individuellen Wirklichkeit wird von unserm durch jene Wertideen bedingten Interesse gefärbt, er allein hat Bedeutung für uns, er hat sie, weil er
Beziehungen aufweist, die für uns infolge ihrer Verknüpfung
mit Wertideen w i c h t i g sind; nur weil und soweit dies der
Fall ist, ist er in seiner individuellen Eigenart für uns wissenswert. W a s aber für uns Bedeutung hat, das ist natürlich
durch keine »voraussetzungslose« Untersuchung des empi-

risch Gegebenen zu erschließen, sondern seine Feststellung ist Voraussetzung dafür, daß etwas Gegenstand der Untersuchung wird. Das Bedeutsame koinzidiert natürlich auch als solches mit keinem Gesetze als solchem, und zwar um so weniger, je allgemeingültiger jenes Gesetz ist. Denn die spezifische Bedeutung, die ein Bestandteil der Wirklichkeit für uns hat, findet sich natürlich gerade nicht in denjenigen seiner Beziehungen, die er mit möglichst vielen anderen teilt. Die Beziehung der Wirklichkeit auf Wertideen, die ihr Bedeutung verleihen, und die Heraushebung und Ordnung der dadurch gefärbten Bestandteile des Wirklichen unter dem Gesichtspunkt ihrer Kulturbedeutung ist ein gänzlich heterogener und disparater Gesichtspunkt gegenüber der Analyse der Wirklichkeit auf Gesetze und ihrer Ordnung in generellen Begriffen. Beide Arten der denkenden Ordnung des Wirklichen haben keinerlei notwendige logische Beziehungen zueinander. Sie können in einem Einzelfall einmal koinzidieren, aber es ist von den verhängnisvollsten Folgen, wenn dies zufällige Zusammentreffen über ihr prinzipielles Auseinanderfallen täuscht. Es kann die Kulturbedeutung einer Erscheinung, z. B. des geldwirtschaftlichen Tausches, darin bestehen, daß er als Massenerscheinung auftritt, wie dies eine fundamentale Komponente des heutigen Kulturlebens ist. Alsdann ist aber eben die historische Tatsache, daß er diese Rolle spielt, das, was in seiner Kulturbedeutung verständlich zu machen, in seiner historischen Entstehung kausal zu erklären ist. Die Untersuchung des generellen Wesens des Tausches und der Technik des Marktverkehrs ist eine – höchst wichtige und unentbehrliche! – Vorarbeit. Aber nicht nur ist damit die Frage nicht beantwortet, wie denn historisch der Tausch zu seiner heutigen fundamentalen Bedeutung gekommen ist, sondern vor allen Dingen: das, worauf es uns in letzter Linie doch ankommt: die Kulturbedeutung der Geldwirtschaft, um derentwillen wir uns für jene Schilderung der Verkehrstechnik ja allein interessieren, um derentwillen allein es heute eine Wissenschaft gibt, welche sich mit jener Technik befaßt, – sie folgt aus keinem jener »Gesetze«. Die gattungsmäßigen Merkmale des Tausches, Kaufs usw. interessieren den Juristen, – was uns angeht, ist die Aufgabe, eben jene Kulturbedeutung der historischen Tatsache, daß der Tausch heute Massenerscheinung ist, zu analysieren. Wo sie erklärt werden soll, wo wir verstehen wollen, was unsere sozial-ökonomische Kultur etwa von der des Altertums, in welcher der Tausch ja genau die gleichen gattungsmäßigen Qualitäten aufwies wie heute, unterscheidet, worin also die Bedeutung der »Geldwirtschaft« liegt, da ragen logische Prinzipien durchaus heterogener Herkunft in die Untersuchung hinein: wir werden jene Begriffe, welche die Untersuchung der gattungsmäßigen Elemente der ökonomischen Massenerscheinungen uns liefert, zwar, soweit in ihnen bedeutungsvolle Bestandteile unserer Kultur enthalten sind, als Darstellungsmittel verwenden: – nicht nur aber ist das Ziel unserer Arbeit durch die noch so genaue Darstellung jener Begriffe und Gesetze nicht erreicht, sondern die Frage, was zum Gegenstand der gattungsmäßigen Begriffsbildung gemacht werden soll, ist gar nicht »voraussetzungslos«, sondern eben im Hinblick auf die Bedeutung entschieden worden, welche bestimmte Bestandteile jener unendlichen Mannigfaltigkeit, die wir »Verkehr« nennen, für die Kultur besitzen. Wir erstreben eben die Erkenntnis einer historischen, d. h. einer in ihrer Eigenart bedeutungsvollen, Erscheinung. Und das entscheidende dabei ist: nur durch die Voraussetzung, daß ein endlicher Teil der unendlichen Fülle der Erscheinungen allein bedeutungsvoll sei, wird der Gedanke einer Erkenntnis individueller Erscheinungen überhaupt logisch sinnvoll. Wir ständen, selbst mit der denkbar umfassendsten Kenntnis aller »Gesetze« des Geschehens, ratlos vor der Frage: Wie ist kausale Erklärung einer individuellen Tatsache überhaupt möglich, – da schon eine Beschreibung selbst des kleinsten Ausschnittes der Wirklichkeit ja niemals erschöpfend denkbar ist? Die Zahl und Art der Ursachen, die irgendein individuelles Ereignis bestimmt haben, ist ja stets unendlich, und es gibt keinerlei in den Dingen selbst liegendes Merkmal, einen Teil von ihnen als allein in Betracht kommend auszusondern. Ein Chaos von »Existenzialurteilen« über unzählige einzelne Wahrnehmungen wäre das einzige, was der Versuch eines ernstlich »voraussetzungslosen« Erkennens der Wirklichkeit erzielen würde. Und selbst dieses Ergebnis wäre nur scheinbar möglich, denn die Wirklichkeit jeder einzelnen Wahrnehmung zeigt bei näherem Zusehen ja stets unendlich viele einzelne Bestandteile, die nie erschöpfend in Wahrnehmungsurteilen ausgesprochen werden können. In dieses Chaos bringt nur der Umstand Ordnung, daß in jedem Fall nur ein Teil der individuellen Wirklichkeit für uns Interesse und Bedeutung hat, weil nur er in Beziehung steht zu den Kulturwertideen, mit welchen wir an die Wirklichkeit herantreten. Nur bestimmte Seiten der stets unendlich mannigfaltigen Einzelerscheinungen: diejenigen, welchen wir eine allgemeine Kulturbedeutung beimessen – sind daher wissenswert, sie allein sind Gegenstand der kausalen Erklärung. Auch diese kausale Erklärung selbst weist dann wiederum die gleiche Erscheinung auf: ein erschöpfender kausaler Regressus von irgendeiner konkreten Erscheinung in ihrer vollen Wirklichkeit aus ist nicht nur praktisch unmöglich, sondern einfach ein Unding. Nur diejenigen Ursachen, welchen die im Einzelfalle »wesentlichen« Bestandteile eines Geschehens zuzurechnen sind, greifen wir heraus: die Kausalfrage ist, wo es sich um die Individualität einer Erscheinung handelt, nicht eine Frage nach Gesetzen, sondern nach konkreten kausalen Zusammenhängen, nicht eine Frage, welcher Formel die Erscheinung als Exemplar unterzuordnen, sondern die Frage, welcher individuellen Konstellation sie als Ergebnis zuzurechnen ist: sie ist Zurechnungsfrage. Wo immer die kausale Erklärung einer »Kulturerscheinung« – eines »historischen Individuums«, wie wir im Anschluß an

einen in der Methodologie unserer Disziplin schon gelegentlich gebrauchten und jetzt in der Logik in präziser Formulierung üblich werdenden Ausdruck sagen wollen – in Betracht
kommt, da kann die Kenntnis von Gesetzen der Verursachung nicht Zweck, sondern nur Mittel der Untersuchung sein. Sie erleichtert und ermöglicht uns die kausale
Zurechnung der in ihrer Individualität kulturbedeutsamen
Bestandteile der Erscheinungen zu ihren konkreten Ursachen. Soweit, und nur soweit, als sie dies leistet, ist sie für
die Erkenntnis individueller Zusammenhänge wertvoll. Und
je »allgemeiner«, d. h. abstrakter, die Gesetze, desto weniger leisten sie für die Bedürfnisse der kausalen Zurechnung
individueller Erscheinungen und damit indirekt für das
Verständnis der Bedeutung der Kulturvorgänge.

Was folgt nun aus alledem?

Natürlich nicht etwa, daß auf dem Gebiet der Kulturwissenschaften die Erkenntnis des Generellen, die Bildung
abstrakter Gattungsbegriffe, die Erkenntnis von Regelmäßigkeiten und der Versuch der Formulierung von »gesetzlichen« Zusammenhängen keine wissenschaftliche Berechtigung hätte. Im geraden Gegenteil: wenn die kausale
Erkenntnis des Historikers Zurechnung konkreter Erfolge
zu konkreten Ursachen ist, so ist eine gültige Zurechnung
irgendeines individuellen Erfolges ohne die Verwendung
»nomologischer« Kenntnis – Kenntnis der Regelmäßigkeiten
der kausalen Zusammenhänge – überhaupt nicht möglich.
Ob einem einzelnen individuellen Bestandteil eines Zusammenhanges in der Wirklichkeit in concreto kausale Bedeutung für den Erfolg, um dessen kausale Erklärung es sich
handelt, beizumessen ist, kann ja im Zweifelsfalle nur durch
Abschätzung der Einwirkungen, welche wir von ihm und den
anderen für die Erklärung mit in Betracht kommenden
Bestandteilen des gleichen Komplexes generell zu erwarten
pflegen: welche »adäquate« Wirkungen der betreffenden
ursächlichen Elemente sind, bestimmt werden. Inwieweit der
Historiker (im weitesten Sinne des Wortes) mit seiner aus der

persönlichen Lebenserfahrung gespeisten und methodisch geschulten Phantasie diese Zurechnung sicher vollziehen kann und inwieweit er auf die Hilfe spezieller Wissenschaften angewiesen ist, welche sie ihm ermöglichen, das hängt vom Einzelfalle ab. Überall aber und so auch auf dem Gebiet komplizierter wirtschaftlicher Vorgänge ist die Sicherheit der Zurechnung um so größer, je gesicherter und umfassender unsere generelle Erkenntnis ist. Daß es sich dabei stets, auch bei allen sog. »wirtschaftlichen Gesetzen« ohne Ausnahme, nicht um im engeren, exakt naturwissenschaftlichen Sinne »gesetzliche«, sondern um in Regeln ausgedrückte adäquate ursächliche Zusammenhänge, um eine hier nicht näher zu analysierende Anwendung der Kategorie der »objektiven Möglichkeit« handelt, tut diesem Satz nicht den mindesten Eintrag. Nur ist eben die Aufstellung solcher Regelmäßigkeiten nicht Ziel, sondern Mittel der Erkenntnis, und ob es Sinn hat, eine aus der Alltagserfahrung bekannte Regelmäßigkeit ursächlicher Verknüpfung als »Gesetz« in eine Formel zu bringen, ist in jedem einzelnen Fall eine Zweckmäßigkeitsfrage. Für die exakte Naturwissenschaft sind die »Gesetze« um so wichtiger und wertvoller, je allgemeingültiger sie sind, für die Erkenntnis der historischen Erscheinungen in ihrer konkreten Voraussetzung sind die allgemeinsten Gesetze, weil die inhaltleersten, regelmäßig auch die wertlosesten. Denn je umfassender die Geltung eines Gattungsbegriffes – sein Umfang – ist, desto mehr führt er uns von der Fülle der Wirklichkeit ab, da er ja, um das Gemeinsame möglichst vieler Erscheinungen zu enthalten, möglichst abstrakt, also inhaltsarm sein muß. Die Erkenntnis des Generellen ist uns in den Kulturwissenschaften nie um ihrer selbst willen wertvoll.

Was sich nun als Resultat des bisher Gesagten ergibt, ist, daß eine »objektive« Behandlung der Kulturvorgänge in dem Sinne, daß als idealer Zweck der wissenschaftlichen Arbeit die Reduktion des Empirischen auf »Gesetze« zu gelten hätte, sinnlos ist. Sie ist dies nicht etwa, wie oft behauptet

worden ist, deshalb weil die Kulturvorgänge oder etwa die
geistigen Vorgänge »objektiv« weniger gesetzlich abliefen,
sondern weil 1) Erkenntnis von sozialen Gesetzen keine
Erkenntnis des sozial Wirklichen ist, sondern nur eins von
den verschiedenen Hilfsmitteln, die unser Denken zu diesem
Behufe braucht, und weil 2) keine Erkenntnis von Kulturvorgängen anders denkbar ist, als auf der Grundlage der
Bedeutung, welche die stets individuell geartete Wirklichkeit des Lebens in bestimmten einzelnen Beziehungen für
uns hat. In welchem Sinn und in welchen Beziehungen
dies der Fall ist, enthüllt uns aber kein Gesetz, denn das
entscheidet sich nach den Wertideen, unter denen wir die
»Kultur« jeweils im einzelnen Falle betrachten. »Kultur« ist
ein vom Standpunkt des Menschen aus mit Sinn und
Bedeutung bedachter endlicher Ausschnitt aus der sinnlosen
Unendlichkeit des Weltgeschehens. Sie ist es für den Menschen auch dann, wenn er einer konkreten Kultur als Tod-
feind sich entgegenstellt und »Rückkehr zur Natur« verlangt.
Denn auch zu dieser Stellungnahme kann er nur gelangen,
indem er die konkrete Kultur auf seine Wertideen bezieht
und »zu leicht« befindet. Dieser rein logisch-formale
Tatbestand ist gemeint, wenn hier von der logisch notwendigen Verankerung aller historischen Individuen an »Wertideen« gesprochen wird. Transzendentale Voraussetzung
jeder Kulturwissenschaft ist nicht etwa, daß wir eine
bestimmte oder überhaupt irgendeine »Kultur« wertvoll
finden, sondern daß wir Kulturmenschen sind, begabt
mit der Fähigkeit und dem Willen, bewußt zur Welt Stellung zu nehmen und ihr einen Sinn zu verleihen. Welches
immer dieser Sinn sein mag, er wird dazu führen, daß wir im
Leben bestimmte Erscheinungen des menschlichen Zusam-
menseins aus ihm heraus beurteilen, zu ihnen als bedeutsam (positiv oder negativ) Stellung nehmen. Welches immer
der Inhalt dieser Stellungnahme sei, – diese Erscheinungen
haben für uns Kulturbedeutung, auf dieser Bedeutung
beruht allein ihr wissenschaftliches Interesse. Wenn also hier

im Anschluß an den Sprachgebrauch moderner Logiker von der Bedingtheit der Kulturerkenntnis durch Wertideen gesprochen wird, so ist das hoffentlich Mißverständnissen so grober Art, wie der Meinung, Kulturbedeutung solle nur wertvollen Erscheinungen zugesprochen werden, nicht ausgesetzt. Eine Kulturerscheinung ist die Prostitution so gut wie die Religion oder das Geld, alle drei deshalb und nur deshalb und nur soweit, als ihre Existenz und die Form, die sie historisch annehmen, unsere Kulturinteressen direkt oder indirekt berühren, als sie unseren Erkenntnistrieb unter Gesichtspunkten erregen, die hergeleitet sind aus den Wertideen, welche das Stück Wirklichkeit, welches in jenen Begriffen gedacht wird, für uns bedeutsam machen.

Alle Erkenntnis der Kulturwirklichkeit ist, wie sich daraus ergibt, stets eine Erkenntnis unter spezifisch besonderten Gesichtspunkten. Wenn wir von dem Historiker und Sozialforscher als elementare Voraussetzung verlangen, daß er Wichtiges von Unwichtigem unterscheiden könne, und daß er für diese Unterscheidung die erforderlichen »Gesichtspunkte« habe, so heißt das lediglich, daß er verstehen müsse, die Vorgänge der Wirklichkeit, – bewußt oder unbewußt – auf universelle »Kulturwerte« zu beziehen und danach die Zusammenhänge herauszuheben, welche für uns bedeutsam sind. Wenn immer wieder die Meinung auftritt, jene Gesichtspunkte könnten dem »Stoff selbst entnommen« werden, so entspringt das der naiven Selbsttäuschung des Fachgelehrten, der nicht beachtet, daß er von vornherein kraft der Wertideen, mit denen er unbewußt an den Stoff herangegangen ist, aus einer absoluten Unendlichkeit einen winzigen Bestandteil als das herausgehoben hat, auf dessen Betrachtung es ihm allein ankommt. In dieser immer und überall bewußt oder unbewußt erfolgenden Auswahl einzelner spezieller »Seiten« des Geschehens waltet auch dasjenige Element kulturwissenschaftlicher Arbeit, welches jener oft gehörten Behauptung zugrunde liegt, daß das »Persönliche« eines wissenschaftlichen Werkes das eigentlich Wertvolle an ihm sei, daß sich in jedem Werk, solle es anders zu existieren wert sein, »eine Persönlichkeit« aussprechen müsse. Gewiß: ohne Wertideen des Forschers gäbe es kein Prinzip der Stoffauswahl und keine sinnvolle Erkenntnis des individuell Wirklichen, und wie ohne den Glauben des Forschers an die Bedeutung irgendwelcher Kulturinhalte jede Arbeit an der Erkenntnis der individuellen Wirklichkeit schlechthin sinnlos ist, so wird die Richtung seines persönlichen Glaubens, die Farbenbrechung der Werte im Spiegel seiner Seele, seiner Arbeit die Richtung weisen. Und die Werte, auf welche der wissenschaftliche Genius die Objekte seiner Forschung bezieht, werden die »Auffassung« einer ganzen Epoche zu bestimmen, d. h. entscheidend zu sein vermögen: nicht nur für das, was als »wertvoll«, sondern auch für das, was als bedeutsam oder bedeutungslos, als »wichtig« und »unwichtig« an den Erscheinungen gilt.

Die kulturwissenschaftliche Erkenntnis in unserem Sinn ist also insofern an »subjektive« Voraussetzungen gebunden, als sie sich nur um diejenigen Bestandteile der Wirklichkeit kümmert, welche irgendeine – noch so indirekte – Beziehung zu Vorgängen haben, denen wir Kulturbedeutung beilegen. Sie ist trotzdem natürlich rein kausale Erkenntnis genau in dem gleichen Sinn wie die Erkenntnis bedeutsamer individueller Naturvorgänge, welche qualitativen Charakter haben. Neben die mancherlei Verirrungen, welche das Hinübergreifen formal-juristischen Denkens in die Sphäre der Kulturwissenschaften gezeitigt hat, ist neuerdings u. a. der Versuch getreten, die »materialistische Geschichtsauffassung« durch eine Reihe geistreicher Trugschlüsse prinzipiell zu »widerlegen«, indem ausgeführt wurde, daß, da alles Wirtschaftsleben sich in rechtlich oder konventionell geregelten Formen abspielen müsse, alle ökonomische »Entwicklung« die Form von Bestrebungen zur Schaffung neuer Rechtsformen annehmen müsse, also nur aus sittlichen Maximen verständlich und aus diesem Grunde von jeder »natürlichen« Entwicklung dem Wesen nach verschieden sei.

Die Erkenntnis der wirtschaftlichen Entwicklung sei daher
»teleologischen« Charakters. Ohne hier die Bedeutung des
vieldeutigeren Begriffs der »Entwicklung« für die Sozialwissenschaft oder auch den logisch nicht minder vieldeutigen
Begriff des »Teleologischen« erörtern zu wollen, sei demgegenüber hier nur festgestellt, daß sie jedenfalls nicht in dem
Sinn »teleologisch« zu sein genötigt ist, wie diese Ansicht
voraussetzt. Bei völliger formaler Identität der geltenden
Rechtsnormen kann die Kulturbedeutung der normierten
Rechtsverhältnisse und damit auch der Normen selbst
sich grundstürzend ändern. Ja, will man sich denn einmal
in Zukunftsphantasien spintisierend vertiefen, so könnte
jemand sich z. B. eine »Vergesellschaftung der Produktionsmittel« theoretisch als vollzogen denken, ohne daß irgendeine auf diesen Erfolg bewußt abzielende »Bestrebung«
entstanden wäre und ohne daß irgendein Paragraph unserer
Gesetzgebung verschwände oder neu hinzuträte: das statistische Vorkommen der einzelnen rechtlich normierten Beziehungen freilich wäre von Grund aus geändert, bei vielen
auf Null gesunken, ein großer Teil der Rechtsnormen praktisch bedeutungslos, ihre ganze Kulturbedeutung bis zur
Unkenntlichkeit verändert. Erörterungen de lege ferenda
konnte daher die »materialistische« Geschichtstheorie mit
Recht ausscheiden, denn ihr zentraler Gesichtspunkt war
gerade der unvermeidliche Bedeutungswandel der Rechts-
institutionen. Wem die schlichte Arbeit kausalen Ver-
ständnisses der historischen Wirklichkeit subaltern erscheint,
der mag sie meiden, – sie durch irgend eine »Teleologie« zu
ersetzen ist unmöglich. »Zweck« ist für unsere Betrachtung die Vorstellung eines Erfolges, welche Ursache
einer Handlung wird; wie jede Ursache, welche zu einem
bedeutungsvollen Erfolg beiträgt oder beitragen kann, so
berücksichtigen wir auch diese. Und ihre spezifische
Bedeutung beruht nur darauf, daß wir menschliches Handeln
nicht nur konstatieren, sondern verstehen können und
wollen. –

Ohne alle Frage sind nun jene Wertideen »subjektiv«. Zwischen dem »historischen« Interesse an einer Familienchronik und demjenigen an der Entwicklung der denkbar größten Kulturerscheinungen, welche einer Nation oder der Menschheit in langen Epochen gemeinsam waren und sind, besteht eine unendliche Stufenleiter der »Bedeutungen«, deren Staffeln für jeden einzelnen von uns eine andere Reihenfolge haben werden. Und ebenso sind sie natürlich historisch wandelbar mit dem Charakter der Kultur und der die Menschen beherrschenden Gedanken selbst. Daraus folgt nun aber selbstverständlich nicht, daß auch die kulturwissenschaftliche Forschung nur Ergebnisse haben könne, die »subjektiv« in dem Sinne seien, daß sie für den einen gelten und für den andern nicht. Was wechselt ist vielmehr der Grad, in dem sie den einen interessieren und den andern nicht. Mit anderen Worten: was Gegenstand der Untersuchung wird, und wie weit diese Untersuchung sich in die Unendlichkeit der Kausalzusammenhänge erstreckt, das bestimmen die den Forscher und seine Zeit beherrschenden Wertideen; – im Wie?, in der Methode der Forschung ist der leitende »Gesichtspunkt« zwar – wie wir noch sehen werden – für die Bildung der begrifflichen Hilfsmittel, die er verwendet, bestimmend, in der Art ihrer Verwendung aber ist der Forscher selbstverständlich hier wie überall an die Normen unseres Denkens gebunden. Denn wissenschaftliche Wahrheit ist nur, was für alle gelten will, die Wahrheit wollen.

Aber allerdings folgt daraus eins: die Sinnlosigkeit des selbst die Historiker unseres Faches gelegentlich beherrschenden Gedankens, daß es das, wenn auch noch so ferne, Ziel der Kulturwissenschaften sein könne, ein geschlossenes System von Begriffen zu bilden, in dem die Wirklichkeit in einer in irgendeinem Sinne endgültigen Gliederung zusammengefaßt und aus dem heraus sie dann wieder deduziert werden könnte. Endlos wälzt sich der Strom des unermeßlichen Geschehens der Ewigkeit entgegen. Immer neu und anders gefärbt bilden sich die Kulturprobleme, welche die Menschen bewegen, flüssig bleibt damit der Umkreis dessen, was aus jenem stets gleich unendlichen Strome des Individuellen Sinn und Bedeutung für uns erhält, »historisches Individuum« wird. Es wechseln die Gedankenzusammenhänge, unter denen es betrachtet und wissenschaftlich erfaßt wird. Die Ausgangspunkte der Kulturwissenschaften bleiben damit wandelbar in die grenzenlose Zukunft hinein, solange nicht chinesische Erstarrung des Geisteslebens die Menschheit entwöhnt, neue Fragen an das immer gleich unerschöpfliche Leben zu stellen. Ein System der Kulturwissenschaften auch nur in dem Sinne einer definitiven, objektiv gültigen, systematisierenden Fixierung der Fragen und Gebiete, von denen sie zu handeln berufen sein sollen, wäre ein Unsinn in sich: stets kann bei einem solchen Versuch nur eine Aneinanderreihung von mehreren, spezifisch besonderten, untereinander vielfach heterogenen und disparaten Gesichtspunkten herauskommen, unter denen die Wirklichkeit für uns jeweils »Kultur«, d. h. in ihrer Eigenart bedeutungsvoll war oder ist. –

Nach diesen langwierigen Auseinandersetzungen können wir uns nun endlich der Frage zuwenden, die uns bei einer Betrachtung der »Objektivität« der Kulturerkenntnis methodisch interessiert: welches ist die logische Funktion und Struktur der Begriffe, mit der unsere, wie jede, Wissenschaft arbeitet, oder spezieller mit Rücksicht auf das entscheidende Problem gewendet: welches ist die Bedeutung der Theorie und der theoretischen Begriffsbildung für die Erkenntnis der Kulturwirklichkeit?

Die Nationalökonomie war, – wir sahen es schon – ursprünglich wenigstens dem Schwerpunkt ihrer Erörterungen nach »Technik«, d. h. sie betrachtete die Erscheinungen der Wirklichkeit von einem, wenigstens scheinbar, eindeutigen, feststehenden praktischen Wertgesichtspunkt aus: dem der Vermehrung des »Reichtums« der Staatsangehörigen. Sie war andererseits von Anfang an nicht nur »Technik«, denn sie wurde eingegliedert in die mächtige Einheit der naturrechtlichen und rationalistischen Weltanschauung des achtzehnten Jahrhunderts. Aber die Eigenart jener Weltanschauung mit ihrem optimistischen Glauben an die theoretische und praktische Rationalisierbarkeit des Wirklichen wirkte wesentlich insofern, als sie hinderte, daß der problematische Charakter jenes als selbstverständlich vorausgesetzten Gesichtspunktes entdeckt wurde. Wie die rationale Betrachtung der sozialen Wirklichkeit im engen Zusammenhalt mit der modernen Entwicklung der Naturwissenschaft entstanden war, so blieb sie in der ganzen Art ihrer Betrachtung ihr verwandt. In den naturwissenschaftlichen Disziplinen nun war der praktische Wertgesichtspunkt des unmittelbar technisch Nützlichen von Anfang an mit der als Erbteil der Antike überkommenen und weiter entwickelten Hoffnung eng verbunden, auf dem Wege der generalisierenden Abstraktion und der Analyse des Empirischen auf gesetzliche Zusammenhänge hin zu einer rein »objektiven«, d. h. hier: von allen Werten losgelösten, und zugleich durchaus rationalen, d. h. von allen individuellen »Zufälligkeiten« befreiten monistischen Erkenntnis der gesamten Wirklichkeit in Gestalt eines Begriffssystems von metaphysischer Geltung und von mathematischer Form zu gelangen. Die an Wertgesichtspunkte geketteten naturwissenschaftlichen Disziplinen, wie die klinische Medizin und noch mehr die gewöhnlich sogenannte »Technologie«, wurden rein praktische »Kunstlehren«. Die Werte, denen sie zu dienen hatten: Gesundheit des Patienten, technische Vervollkommnung eines konkreten Produktionsprozesses etc. standen für jede von ihnen jeweils fest. Die Mittel, die sie anwendeten, waren und konnten nur sein die Verwertung der durch die theoretischen Disziplinen gefundenen Gesetzesbegriffe. Jeder prinzipielle Fortschritt in der Bildung dieser war oder konnte doch sein auch ein Fortschritt der praktischen Disziplin. Bei feststehendem Zweck war ja die fortschreitende Reduktion der einzelnen praktischen Fragen (eines Krankheitsfalles, eines technischen Problems) als Spezialfall auf generell geltende

Gesetze, also die Erweiterung des theoretischen Erkennens, unmittelbar mit der Ausweitung der technisch-praktischen Möglichkeiten verknüpft und identisch. Als dann die moderne Biologie auch diejenigen Bestandteile der Wirklichkeit, die uns historisch, d. h. in der Art ihres So-und-nicht-anders-geworden-seins interessieren, unter den Begriff eines allgemeingültigen Entwicklungsprinzips gebracht hatte, welches wenigstens dem Anschein nach – aber freilich nicht in Wahrheit – alles an jenen Objekten Wesentliche in ein Schema generell geltender Gesetze einzuordnen gestattete, da schien die Götterdämmerung aller Wertgesichtspunkte in allen Wissenschaften heraufzuziehen. Denn da ja doch auch das sogenannte historische Geschehen ein Teil der gesamten Wirklichkeit war, und da das Kausalprinzip, die Voraussetzung aller wissenschaftlichen Arbeit, die Auflösung alles Geschehens in generell geltende »Gesetze« zu fordern schien, da endlich der ungeheure Erfolg der Naturwissenschaften, die mit diesem Gedanken ernst gemacht hatten, zutage lag, so schien ein anderer Sinn des wissenschaftlichen Arbeitens als die Auffindung der Gesetze des Geschehens überhaupt nicht vorstellbar. Nur das »Gesetzmäßige« konnte das wissenschaftlich Wesentliche an den Erscheinungen sein, »individuelle« Vorgänge nur als »Typen«, d. h. hier: als illustrative Repräsentanten der Gesetze in Betracht kommen; ein Interesse an ihnen um ihrer selbst willen schien »kein wissenschaftliches« Interesse.

Die mächtigen Rückwirkungen dieser glaubensfrohen Stimmung des naturalistischen Monismus auf die ökonomischen Disziplinen hier zu verfolgen, ist unmöglich. Als die sozialistische Kritik und die Arbeit der Historiker die ursprünglichen Wertgesichtspunkte in Probleme zu verwandeln begannen, hielt die mächtige Entwicklung der biologischen Forschung auf der einen Seite, der Einfluß des Hegelschen Panlogismus auf der anderen Seite die Nationalökonomie davon ab, das Verhältnis von Begriff und Wirklichkeit in vollem Umfang deutlich zu erkennen. Das Resultat, soweit es uns hier interessiert, ist, daß trotz des gewaltigen Dammes, welchen die deutsche idealistische Philosophie seit Fichte, die Leistungen der deutschen historischen Rechtsschule und die Arbeit der historischen Schule der deutschen Nationalökonomie dem Eindringen naturalistischer Dogmen entgegenbauten, dennoch und zum Teil infolge dieser Arbeit an entscheidenden Stellen die Gesichtspunkte des Naturalismus noch immer unüberwunden sind. Dahin gehört insbesondere das noch immer problematisch gebliebene Verhältnis zwischen »theoretischer« und »historischer« Arbeit in unserem Fache.

In unvermittelter und anscheinend unüberbrückbarer Schroffheit steht noch heute die »abstrakt«-theoretische Methode der empirischhistorischen Forschung gegenüber. Sie erkennt durchaus richtig die methodische Unmöglichkeit, durch Formulierung von »Gesetzen« die geschichtliche Erkenntnis der Wirklichkeit zu ersetzen oder umgekehrt durch bloßes Aneinanderreihen historischer Beobachtungen zu »Gesetzen« im strengen Sinn zu gelangen. Um nun solche zu gewinnen, – denn daß dies die Wissenschaft als höchstes Ziel zu erstreben habe, steht ihr fest –, geht sie von der Tatsache aus, daß wir die Zusammenhänge menschlichen Handelns beständig selbst in ihrer Realität unmittelbar erleben, daher – so meint sie – ihren Ablauf mit axiomatischer Evidenz direkt verständlich machen und so in seinen »Gesetzen« erschließen können. Die einzig exakte Form der Erkenntnis, die Formulierung unmittelbar anschaulich evidenter Gesetze, sei aber zugleich die einzige, welche den Schluß auf die nicht unmittelbar beobachteten Vorgänge zulasse, daher sei mindestens für die fundamentalen Phänomene des wirtschaftlichen Lebens die Aufstellung eines Systems von abstrakten und – infolgedessen – rein formalen Lehrsätzen nach Analogie derjenigen der exakten Naturwissenschaften das einzige Mittel geistiger Beherrschung der gesellschaftlichen Mannigfaltigkeit. Trotz der prinzipiellen methodischen Scheidung gesetzlicher und historischer Erkenntnis, welche der Schöpfer der Theorie als Erster und Einziger vollzogen hatte, wird nun aber für die Lehrsätze der abstrakten Theorie von ihm empirische Geltung im Sinne der Deduzierbarkeit der Wirklichkeit aus den »Gesetzen« in Anspruch genommen. Zwar nicht im Sinne der empirischen Geltung der abstrakten ökonomischen Lehrsätze für sich allein, sondern in der Art, daß, wenn man entsprechende »exakte« Theorien von allen übrigen in Betracht kommenden Faktoren gebildet haben würde, diese sämtlichen abstrakten Theorien zusammen dann die wahre Realität der Dinge – d. h.: das, was von der Wirklichkeit wissenswert sei – in sich enthalten müßten. Die exakte ökonomische Theorie stelle die Wirkung eines psychischen Motivs fest, andere Theorien hätten die Aufgabe, alle übrigen Motive in ähnlicher Art in Lehrsätzen von hypothetischer Geltung zu entwickeln. Für das Ergebnis der theoretischen Arbeit, die abstrakten Preisbildungs-, Zins-, Renten-usw.-Theorien, wurde demgemäß hie und da phantastischerweise in Anspruch genommen: sie könnten, nach – angeblicher – Analogie physikalischer Lehrsätze, dazu verwendet werden, aus gegebenen realen Prämissen quantitativ bestimmte Resultate – also Gesetze im strengsten Sinne – mit Gültigkeit für die Wirklichkeit des Lebens zu deduzieren, da die Wirtschaft des Menschen bei gegebenem Zweck in bezug auf die Mittel eindeutig »determiniert« sei. Es wurde nicht beachtet, daß, um dies Resultat in irgendeinem noch so einfachen Falle erzielen zu können, die Gesamtheit der jeweiligen historischen Wirklichkeit einschließlich aller ihrer kausalen Zusammenhänge als »gegeben« gesetzt und als bekannt vorausgesetzt werden müßte und daß, wenn dem endlichen Geist diese Kenntnis zugänglich würde, irgendein Erkenntniswert einer abstrakten Theorie nicht vorstellbar wäre. Das naturalistische Vorurteil, daß in jenen Begriffen etwas den exakten Naturwissenschaften Verwandtes geschaffen werden solle, hatte eben dahin geführt, daß man den Sinn dieser theoretischen Gedankengebilde falsch verstand. Man glaubte, es handele

sich um die psychologische Isolierung eines spezifischen
»Triebes«, des Erwerbstriebes, im Menschen, oder aber um
die isolierte Beobachtung einer spezifischen Maxime menschlichen Handelns, des sogenannten wirtschaftlichen Prinzi-
pes. Die abstrakte Theorie meinte, sich auf psychologische
A x i o m e stützen zu können und die Folge war, daß die
Historiker nach einer e m p i r i s c h e n Psychologie riefen, um
die Nichtgeltung jener Axiome beweisen und den Verlauf der
wirtschaftlichen Vorgänge psychologisch ableiten zu können. Wir wollen nun an dieser Stelle den Glauben an die
Bedeutung einer – erst zu schaffenden – systematischen Wissenschaft der »Sozialpsychologie« als künftiger G r u n d l a g e
der Kulturwissenschaften, speziell der Sozialökonomik,
nicht eingehend kritisieren. Gerade die bisher vorliegenden,
zum Teil glänzenden Ansätze psychologischer Interpretation
ökonomischer Erscheinungen zeigen jedenfalls, daß n i c h t
von der Analyse psychologischer Qualitäten des Menschen
zur Analyse der gesellschaftlichen Institutionen fortgeschrit-
ten wird, sondern gerade umgekehrt die Aufhellung der psychologischen Voraussetzungen und Wirkungen der Institutionen die genaue Bekanntschaft mit diesen letzteren und die
wissenschaftliche Analyse ihrer Zusammenhänge v o r a u s -
s e t z t. Die psychologische Analyse bedeutet alsdann lediglich eine im konkreten Fall höchst wertvolle Vertiefung der
Erkenntnis ihrer historischen Kultur b e d i n g t h e i t und Kul-
t u r b e d e u t u n g. Das, was uns an dem psychischen Verhalten des Menschen in seinen sozialen Beziehungen interessiert,
ist eben in jedem Falle je nach der spezifischen Kulturbedeutung der Beziehung, um die es sich handelt, spezifisch beson-
dert. Es handelt sich dabei um untereinander höchst heterogene und höchst konkret komponierte psychische Motive
und Einflüsse. Die sozial-psychologische Forschung bedeutet eine Durchmusterung verschiedener e i n z e l n e r, untereinander vielfach disparater Gattungen von Kulturelementen
auf ihre Deutungsfähigkeit für unser nacherlebendes Verständnis hin. Wir werden durch sie, von der Kenntnis der

einzelnen Institutionen ausgehend, deren Kulturbedingtheit
und Kulturbedeutung in steigendem Maße geistig verstehen lernen, nicht aber die Institutionen aus psychologischen Gesetzen deduzieren oder aus psychologischen Ele-
mentarerscheinungen erklären wollen.

So ist denn auch die weitschichtige Polemik, welche sich
um die Frage der psychologischen Berechtigung der abstrakt
theoretischen Aufstellungen, um die Tragweite des »Erwerbstriebes« und des »wirtschaftlichen Prinzips« usw.
gedreht hat, wenig fruchtbar gewesen. –

Es handelt sich bei den Aufstellungen der abstrakten
Theorie nur scheinbar um »Deduktionen« aus psychologischen Grundmotiven, in Wahrheit vielmehr um einen Spezialfall einer Form der Begriffsbildung, welche den Wissenschaften von der menschlichen Kultur eigentümlich und in
gewissem Umfang unentbehrlich ist. Es lohnt sich, sie an
dieser Stelle etwas eingehender zu charakterisieren, da wir
dadurch der prinzipiellen Frage nach der Bedeutung der
Theorie für die sozialwissenschaftliche Erkenntnis näher
kommen. Dabei lassen wir es ein- für allemal unerörtert, ob
die theoretischen Gebilde, welche wir als Beispiele heranziehen, oder auf die wir anspielen, so wie sie sind, dem
Zwecke entsprechen, dem sie dienen wollen, ob sie also
sachlich zweckmäßig gebildet sind. Die Frage, wie weit
z. B. die heutige »abstrakte Theorie« noch ausgesponnen
werden soll, ist schließlich auch eine Frage der Ökonomie
der wissenschaftlichen Arbeit, deren doch auch andere Probleme harren. Auch die »Grenznutzentheorie« untersteht
dem »Gesetz des Grenznutzens«. –

Wir haben in der abstrakten Wirtschaftstheorie ein Beispiel
jener Synthesen vor uns, welche man als »Ideen« historischer Erscheinungen zu bezeichnen pflegt. Sie bieten uns ein
Idealbild der Vorgänge auf dem Gütermarkt bei tauschwirt-
schaftlicher Gesellschaftsorganisation, freier Konkurrenz
und streng rationalem Handeln. Dieses Gedankenbild vereinigt bestimmte Beziehungen und Vorgänge des histori-

schen Lebens zu einem in sich widerspruchslosen Kosmos
gedachter Zusammenhänge. Inhaltlich trägt diese Konstruktion den Charakter einer Utopie an sich, die durch
gedankliche Steigerung bestimmter Elemente der Wirklichkeit gewonnen ist. Ihr Verhältnis zu den empirisch gegebenen Tatsachen des Lebens besteht lediglich darin, daß da,
wo Zusammenhänge der in jener Konstruktion abstrakt dar-
gestellten Art, also vom »Markt« abhängige Vorgänge, in der
Wirklichkeit als in irgendeinem Grade wirksam festgestellt sind oder vermutet werden, wir uns die Eigenart
dieses Zusammenhangs an einem Idealtypus pragmatisch
veranschaulichen und verständlich machen können.
Diese Möglichkeit kann sowohl heuristisch wie für die Darstellung von Wert, ja unentbehrlich sein. Für die Forschung will der idealtypische Begriff das Zurechnungsurteil
schulen: er ist keine »Hypothese«, aber er will der Hypothesenbildung die Richtung weisen. Er ist nicht eine Darstellung des Wirklichen, aber er will der Darstellung eindeutige Ausdrucksmittel verleihen. Es ist also die »Idee« der
historisch gegebenen modernen verkehrswirtschaftlichen
Organisation der Gesellschaft, die uns da nach ganz denselben logischen Prinzipien entwickelt wird, wie man z. B. die
Idee der »Stadtwirtschaft« des Mittelalters als »genetischen«
Begriff konstruiert hat. Tut man dies, so bildet man den
Begriff »Stadtwirtschaft« nicht etwa als einen Durchschnitt der in sämtlichen beobachteten Städten tatsächlich
bestehenden Wirtschaftsprinzipien, sondern ebenfalls als
einen Idealtypus. Er wird gewonnen durch einseitige
Steigerung eines oder einiger Gesichtspunkte und
durch Zusammenschluß einer Fülle von diffus und diskret,
hier mehr, dort weniger, stellenweise gar nicht, vorhandenen
Einzelerscheinungen, die sich jenen einseitig herausgehobenen Gesichtspunkten fügen, zu einem in sich einheitlichen
Gedankenbilde. In seiner begrifflichen Reinheit ist dieses
Gedankenbild nirgends in der Wirklichkeit empirisch vor-
findbar, es ist eine Utopie, und für die historische Arbeit

erwächst die Aufgabe, in jedem einzelnen Falle festzu-
stellen, wie nahe oder wie fern die Wirklichkeit jenem Idealbilde steht, inwieweit also der ökonomische Charakter der
Verhältnisse einer bestimmten Stadt als »stadtwirtschaftlich«
im begrifflichen Sinn anzusprechen ist. Für den Zweck der
Erforschung und Veranschaulichung aber leistet jener Begriff, vorsichtig angewendet seine spezifischen Dienste. –
Ganz in der gleichen Art kann man, um noch ein weiteres
Beispiel zu analysieren, die »Idee« des »Handwerks« in einer
Utopie zeichnen, indem man bestimmte Züge, die sich diffus
bei Gewerbetreibenden der verschiedensten Zeiten und Länder vorfinden, einseitig in ihren Konsequenzen gesteigert zu
einem in sich widerspruchslosen Idealbilde zusammenfügt
und auf einen Gedankenausdruck bezieht, den man darin
manifestiert findet. Man kann dann ferner den Versuch
machen, eine Gesellschaft zu zeichnen, in der alle Zweige
wirtschaftlicher, ja selbst geistiger Tätigkeit von Maximen
beherrscht werden, die uns als Anwendung des gleichen Prinzips erscheinen, welches dem zum Idealtypus erhobenen
»Handwerk« charakteristisch ist. Man kann nun weiter
jenem Idealtypus des Handwerks als Antithese einen entsprechenden Idealtypus einer kapitalistischen Gewerbeverfas-
sung, aus gewissen Zügen der modernen Großindustrie
abstrahiert, entgegensetzen und daran anschließend den Versuch machen, die Utopie einer »kapitalistischen«, d. h. allein
durch das Verwertungsinteresse privater Kapitalien be-
herrschten Kultur zu zeichnen. Sie hätte einzelne diffus
vorhandene Züge des modernen materiellen und geistigen
Kulturlebens in ihrer Eigenart gesteigert zu einem für unsere
Betrachtung widerspruchslosen Idealbilde zusammenzu-
schließen. Das wäre dann ein Versuch der Zeichnung einer
»Idee« der kapitalistischen Kultur – ob und wie er
etwa gelingen könnte, müssen wir hier ganz dahingestellt sein
lassen. Nun ist es möglich, oder vielmehr es muß als sicher
angesehen werden, daß mehrere, ja sicherlich jeweils sehr
zahlreiche Utopien dieser Art sich entwerfen lassen, von

denen keine der anderen gleicht, von denen erst recht keine in der empirischen Wirklichkeit als tatsächlich geltende Ordnung der gesellschaftlichen Zustände zu beobachten ist, von denen aber doch jede den Anspruch erhebt, eine Darstellung der »Idee« der kapitalistischen Kultur zu sein, und von denen auch jede diesen Anspruch insofern erheben kann, als jede tatsächlich gewisse, in ihrer Eigenart bedeutungsvolle Züge unserer Kultur der Wirklichkeit entnommen und in ein einheitliches Idealbild gebracht hat. Denn diejenigen Phänomene, die uns als Kulturerscheinungen interessieren, leiten regelmäßig dies unser Interesse – ihre »Kulturbedeutung« – aus sehr verschiedenen Wertideen ab, zu denen wir sie in Beziehung setzen können. Wie es deshalb die verschiedensten »Gesichtspunkte« gibt, unter denen wir sie als für uns bedeutsam betrachten können, so lassen sich die allerverschiedensten Prinzipien der Auswahl der in einen Idealtypus einer bestimmten Kultur aufzunehmenden Zusammenhänge zur Anwendung bringen.

Was ist nun aber die Bedeutung solcher idealtypischen Begriffe für eine Erfahrungswissenschaft, wie wir sie treiben wollen? Vorweg sei hervorgehoben, daß der Gedanke des Seinsollenden, »Vorbildlichen« von diesen in rein logischem Sinn »idealen« Gedankengebilden, die wir besprechen, hier zunächst sorgsam fernzuhalten ist. Es handelt sich um die Konstruktion von Zusammenhängen, welche unserer Phantasie als zulänglich motiviert und also »objektiv möglich«, unserem nomologischen Wissen als adäquat erscheinen.

Wer auf dem Standpunkt steht, daß die Erkenntnis der historischen Wirklichkeit »voraussetzungslose« Abbildung »objektiver« Tatsachen sein solle oder könne, wird ihnen jeden Wert absprechen. Und selbst wer erkannt hat, daß es eine »Voraussetzungslosigkeit« im logischen Sinn auf dem Boden der Wirklichkeit nicht gibt und auch das einfachste Aktenexzerpt oder Urkundenregest nur durch Bezugnahme auf »Bedeutungen«, und damit auf Wertideen als letzte

Instanz, irgendwelchen wissenschaftlichen Sinn haben kann, wird doch die Konstruktion irgendwelcher historischer »Utopien« als ein für die Unbefangenheit der historischen Arbeit gefährliches Veranschaulichungsmittel, überwiegend aber einfach als Spielerei ansehen. Und in der Tat: ob es sich um reines Gedankenspiel oder um eine wissenschaftlich fruchtbare Begriffsbildung handelt, kann a priori niemals entschieden werden: es gibt auch hier nur einen Maßstab: den des Erfolges für die Erkenntnis konkreter Kulturerscheinungen in ihrem Zusammenhang, ihrer ursächlichen Bedingtheit und ihrer Bedeutung. Nicht als Ziel, sondern als Mittel kommt mithin die Bildung abstrakter Idealtypen in Betracht. Jede aufmerksame Beobachtung der begrifflichen Elemente historischer Darstellung zeigt nun aber, daß der Historiker, sobald er den Versuch unternimmt, über das bloße Konstatieren konkreter Zusammenhänge hinaus die Kulturbedeutung eines noch so einfachen individuellen Vorgangs festzustellen, ihn zu »charakterisieren«, mit Begriffen arbeitet und arbeiten muß, welche regelmäßig nur in Idealtypen scharf und eindeutig bestimmbar sind. Oder sind Begriffe wie etwa: »Individualismus«, »Imperialismus«, »Feudalismus«, »Merkantilismus« »konventionell« und die zahllosen Begriffsbildungen ähnlicher Art, mittels deren wir uns der Wirklichkeit denkend und verstehend zu bemächtigen suchen, ihrem Inhalt nach durch »voraussetzungslose« Beschreibung irgendeiner konkreten Erscheinung oder aber durch abstrahierende Zusammenfassung dessen, was mehreren konkreten Erscheinungen gemeinsam ist, zu bestimmen? Die Sprache, die der Historiker spricht, enthält in hunderten von Worten solche unbestimmten, dem unreflektiert waltenden Bedürfnis des Ausdrucks entnommenen Gedankenbilder, deren Bedeutung zunächst nur anschaulich empfunden, nicht klar gedacht wird. In unendlich vielen Fällen, zumal auf dem Gebiet der darstellenden politischen Geschichte, tut nun die Unbestimmtheit ihres Inhaltes der Klarheit der Darstellung sicherlich keinen Eintrag. Es genügt dann, daß im einzelnen Falle empfunden wird, was dem Historiker vorschwebt, oder aber man kann sich damit begnügen, daß eine partikuläre Bestimmtheit des Begriffsinhaltes von relativer Bedeutung für den einzelnen Fall als gedacht vorschwebt. Je schärfer aber die Bedeutsamkeit einer Kulturerscheinung zum klaren Bewußtsein gebracht werden soll, desto unabweislicher wird das Bedürfnis, mit klaren und nicht nur partikulär, sondern allseitig bestimmten Begriffen zu arbeiten. Eine »Definition« jener Synthesen des historischen Denkens nach dem Schema: genus proximum und differentia specifica ist natürlich ein Unding: man mache doch die Probe. Eine solche Form der Feststellung der Wortbedeutung gibt es nur auf dem Boden dogmatischer Disziplinen, welche mit Syllogismen arbeiten. Eine einfach »schildernde Auflösung« jener Begriffe in ihre Bestandteile gibt es ebenfalls nicht oder nur scheinbar, denn es kommt eben darauf an, welche dieser Bestandteile denn als wesentlich gelten sollen. Es bleibt, wenn eine genetische Definition des Begriffsinhaltes versucht werden soll, nur die Form des Idealtypus im oben fixierten Sinn. Er ist ein Gedankenbild, welches nicht die historische Wirklichkeit oder gar die »eigentliche« Wirklichkeit ist, welches noch viel weniger dazu da ist, als ein Schema zu dienen, in welches die Wirklichkeit als Exemplar eingeordnet werden sollte, sondern welches die Bedeutung eines rein idealen Grenzbegriffes hat, an welchem die Wirklichkeit zur Verdeutlichung bestimmter bedeutsamer Bestandteile ihres empirischen Gehaltes gemessen, mit dem sie verglichen wird. Solche Begriffe sind Gebilde, in welchen wir Zusammenhänge unter Verwendung der Kategorie der objektiven Möglichkeit konstruieren, welche unsere, an der Wirklichkeit orientierte und geschulte Phantasie als adäquat beurteilt.

Der Idealtypus ist in dieser Funktion insbesondere der Versuch, historische Individuen oder deren Einzelbestandteile in genetische Begriffe zu fassen. Man nehme etwa die Begriffe: »Kirche« und »Sekte«. Sie lassen sich rein klassifizierend in Merkmalskomplexe auflösen, wobei dann nicht nur die Grenze zwischen beiden, sondern auch der Begriffsinhalt stets flüssig bleiben muß. Will ich aber den Begriff der »Sekte« genetisch, z. B. in bezug auf gewisse wichtige Kulturbedeutungen, die der »Sektengeist« für die moderne Kultur gehabt hat, erfassen, so werden bestimmte Merkmale beider wesentlich, weil sie in adäquater ursächlicher Beziehung zu jenen Wirkungen stehen. Die Begriffe werden aber alsdann zugleich ideal typisch, d. h. in voller begrifflicher Reinheit sind sie nicht oder nur vereinzelt vertreten. Hier wie überall führt eben jeder nicht rein klassifikatorische Begriff von der Wirklichkeit ab. Aber die diskursive Natur unseres Erkennens: der Umstand, daß wir die Wirklichkeit nur durch eine Kette von Vorstellungsveränderungen hindurch erfassen, postuliert eine solche Begriffsstenographie. Unsere Phantasie kann ihre ausdrückliche begriffliche Formulierung sicherlich oft als Mittel der Forschung entbehren, – für die Darstellung ist, soweit sie eindeutig sein will, ihre Verwendung auf dem Boden der Kulturanalyse in zahlreichen Fällen ganz unvermeidlich. Wer sie grundsätzlich verwirft, muß sich auf die formale, etwa die rechtshistorische Seite der Kulturerscheinungen beschränken. Der Kosmos der rechtlichen Normen ist natürlich zugleich begrifflich klar bestimmbar und (im rechtlichen Sinn!) für die historische Wirklichkeit geltend. Aber ihre praktische Bedeutung ist es, mit der die Arbeit der Sozialwissenschaft in unserem Sinn zu tun hat. Diese Bedeutung aber ist sehr oft nur durch Beziehung des empirisch Gegebenen auf einen idealen Grenzfall eindeutig zum Bewußtsein zu bringen. Lehnt der Historiker (im weitesten Sinne des Wortes) einen Formulierungsversuch eines solchen Idealtypus als »theoretische Konstruktion«, d. h. als für seinen konkreten Erkenntniszweck nicht tauglich oder entbehrlich, ab, so ist die Folge regelmäßig entweder, daß er, bewußt oder unbewußt, andere ähnliche ohne sprachliche Formulierung und logische Bearbeitung verwendet, oder daß er im Gebiet des unbestimmt »Empfundenen« stecken bleibt.

Nichts aber ist allerdings gefährlicher als die, naturalistischen Vorurteilen entstammende, Vermischung von Theorie und Geschichte, sei es in der Form, daß man glaubt, in jenen theoretischen Begriffsbildern den »eigentlichen« Gehalt, das »Wesen« der geschichtlichen Wirklichkeit fixiert zu haben, oder daß man sie als ein Prokrustesbett benutzt, in welches die Geschichte hineingezwängt werden soll, oder daß man gar die »Ideen« als eine hinter der Flucht der Erscheinungen stehende »eigentliche« Wirklichkeit, als reale »Kräfte« hypostasiert, die sich in der Geschichte auswirkten.

Speziell diese letztere Gefahr liegt nun um so näher, als wir unter »Ideen« einer Epoche auch und sogar in erster Linie Gedanken oder Ideale zu verstehen gewohnt sind, welche die Masse oder einen geschichtlich ins Gewicht fallenden Teil der Menschen jener Epoche selbst beherrscht haben und dadurch für deren Kultureigenart als Komponenten bedeutsam gewesen sind. Und es kommt noch zweierlei hinzu: Zunächst der Umstand, daß zwischen der »Idee« im Sinn von praktischer oder theoretischer Gedankenrichtung und der »Idee« im Sinn eines von uns als begriffliches Hilfsmittel konstruierten Idealtypus einer Epoche regelmäßig bestimmte Beziehungen bestehen. Ein Idealtypus bestimmter gesellschaftlicher Zustände, welcher sich aus gewissen charakteristischen sozialen Erscheinungen einer Epoche abstrahieren läßt, kann – und dies ist sogar recht häufig der Fall – den Zeitgenossen selbst als praktisch zu erstrebendes Ideal oder doch als Maxime für die Regelung bestimmter sozialer Beziehungen vorgeschwebt haben. So steht es schon mit der »Idee« des »Nahrungsschutzes« und manchen Theorien der Kanonisten, speziell des heiligen Thomas, im Verhältnis zu dem heute verwendeten idealtypischen Begriff der »Stadtwirtschaft« des Mittelalters, den wir oben besprachen. Erst recht steht es so mit dem berüchtigten »Grundbegriff« der Nationalökonomie: dem des »wirtschaftlichen Werts«. Von der Scholastik an bis in die Marxsche Theorie hinein verquickt sich hier der Gedanke von etwas »objektiv« Geltendem, d. h. also: Seinsollendem, mit einer Abstraktion aus dem empirischen Verlauf der Preisbildung. Und jener Gedanke, daß der »Wert« der Güter nach bestimmten (naturrechtlichen) Prinzipien reguliert sein solle, hat unermeßliche Bedeutung für die Kulturentwicklung – und zwar nicht nur des Mittelalters – gehabt und hat sie noch. Und er hat speziell auch die empirische Preisbildung intensiv beeinflußt. Was aber unter jenem theoretischen Begriff gedacht wird und gedacht werden kann, das ist nur durch scharfe, das heißt idealtypische Begriffsbildung wirklich eindeutig klar zu machen, – das sollte der Spott über die »Robinsonaden« der abstrakten Theorie jedenfalls so lange bedenken, als er nichts besseres, d. h. hier: Klareres an die Stelle zu setzen vermag.

Das Kausalverhältnis zwischen der historisch konstatierbaren, die Menschen beherrschenden, Idee und denjenigen Bestandteilen der historischen Wirklichkeit, aus welchen der ihr korrespondierende Idealtypus sich abstrahieren läßt, kann dabei natürlich höchst verschieden gestaltet sein. Festzuhalten ist prinzipiell nur, daß beides selbstverständlich grundverschiedene Dinge sind. Nun aber tritt noch etwas weiteres hinzu: Jene die Menschen einer Epoche beherrschenden, d. h. diffus in ihnen wirksamen »Ideen« selbst können wir, sobald es sich dabei um irgend kompliziertere Gedankengebilde handelt, mit begrifflicher Schärfe wiederum nur in Gestalt eines Idealtypus erfassen, weil sie empirisch ja in den Köpfen einer unbestimmten und wechselnden Vielzahl von Individuen leben und in ihnen die mannigfachsten Abschattierungen nach Form und Inhalt, Klarheit und Sinn erfahren. Diejenigen Bestandteile des Geisteslebens der einzelnen Individuen in einer bestimmten Epoche des Mittelalters z. B., die wir als »das Christentum« der betreffenden Individuen ansprechen dürfen, würden, wenn wir sie vollständig zur Darstellung zu bringen vermöchten, natürlich ein Chaos unendlich differenzierter und höchst widerspruchsvoller Gedanken- und Gefühlszusammenhänge aller Art sein, trotzdem die Kirche des Mittelalters die Einheit des Glaubens und der Sitten sicherlich in besonders hohem Maße durchzusetzen vermocht hat. Wirft man nun die Frage auf, was denn in diesem Chaos das »Christentum« des Mittelalters, mit dem man doch fortwährend als mit einem feststehenden Begriff operieren muß, gewesen sei, worin das »Christliche«, welches wir in den Institutionen des Mittelalters finden, denn liege, so zeigt sich alsbald, daß auch hier in jedem einzelnen Fall ein von uns geschaffenes reines Gedankengebilde verwendet wird. Es ist eine Verbindung von Glaubenssätzen, Kirchenrechts- und sittlichen Normen, Maximen der Lebensführung und zahllosen Einzelzusammenhängen, die wir zu einer »Idee« verbinden: eine Synthese, zu der wir ohne die Verwendung idealtypischer Begriffe gar nicht widerspruchslos zu gelangen vermöchten.

Die logische Struktur der Begriffssysteme, in denen wir solche »Ideen« zur Darstellung bringen, und ihr Verhältnis zu dem, was uns in der empirischen Wirklichkeit unmittelbar gegeben ist, sind nun natürlich höchst verschieden. Verhältnismäßig einfach gestaltet sich die Sache noch, wenn es sich um Fälle handelt, in denen ein oder einige wenige leicht in Formeln zu fassende theoretische Leitsätze – etwa der Prädestinationsglaube Calvins – oder klar formulierbare sittliche Postulate es sind, welche sich der Menschen bemächtigt und historische Wirkungen erzeugt haben, so daß wir die »Idee« in eine Hierarchie von Gedanken gliedern können, welche logisch aus jenen Leitsätzen sich entwickeln. Schon dann wird freilich leicht übersehen, daß, so gewaltig die Bedeutung auch der rein logisch zwingenden Macht des Gedankens in der Geschichte gewesen ist, – der Marxismus ist ein hervorragendes Beispiel dafür – doch der empirisch-historische Vorgang in den Köpfen der Menschen regelmäßig als ein psychologisch, nicht als ein logisch bedingter verstanden werden muß. Deutlicher noch zeigt sich der idealtypische

Charakter solcher Synthesen von historisch wirksamen Ideen
dann, wenn jene grundlegenden Leitsätze und Postulate gar
nicht oder nicht mehr in den Köpfen derjenigen Einzelnen
leben, die von den aus ihnen logisch folgenden oder von ihnen
durch Assoziation ausgelösten Gedanken beherrscht sind,
weil die historisch ursprünglich zugrunde liegende »Idee«
entweder abgestorben ist, oder überhaupt nur in ihren Konsequenzen in die Breite gedrungen war. Und noch entschie-
dener tritt der Charakter der Synthese als einer »Idee«, die
wir schaffen, dann hervor, wenn jene grundlegenden Leitsätze von Anfang an nur unvollkommen oder gar nicht zum
deutlichen Bewußtsein gekommen sind oder wenigstens
nicht die Form klarer Gedankenzusammenhänge angenommen haben. Wenn alsdann diese Prozedur von uns vorgenommen wird, wie es unendlich oft geschieht und auch
geschehen muß, so handelt es sich bei dieser »Idee« – etwa des
»Liberalismus« einer bestimmten Periode oder des »Metho-
dismus« oder irgendeiner gedanklich unentwickelten Spielart
des »Sozialismus«, – um einen reinen Idealtypus ganz des
gleichen Charakters wie die Synthesen von »Prinzipien« einer
Wirtschaftsepoche, von denen wir ausgingen. Je umfassender
die Zusammenhänge sind, um deren Darstellung es sich handelt, und je vielseitiger ihre Kulturbedeutung gewesen ist,
desto mehr nähert sich ihre zusammenfassende systematische Darstellung in einem Begriffs- und Gedankensystem
dem Charakter des Idealtypus, desto weniger ist es möglich, mit einem derartigen Begriffe auszukommen, desto
natürlicher und unumgänglicher daher die immer wiederholten Versuche, immer neue Seiten der Bedeutsamkeit durch
neue Bildung idealtypischer Begriffe zum Bewußtsein zu
bringen. Alle Darstellungen eines »Wesens« des Christentums z. B. sind Idealtypen von stets und notwendig nur sehr
relativer und problematischer Gültigkeit, wenn sie als historische Darstellung des empirisch Vorhandenen angesehen
sein wollen, dagegen von hohem heuristischen Wert für die
Forschung und hohem systematischen Wert für die Darstel-

lung, wenn sie lediglich als begriffliche Mittel zur Vergleichung und Messung der Wirklichkeit an ihnen verwendet werden. In dieser Funktion sind sie geradezu unentbehrlich. Nun aber haftet solchen idealtypischen Darstellungen regelmäßig noch ein anderes, ihre Bedeutung noch weiter komplizierendes Moment an. Sie wollen sein, oder sind unbewußt, regelmäßig Idealtypen nicht nur im logischen, sondern auch im praktischen Sinne: vorbildliche Typen, welche – in unserem Beispiel – das enthalten, was das Christentum nach der Ansicht des Darstellers sein soll, was an ihm das für ihn »Wesentliche«, weil dauernd Wertvolle ist. Ist dies aber bewußt oder – häufiger – unbewußt der Fall, dann enthalten sie Ideale, auf welche der Darsteller das Christentum wertend bezieht: Aufgaben und Ziele, auf die hin er seine »Idee« des Christentums ausrichtet und welche natürlich von den Werten, auf welche die Zeitgenossen, etwa die Urchristen, das Christentum bezogen, höchst verschieden sein können, ja zweifellos immer sein werden. In dieser Bedeutung sind die »Ideen« dann aber natürlich nicht mehr rein logische Hilfsmittel, nicht mehr Begriffe, an welchen die Wirklichkeit vergleichend gemessen, sondern Ideale, aus denen sie wertend beurteilt wird. Es handelt sich hier nicht mehr um den rein theoretischen Vorgang der Beziehung des Empirischen auf Werte, sondern um Werturteile, welche in den »Begriff« des Christentums aufgenommen sind. Weil hier der Idealtypus empirische Geltung beansprucht, ragt er in die Region der wertenden Deutung des Christentums hinein: der Boden der Erfahrungswissenschaft ist verlassen: es liegt ein persönliches Bekenntnis vor, nicht eine ideal-typische Begriffsbildung. So prinzipiell dieser Unterschied ist, so tritt die Vermischung jener beiden grundverschiedenen Bedeutungen der »Idee« im Verlauf der historischen Arbeit doch außerordentlich häufig ein. Sie liegt immer sehr nahe, sobald der darstellende Historiker seine »Auffassung« einer Persönlichkeit oder Epoche zu entwickeln beginnt. Im Gegensatz zu den konstant bleibenden ethischen Maßstäben, die Schlosser im Geiste des Rationalismus verwendete, hat der moderne relativistisch eingeschulte Historiker, der die Epoche, von der er spricht, einerseits »aus ihr selbst verstehen«, andererseits doch auch »beurteilen« will, das Bedürfnis, die Maßstäbe seines Urteils »dem Stoff« zu entnehmen, d. h. die »Idee« im Sinne des Ideals aus der »Idee« im Sinne des »Idealtypus« herauswachsen zu lassen. Und das ästhetisch Reizvolle eines solchen Verfahrens verlockt ihn fortwährend dazu, die Linie, wo beide sich scheiden, zu verwischen – eine Halbheit, welche einerseits das wertende Urteilen nicht lassen kann, andererseits die Verantwortung für ihre Urteile von sich abzulehnen trachtet. Demgegenüber ist es aber eine elementare Pflicht der wissenschaftlichen Selbstkontrolle und das einzige Mittel zur Verhütung von Erschleichungen, die logisch-vergleichende Beziehung der Wirklichkeit auf Idealtypen im logischen Sinne von der wertenden Beurteilung der Wirklichkeit aus Idealen heraus scharf zu scheiden. Ein »Idealtypus« in unserem Sinne ist, wie noch einmal wiederholt sein mag, etwas gegenüber der wertenden Beurteilung völlig indifferentes, er hat mit irgendeiner anderen als einer rein logischen »Vollkommenheit« nichts zu tun. Es gibt Idealtypen von Bordellen so gut wie von Religionen, und es gibt von den ersteren sowohl Idealtypen von solchen, die vom Standpunkt der heutigen Polizeiethik aus technisch »zweckmäßig« erscheinen würden, wie von solchen, bei denen das gerade Gegenteil der Fall ist.

Notgedrungen muß hier die eingehende Erörterung des weitaus kompliziertesten und interessantesten Falles: die Frage der logischen Struktur des Staatsbegriffes beiseite bleiben. Nur folgendes sei dazu bemerkt: Wenn wir fragen, was in der empirischen Wirklichkeit dem Gedanken »Staat« entspricht, so finden wir eine Unendlichkeit diffuser und diskreter menschlicher Handlungen und Duldungen, faktischer und rechtlich geordneter Beziehungen, teils einmaligen, teils regelmäßig wiederkehrenden Charakters, zusammengehalten durch eine Idee, den Glauben an tatsächlich geltende oder gelten sollende Normen und Herrschaftsverhältnisse von Menschen über Menschen. Dieser Glaube ist teils gedanklich entwickelter geistiger Besitz, teils dunkel empfunden, teils passiv hingenommen und auf das mannigfaltigste abschattiert in den Köpfen der Einzelnen vorhanden, welche, wenn sie die »Idee« wirklich selbst klar als solche dächten, ja nicht erst der »allgemeinen Staatslehre« bedürften, die sie entwickeln will. Der wissenschaftliche Staatsbegriff, wie immer er formuliert werde, ist nun natürlich stets eine Synthese, die wir zu bestimmten Erkenntniszwecken vornehmen. Aber er ist andererseits auch abstrahiert aus den unklaren Synthesen, welche in den Köpfen der historischen Menschen vorgefunden werden. Der konkrete Inhalt aber, den der historische »Staat« in jenen Synthesen der Zeitgenossen annimmt, kann wiederum nur durch Orientierung an idealtypischen Begriffen zur Anschauung gebracht werden. Und ferner unterliegt es nicht dem mindesten Zweifel, daß die Art, wie jene Synthesen, in logisch stets unvollkommener Form, von den Zeitgenossen vollzogen werden, der »Ideen«, die sie sich vom Staat machen, – die deutsche »organische« Staatsmetaphysik z. B. im Gegensatz zu der »geschäftlichen« amerikanischen Auffassung, – von eminenter praktischer Bedeutung ist, daß mit anderen Worten auch hier die als geltensollend oder geltend geglaubte praktische Idee und der zu Erkenntniszwekken konstruierte theoretische Idealtypus nebeneinander herlaufen und die stete Neigung zeigen, ineinander überzugehen. –

Wir hatten oben absichtlich den »Idealtypus« wesentlich – wenn auch nicht ausschließlich – als gedankliche Konstruktion zur Messung und systematischen Charakterisierung von individuellen, d. h. in ihrer Einzigartigkeit bedeutsamen Zusammenhängen – wie Christentum, Kapitalismus usw. – betrachtet. Dies geschah, um die landläufige Vorstellung zu beseitigen, als ob auf dem Gebiet der Kulturerscheinungen das abstrakt Typische mit dem abstrakt Gattungsmäßi-

gen identisch sei. Das ist nicht der Fall. Ohne den viel erörterten und durch Mißbrauch stark diskreditierten Begriff des
»Typischen« hier prinzipiell analysieren zu können, entnehmen wir doch schon unserer bisherigen Erörterung, daß die
Bildung von Typenbegriffen im Sinn der Ausscheidung des
»Zufälligen« auch und gerade bei historischen Individuen ihre Stätte findet. Nun aber können natürlich auch
diejenigen Gattungsbegriffe, die wir fortwährend als
Bestandteile historischer Darstellungen und konkreter historischer Begriffe finden, durch Abstraktion und Steigerung
bestimmter ihnen begriffswesentlicher Elemente als Idealtypen geformt werden. Dies ist sogar ein praktisch besonders
häufiger und wichtiger Anwendungsfall der idealtypischen
Begriffe und jeder individuelle Idealtypus setzt sich aus
begrifflichen Elementen zusammen, die gattungsmäßig
sind und als Idealtypen geformt worden sind. Auch in diesem
Falle zeigt sich aber die spezifische logische Funktion der
idealtypischen Begriffe. Ein einfacher Gattungsbegriff im
Sinne eines Komplexes von Merkmalen, die an mehreren
Erscheinungen gemeinsam sich vorfinden, ist z. B. der Begriff des »Tausches«, so lange ich von der Bedeutung der
Begriffsbestandteile absehe, also einfach den Sprachgebrauch
des Alltags analysiere. Setze ich diesen Begriff nun aber etwa
zu dem »Grenznutzgesetz« in Beziehung und bilde den Begriff des »ökonomischen Tausches« als eines ökonomisch
rationalen Vorgangs, dann enthält dieser, wie jeder
logisch voll entwickelte Begriff, ein Urteil über die »typischen« Bedingungen des Tausches in sich. Er nimmt
genetischen Charakter an und wird damit zugleich im
logischen Sinn idealtypisch, d. h., er entfernt sich von der
empirischen Wirklichkeit, die nur mit ihm verglichen, auf
ihn bezogen werden kann. Ähnliches gilt von allen sogenannten »Grundbegriffen« der Nationalökonomie: sie sind in
genetischer Form nur als Idealtypen zu entwickeln. Der
Gegensatz zwischen einfachen Gattungsbegriffen, welche
lediglich das empirischen Erscheinungen Gemeinsame zu-

sammenfassen, und gattungsmäßigen Idealtypen – wie etwa
einem idealtypischen Begriff des »Wesens« des Handwerks –
ist natürlich im einzelnen flüssig. Aber kein Gattungsbegriff hat als solcher »typischen« Charakter und einen reinen
gattungsmäßigen »Durchschnitts«-Typus gibt es nicht. Wo
immer wir – z. B. in der Statistik – von »typischen« Grö-
ßen reden, liegt mehr als ein bloßer Durchschnitt vor. Je
mehr es sich um einfache Klassifikation von Vorgängen
handelt, die als Massenerscheinungen in der Wirklichkeit auf-
treten, desto mehr handelt es sich um Gattungsbegriffe, je
mehr dagegen komplizierte historische Zusammenhänge in
denjenigen ihrer Bestandteile, auf welchen ihre spezifische
Kulturbedeutung ruht, begrifflich geformt werden, desto
mehr wird der Begriff – oder das Begriffssystem – den Charakter des Idealtypus an sich tragen. Denn Zweck der idealtypischen Begriffsbildung ist es überall, nicht das
Gattungsmäßige, sondern umgekehrt die Eigenart von Kulturerscheinungen scharf zum Bewußtsein zu bringen.

Die Tatsache, daß Idealtypen, auch gattungsmäßige, verwendet werden können und verwendet werden, bietet
methodisches Interesse erst im Zusammenhang mit einem
anderen Tatbestand.

Bisher haben wir die Idealtypen wesentlich nur als
abstrakte Begriffe von Zusammenhängen kennen gelernt,
welche, als im Fluß des Geschehens verharrend, als historische Individuen, an denen sich Entwicklungen vollziehen,
von uns vorgestellt werden. Nun aber tritt eine Komplikation
ein, welche das naturalistische Vorurteil, daß das Ziel der
Sozialwissenschaften die Reduktion der Wirklichkeit auf
»Gesetze« sein müsse, mit Hilfe des Begriffes des »Typischen« außerordentlich leicht wieder hereinpraktiziert. Auch
Entwicklungen lassen sich nämlich als Idealtypen konstruieren und diese Konstruktionen können ganz erheblichen heuristischen Wert haben. Aber es entsteht dabei in ganz
besonders hohem Maße die Gefahr, daß Idealtypus und
Wirklichkeit ineinander geschoben werden. Man kann z. B.

zu dem theoretischen Ergebnis gelangen, daß in einer streng
»handwerksmäßig« organisierten Gesellschaft die einzige
Quelle der Kapitalakkumulation die Grundrente sein könne.
Daraus kann man dann vielleicht – denn die Richtigkeit der
Konstruktion wäre hier nicht zu untersuchen – ein rein durch
bestimmte einfache Faktoren: – begrenzter Boden, steigende
Volkszahl, Edelmetallzufluß, Rationalisierung der Lebensführung, – bedingtes Idealbild einer Umbildung der handwerksmäßigen in die kapitalistische Wirtschaftsform konstruieren. Ob der empirisch-historische Verlauf der Entwicklung tatsächlich der konstruierte gewesen ist, wäre nun erst
mit Hilfe dieser Konstruktion als heuristischem Mittel zu
untersuchen im Wege der Vergleichung zwischen Idealtypus
und »Tatsachen«. War der Idealtypus »richtig« konstruiert
und entspricht der tatsächliche Verlauf dem idealtypischen
nicht, so wäre damit der Beweis geliefert, daß die mittelal-
terliche Gesellschaft eben in bestimmten Beziehungen keine
streng »handwerksmäßige« war. Und wenn der Idealtypus in
heuristisch »idealer« Weise konstruiert war, – ob und wie
dies in unserem Beispiel der Fall sein könnte, bleibt hier gänzlich außer Betracht, – dann wird er zugleich die Forschung
auf den Weg lenken, der zu einer schärferen Erfassung jener
nicht handwerksmäßigen Bestandteile der mittelalterlichen
Gesellschaft in ihrer Eigenart und historischen Bedeutung
führt. Er hat, wenn er zu diesem Ergebnis führt, seinen
logischen Zweck erfüllt, gerade indem er seine eigene
Unwirklichkeit manifestierte. Es war – in diesem Fall – die
Erprobung einer Hypothese. Der Vorgang bietet keinerlei
methodologische Bedenken, so lange man sich stets gegenwärtig hält, daß idealtypische Entwicklungskonstruktion
und Geschichte zwei streng zu scheidende Dinge sind und
daß die Konstruktion hier lediglich das Mittel war, planvoll
die gültige Zurechnung eines historischen Vorganges zu
seinen wirklichen Ursachen aus dem Kreise der nach Lage
unserer Erkenntnis möglichen zu vollziehen.
    Diese Scheidung streng aufrecht zu erhalten wird nun

erfahrungsgemäß durch einen Umstand oft ungemein erschwert. Im Interesse der anschaulichen Demonstration des Idealtypus oder der idealtypischen Entwicklung wird man sie durch Anschauungsmaterial aus der empirisch-historischen Wirklichkeit zu ver deu tlichen suchen. Die Gefahr dieses an sich ganz legitimen Verfahrens liegt darin, daß das geschichtliche Wissen hier einmal als Diener der Theorie erscheint statt umgekehrt. Die Versuchung liegt für den Theoretiker recht nahe, dieses Verhältnis entweder als das normale anzusehen, oder, was schlimmer ist, Theorie und Geschichte ineinander zu schieben und geradezu miteinander zu verwechseln. In noch gesteigertem Maße liegt dieser Fall dann vor, wenn die Idealkonstruktion einer Entwicklung mit der begrifflichen Klassifikation von Idealtypen bestimmter Kulturgebilde (z. B. der gewerblichen Betriebsformen von der »geschlossenen Hauswirtschaft« ausgehend, oder etwa der religiösen Begriffe, von den »Augenblicksgöttern« anfangend) zu einer genetischen Klassifikation ineinander gearbeitet wird. Die nach den gewählten Begriffsmerkmalen sich ergebende Reihenfolge der Typen erscheint dann als eine gesetzlich notwendige historische Aufeinanderfolge derselben. Logische Ordnung der Begriffe einerseits und empirische Anordnung des Begriffenen in Raum, Zeit und ursächlicher Verknüpfung andererseits erscheinen dann so miteinander verkittet, daß die Versuchung, der Wirklichkeit Gewalt anzutun, um die reale Geltung der Konstruktion in der Wirklichkeit zu erhärten, fast unwiderstehlich wird.

Absichtlich ist es vermieden worden, an dem für uns weitaus wichtigsten Fall idealtypischer Konstruktionen zu demonstrieren: an Marx. Es geschah, um die Darstellung nicht durch Hineinziehen von Marx-Interpretationen noch zu komplizieren und um den Erörterungen in unserer Zeitschrift, welche die Literatur, die über und im Anschluß an den großen Denker erwächst, zum regelmäßigen Gegenstand kritischer Analyse machen wird, nicht vorzugreifen. Daher sei hier nur konstatiert, daß natürlich alle spezifisch-marxistischen »Gesetze« und Entwicklungskonstruktionen – soweit sie theoretisch fehlerfrei sind – idealtypischen Charakter haben. Die eminente, ja einzigartige heuristische Bedeutung dieser Idealtypen, wenn man sie zur Vergleichung der Wirklichkeit mit ihnen benutzt und ebenso ihre Gefährlichkeit, sobald sie als empirisch geltend oder gar als reale (d.h. in Wahrheit: metaphysische) »wirkende Kräfte«, »Tendenzen« usw. vorgestellt werden, kennt jeder, der je mit marxistischen Begriffen gearbeitet hat.

Gattungsbegriffe – Idealtypen – idealtypische Gattungsbegriffe, – Ideen im Sinne von empirisch in historischen Menschen wirksamen Gedankenverbindungen – Idealtypen solcher Ideen – Ideale, welche historische Menschen beherrschen – Idealtypen solcher Ideale – Ideale, auf welche der Historiker die Geschichte bezieht; – theoretische Konstruktionen unter illustrativer Benutzung des Empirischen – geschichtliche Untersuchung unter Benutzung der theoretischen Begriffe als idealer Grenzfälle, – dazu dann die verschiedenen möglichen Komplikationen, die hier nur angedeutet werden konnten: lauter gedankliche Bildungen, deren Verhältnis zur empirischen Wirklichkeit des unmittelbar Gegebenen in jedem einzelnen Fall problematisch ist: – diese Musterkarte allein zeigt schon die unendliche Verschlungenheit der begrifflich-methodischen Probleme, welche auf dem Gebiet der Kulturwissenschaften fortwährend lebendig bleiben. Und wir mußten uns schlechthin versagen, auf die praktisch methodologischen Fragen hier, wo die Probleme nur gezeigt werden sollten, ernstlich einzugehen, die Beziehungen der idealtypischen zur »gesetzlichen« Erkenntnis, der idealtypischen Begriffe zu den Kollektivbegriffen usw. eingehender zu erörtern. –

Der Historiker wird nach allen diesen Auseinandersetzungen doch immer wieder darauf beharren, daß die Herrschaft der idealtypischen Form der Begriffsbildung und Konstruktion spezifische Symptome der Jugendlichkeit einer Disziplin seien. Und darin ist ihm in gewissem Sinne recht zu geben, freilich mit anderen Konsequenzen, als er sie ziehen wird. Nehmen wir ein paar Beispiele aus anderen Disziplinen. Es ist gewiß wahr: der geplagte Quartaner ebenso wie der primitive Philologe stellt sich zunächst eine Sprache »organisch«, d. h. als ein von Normen beherrschtes überempirisches Ganzes vor, die Aufgabe der Wissenschaft aber als die: festzustellen, was – als Sprachregel – gelten solle. Die »Schriftsprache« logisch zu bearbeiten wie etwa Crusca es tat, ihren Gehalt auf Regeln zu reduzieren, ist die normalerweise erste Aufgabe, welche sich eine »Philologie« stellt. Und wenn demgegenüber heute ein führender Philologe das »Sprechen jedes Einzelnen« als Objekt der Philologie proklamiert, so ist selbst die Aufstellung eines solchen Programms nur möglich, nachdem in der Schriftsprache ein relativ fester Idealtypus vorliegt, mit welchem die sonst gänzlich orientierungs- und uferlose Durchforschung der unendlichen Mannigfaltigkeit des Sprechens (mindestens stillschweigend) operieren kann. – Und nicht anders funktionierten die Konstruktionen der naturrechtlichen und der organischen Staatstheorien, oder etwa – um an einen Idealtypus in unserm Sinn zu erinnern – die Benjamin Constantsche Theorie des antiken Staats, gewissermaßen als Nothäfen, bis man gelernt hatte, sich auf dem ungeheuren Meere der empirischen Tatsachen zurechtzufinden. Die reif werdende Wissenschaft bedeutet also in der Tat immer Überwindung des Idealtypus, sofern er als empirisch geltend oder als Gattungsbegriff gedacht wird. Allein nicht nur ist z. B. die Benutzung der geistvollen Constantschen Konstruktion zur Demonstration gewisser Seiten und historischer Eigenarten antiken Staatslebens noch heute ganz legitim, sobald man sorgsam ihren idealtypischen Charakter festhält. Sondern vor allem: es gibt Wissenschaften, denen ewige Jugendlichkeit beschieden ist, und das sind alle historischen Disziplinen, alle die, denen der ewig fortschreitende Fluß der Kultur stets neue Problemstellungen zuführt. Bei ihnen liegt die Vergänglichkeit aller, aber zugleich die

Unvermeidlichkeit immer neuer idealtypischer Konstruktionen im Wesen der Aufgabe.

Stets wiederholen sich die Versuche, den »eigentlichen«, »wahren« Sinn historischer Begriffe festzustellen, und niemals gelangen sie zu Ende. Ganz regelmäßig bleiben infolgedessen die Synthesen, mit denen die Geschichte fortwährend arbeitet, entweder nur relativ bestimmte Begriffe, oder, sobald Eindeutigkeit des Begriffsinhaltes erzwungen werden soll, wird der Begriff zum abstrakten Idealtypus und enthüllt sich damit als ein theoretischer, also »einseitiger« Gesichtspunkt, unter dem die Wirklichkeit beleuchtet, auf den sie bezogen werden kann, der aber zum Schema, in das sie restlos eingeordnet werden könnte, sich selbstverständlich als ungeeignet erweist. Denn keines jener Gedankensysteme, deren wir zur Erfassung der jeweils bedeutsamen Bestandteile der Wirklichkeit nicht entraten können, kann ja ihren unendlichen Reichtum erschöpfen. Keins ist etwas anderes als der Versuch, auf Grund des jeweiligen Standes unseres Wissens und der uns jeweils zur Verfügung stehenden begrifflichen Gebilde, Ordnung in das Chaos derjenigen Tatsachen zu bringen, welche wir in den Kreis unseres Interesses jeweils einbezogen haben. Der Gedankenapparat, welchen die Vergangenheit durch denkende Bearbeitung, das heißt aber in Wahrheit: denkende Umbildung, der unmittelbar gegebenen Wirklichkeit und durch Einordnung in diejenigen Begriffe, die dem Stande ihrer Erkenntnis und der Richtung ihres Interesses entsprachen, entwickelt hat, steht in steter Auseinandersetzung mit dem, was wir an neuer Erkenntnis aus der Wirklichkeit gewinnen können und wollen. In diesem Kampf vollzieht sich der Fortschritt der kulturwissenschaftlichen Arbeit. Ihr Ergebnis ist ein steter Umbildungsprozeß jener Begriffe, in denen wir die Wirklichkeit zu erfassen suchen. Die Geschichte der Wissenschaften vom sozialen Leben ist und bleibt daher ein steter Wechsel zwischen dem Versuch, durch Begriffsbildung Tatsachen gedanklich zu ordnen, – der Auflösung der so gewonnenen Gedankenbilder

durch Erweiterung und Verschiebung des wissenschaftlichen
Horizontes, – und der Neubildung von Begriffen auf der so
veränderten Grundlage. Nicht etwa das Fehlerhafte des Ver-
suchs, Begriffssysteme ü b e r h a u p t zu bilden, spricht sich
darin aus: – eine jede Wissenschaft, auch die einfach darstellende Geschichte, arbeitet mit dem Begriffsvorrat ihrer
Zeit – sondern d e r Umstand kommt darin zum Ausdruck,
daß in den Wissenschaften von der menschlichen Kultur die
Bildung der Begriffe von der Stellung der Probleme abhängt, und daß diese letztere wandelbar ist mit dem Inhalt
der Kultur selbst. Das Verhältnis von Begriff und Begriffe-
nem in den Kulturwissenschaften bringt die Vergänglichkeit
jeder solchen Synthese mit sich. Große begriffliche Kon-
struktionsversuche haben auf dem Gebiet unserer Wissenschaft ihren Wert regelmäßig gerade darin gehabt, daß sie die
S c h r a n k e n der Bedeutung desjenigen Gesichtspunktes, der
ihnen zugrunde lag, enthüllten. Die weittragendsten Fortschritte auf dem Gebiet der Sozialwissenschaften knüpfen
sich s a c h l i c h an die Verschiebung der praktischen Kulturprobleme und kleiden sich in die F o r m einer Kritik der
Begriffsbildung. Es wird zu den vornehmsten Aufgaben
unserer Zeitschrift gehören, dem Zweck dieser Kritik und
damit der Untersuchung der P r i n z i p i e n d e r S y n t h e s e
auf dem Gebiet der Sozialwissenschaft zu dienen. –

Bei den Konsequenzen, die aus dem Gesagten zu ziehen
sind, gelangen wir nun an einen Punkt, wo unsere Ansichten
sich vielleicht hier und da von denen mancher, auch hervorragender, Vertreter der historischen Schule, zu deren Kindern
wir ja selbst gehören, scheiden. Diese letzteren nämlich ver-
harren vielfach ausdrücklich oder stillschweigend in der Meinung, es sei das Endziel, der Zweck jeder Wissenschaft, ihren
Stoff in einem System von Begriffen zu ordnen, deren Inhalt
durch Beobachtung empirischer Regelmäßigkeiten, Hypothesenbildung und Verifikation derselben zu gewinnen und
langsam zu vervollkommnen sei, bis irgendwann eine »voll-
endete« und d e s h a l b deduktive Wissenschaft daraus ent-

standen sei. Für dieses Ziel sei die historisch-induktive Arbeit der Gegenwart eine durch die Unvollkommenheit unserer Disziplin bedingte Vorarbeit: nichts muß naturgemäß vom Standpunkt dieser Betrachtungsweise aus bedenklicher erscheinen als die Bildung und Verwendung scharfer Begriffe, die ja jenes Ziel einer fernen Zukunft voreilig vorwegzunehmen trachten müßte. – Prinzipiell unanfechtbar wäre diese Auffassung auf dem Boden der antik-scholastischen Erkenntnislehre, welche denn auch der Masse der Spezialarbeiter der historischen Schule noch tief im Blute steckt: als Zweck der Begriffe wird vorausgesetzt, vorstellungsmäßige Abbilder der »objektiven« Wirklichkeit zu sein: daher der immer wiederkehrende Hinweis auf die Unwirklichkeit aller scharfen Begriffe. Wer den Grundgedanken der auf Kant zurückgehenden modernen Erkenntnislehre: daß die Begriffe vielmehr gedankliche Mittel zum Zweck der geistigen Beherrschung des empirisch Gegebenen sind und allein sein können, zu Ende denkt, dem wird der Umstand, daß scharfe genetische Begriffe notwendig Idealtypen sind, nicht gegen die Bildung von solchen sprechen können. Ihm kehrt sich das Verhältnis von Begriff und historischer Arbeit um: jenes Endziel erscheint ihm logisch unmöglich, die Begriffe nicht Ziel, sondern Mittel zum Zweck der Erkenntnis der unter individuellen Gesichtspunkten bedeutsamen Zusammenhänge: gerade weil die Inhalte der historischen Begriffe notwendig wandelbar sind, müssen sie jeweils notwendig scharf formuliert werden. Er wird nur das Verlangen stellen, daß bei ihrer Verwendung stets ihr Charakter als idealer Gedankengebilde sorgsam festgehalten, Idealtypus und Geschichte nicht verwechselt werde. Er wird, da wirklich definitive historische Begriffe bei dem unvermeidlichen Wechsel der leitenden Wertideen als generelles Endziel nicht in Betracht kommen, glauben, daß eben dadurch, daß für den einzelnen, jeweils leitenden Gesichtspunkt, scharfe und eindeutige Begriffe gebildet werden, die Möglichkeit gegeben sei, die Schranken ihrer Geltung jeweils klar im Bewußtsein zu behalten.

Man wird nun darauf hinweisen, und wir haben es selbst zugegeben, daß ein konkreter historischer Zusammenhang im einzelnen Fall sehr wohl in seinem Ablauf anschaulich gemacht werden könne, ohne daß er fortwährend mit definierten Begriffen in Beziehung gesetzt werde. Und man wird demgemäß für den Historiker unserer Disziplin in Anspruch nehmen, daß er ebenso, wie man dies von dem politischen Historiker gesagt hat, die »Sprache des Lebens« reden dürfe. Gewiß! Nur ist dazu zu sagen, daß es bei diesem Verfahren bis zu einem oft sehr hohen Grade notwendig Zufall bleibt, ob der Gesichtspunkt, unter welchem der behandelte Vorgang Bedeutung gewinnt, zu klarem Bewußtsein gelangt. Wir sind im allgemeinen nicht in der günstigen Lage des politischen Historikers, bei welchem die Kulturinhalte, auf die er seine Darstellung bezieht, regelmäßig eindeutig sind – oder zu sein scheinen. Jeder nur anschaulichen Schilderung haftet die Eigenart der Bedeutung künstlerischer Darstellung an: »Ein jeder sieht, was er im Herzen trägt«, – gültige Urteile setzen überall die logische Bearbeitung des Anschaulichen, das heißt die Verwendung von Begriffen voraus, und es ist zwar möglich und oft ästhetisch reizvoll, diese in petto zu behalten, aber es gefährdet stets die Sicherheit der Orientierung des Lesers, oft die des Schriftstellers selbst, über Inhalt und Tragweite seiner Urteile.

Ganz hervorragend gefährlich aber kann nun die Unterlassung scharfer Begriffsbildung für praktische, wirtschafts-und sozialpolitische Erörterungen werden. Was hier z. B. die Verwendung des Terminus »Wert« – jenes Schmerzenskindes unserer Disziplin, welchem eben nur idealtypisch irgend ein eindeutiger Sinn gegeben werden kann –, oder Worte wie »produktiv«, »vom volkswirtschaftlichen Standpunkt« usw., die überhaupt keiner begrifflich klaren Analyse standhalten, für Verwirrung gestiftet haben, ist für den Außenstehenden geradezu unglaublich. Und zwar sind es

hier vornehmlich die der Sprache des Lebens entnommenen
Kollektivbegriffe, welche Unsegen stiften. Man nehme,
um ein für den Laien möglichst durchsichtiges Schulbeispiel
herauszugreifen, den Begriff »Landwirtschaft«, wie er in der
Wortverbindung »Interessen der Landwirtschaft« auftritt.
Nehmen wir zunächst die »Interessen der Landwirtschaft«
als die empirisch konstatierbaren mehr oder minder klaren
subjektiven Vorstellungen der einzelnen wirtschaftenden
Individuen von ihren Interessen, und sehen wir dabei ganz
und gar von den unzähligen Konflikten der Interessen vieh-
züchtender, viehmästender, kornbauender, kornverfütter-
der, schnapsdestillierender usw. Landwirte hier ab, so kennt
zwar nicht jeder Laie, aber doch jeder Fachmann den gewaltigen Knäuel von durch- und gegeneinander laufenden Wert-
beziehungen, der darunter unklar vorgestellt wird. Wir wollen hier nur einige wenige aufzählen: Interessen von Land-
wirten, welche ihr Gut verkaufen wollen und deshalb lediglich an einer schnellen Hausse des Bodenpreises interessiert
sind; das gerade entgegengesetzte Interesse von solchen, die
sich ankaufen, arrondieren oder pachten wollen; das Interesse derjenigen, die ein bestimmtes Gut ihren Nachfahren um
sozialer Vorteile willen zu erhalten wünschen und deshalb an
Stabilität des Bodenbesitzes interessiert sind; – das entgegengesetzte Interesse solcher, die in ihrem und ihrer Kinder
Interesse Bewegung des Bodens in der Richtung zum besten
Wirt oder – was nicht ohne weiteres dasselbe ist – zum kapi-
talkräftigsten Käufer wünschen; – das rein ökonomische
Interesse der im privatwirtschaftlichen Sinne »tüchtigsten
Wirte« an ökonomischer Bewegungsfreiheit; – das damit im
Konflikt stehende Interesse bestimmter herrschender Schichten an der Erhaltung der überkommenen sozialen und politischen Position des eigenen »Standes« und damit der eigenen
Nachkommen; – das soziale Interesse der nicht herrschenden Schichten der Landwirte am Wegfall jener oberen, ihre
eigene Position drückenden Schichten; – ihr unter Umständen damit kollidierendes Interesse, in jenen politische Führer

zur Wahrung ihrer Erwerbsinteressen zu besitzen; – die Liste könnte noch gewaltig vermehrt werden, ohne ein Ende zu finden, obwohl wir so summarisch und unpräzis wie nur möglich verfahren sind. Daß sich mit den mehr »egoistischen« Interessen dieser Art die verschiedensten rein idealen Werte mischen, verbinden, sie hemmen und ablenken können, übergehen wir, um uns vor allem zu erinnern, daß, wenn wir von »Interessen der Landwirtschaft« reden, wir regelmäßig n i c h t nur an jene materiellen und idealen Werte denken, auf welche die jeweiligen Landwirte selbst ihre »Interessen« beziehen, sondern daneben an die zum Teil ganz heterogenen Wertideen, auf welche w i r die Landwirtschaft beziehen können, – beispielsweise: Produktionsinteressen, hergeleitet aus dem Interesse billiger und dem damit nicht immer zusammenfallenden Interesse qualitativ guter Ernährung der Bevölkerung, wobei die Interessen von Stadt und Land in den mannigfachsten Kollisionen liegen können, und wobei das Interesse der gegenwärtigen Generation mit den wahrscheinlichen Interessen künftiger Generationen keineswegs identisch sein muß; – populationistische Interessen: insbesondere Interesse an einer z a h l r e i c h e n Landbevölkerung, hergeleitet, sei es aus Interesse »des Staates«, machtpolitischen oder innerpolitischen, oder aus anderen ideellen Interessen von unter sich verschiedener Art, z. B. an dem erwarteten Einfluß einer zahlreichen Landbevölkerung auf die Kultureigenart eines Landes; – dies populationistische Interesse kann mit den verschiedensten privatwirtschaftlichen Interessen aller Teile der Landbevölkerung, ja denkbarerweise mit allen Gegenwartsinteressen der Masse der Landbevölkerung kollidieren. Oder etwa das Interesse an einer bestimmten Art der sozialen G l i e d e r u n g der Landbevölkerung wegen der Art der politischen oder Kultureinflüsse, die sich daraus ergeben: dies Interesse kann je nach seiner Richtung mit allen denkbaren, auch den dringlichsten Gegenwarts- und Zukunftsinteressen der einzelnen Landwirte sowohl wie »des Staates« kollidieren. Und – dies kompliziert die Sache weiter – der »Staat«, auf dessen »Interesse« wir solche und zahlreiche andere ähnliche Einzelinteressen gern beziehen, ist uns dabei ja oft nur Deckadresse für ein in sich höchst verschlungenes Knäuel von Wertideen, auf die er seinerseits von uns im einzelnen Falle bezogen wird: rein militärische Sicherung nach außen; Sicherung der Herrscherstellung einer Dynastie oder bestimmter Klassen nach innen; Interesse an der Erhaltung und Erweiterung der formal-staatlichen Einheit der Nation, um ihrer selbst willen oder im Interesse der Erhaltung bestimmter objektiver, unter sich wieder sehr verschiedener Kulturwerte, die wir als staatlich geeintes Volk zu vertreten glauben; Umgestaltung des sozialen Charakters des Staates im Sinne bestimmter, wiederum sehr verschiedener Kulturideale – es würde zu weit führen, auch nur anzudeuten, was alles unter dem Sammelnamen »staatlicher Interessen« läuft, auf die wir »die Landwirtschaft« beziehen können. Das hier gewählte Beispiel und noch mehr unsere summarische Analyse sind plump und einfach. Der Laie möge sich nun einmal etwa den Begriff »Klasseninteresse der Arbeiter« ähnlich (und gründlicher) analysieren, um zu sehen, welch widerspruchsvoller Knäuel teils von Interessen und Idealen der Arbeiter, teils von Idealen, unter denen wir die Arbeiter betrachten, dahintersteckt. Es ist unmöglich, die Schlagworte des Interessenkampfes durch rein empiristische Betonung ihrer »Relativität« zu überwinden: klare, scharfe, begriffliche Feststellung der verschiedenen möglichen Gesichtspunkte ist der einzige Weg, der hier über die Unklarheit der Phrase hinausführt. Das »Freihandelsargument« als Weltanschauung oder gültige Norm ist eine Lächerlichkeit, aber schweren Schaden hat es für unsere handelspolitischen Erörterungen mit sich gebracht – und zwar ganz gleichgültig, welche handelspolitischen Ideale der Einzelne vertreten will – daß wir die in solchen idealtypischen Formeln niedergelegte alte Lebensweisheit der größten Kaufleute der Erde in ihrem heuristischen Wert unterschätzt haben. Nur durch idealtypische Begriffsformeln werden die Gesichtspunkte, die im Einzel-

falle in Betracht kommen, in ihrer Eigenart im Wege der
Konfrontierung des Empirischen mit dem Idealtypus
wirklich deutlich. Der Gebrauch der undifferenzierten Kollektivbegriffe, mit denen die Sprache des Alltags arbeitet, ist
stets Deckmantel von Unklarheiten des Denkens oder Wollens, oft genug das Werkzeug bedenklicher Erschleichungen,
immer aber ein Mittel, die Entwicklung der richtigen Problemstellung zu hemmen.

Wir sind am Ende dieser Ausführungen, die lediglich den
Zweck verfolgten, die oft haarfeine Linie, welche Wissenschaft und Glauben scheidet, hervortreten und den Sinn
sozialökonomischen Erkenntnisstrebens erkennen zu lassen.
Die objektive Gültigkeit alles Erfahrungswissens beruht
darauf und nur darauf, daß die gegebene Wirklichkeit nach
Kategorien geordnet wird, welche in einem spezifischen
Sinn subjektiv, nämlich die Voraussetzung unserer
Erkenntnis darstellend, und an die Voraussetzung des Wertes derjenigen Wahrheit gebunden sind, die das Erfahrungswissen allein uns zu geben vermag. Wem diese Wahrheit nicht
wertvoll ist, – und der Glaube an den Wert wissenschaftlicher
Wahrheit ist Produkt bestimmter Kulturen und nichts Natur-
gegebenes – dem haben wir mit den Mitteln unserer Wissenschaft nichts zu bieten. Freilich wird er vergeblich nach einer
anderen Wahrheit suchen, die ihm die Wissenschaft in demjenigen ersetzt, was sie allein leisten kann: Begriffe und
Urteile, die nicht die empirische Wirklichkeit sind, auch nicht
sie abbilden, aber sie in gültiger Weise denkend ordnen
lassen. Auf dem Gebiet der empirischen sozialen Kulturwissenschaften ist, so sahen wir, die Möglichkeit sinnvoller
Erkenntnis des für uns Wesentlichen in der unendlichen Fülle
des Geschehens gebunden an die unausgesetzte Verwendung
von Gesichtspunkten spezifisch besonderten Charakters,
welche alle in letzter Instanz ausgerichtet sind auf Wertideen,
die ihrerseits zwar empirisch als Elemente alles sinnvollen
menschlichen Handelns konstatierbar und erlebbar, nicht
aber aus dem empirischen Stoff als geltend begründbar

sind. Die »Objektivität« sozialwissenschaftlicher Erkenntnis
hängt vielmehr davon ab, daß das empirisch Gegebene zwar
stets auf jene Wertideen, die ihr allein Erkenntnis w e r t verleihen, ausgerichtet, in ihrer Bedeutung aus ihnen verstanden, dennoch aber niemals zum Piedestal für den empirisch
unmöglichen Nachweis ihrer Geltung gemacht wird. Und
der uns allen in irgendeiner Form innewohnende G l a u b e an
die überempirische Geltung letzter und höchster Wertideen,
an denen wir den Sinn unseres Daseins verankern, schließt die
unausgesetzte Wandelbarkeit der konkreten Gesichtspunkte,
unter denen die empirische Wirklichkeit Bedeutung erhält,
nicht etwa aus, sondern ein: das Leben in seiner irrationalen
Wirklichkeit und sein Gehalt an m ö g l i c h e n Bedeutungen
sind unausschöpfbar, die k o n k r e t e Gestaltung der Wertbeziehung bleibt daher fließend, dem Wandel unterworfen in
die dunkle Zukunft der menschlichen Kultur hinein. Das
Licht, welches jene höchsten Wertideen spenden, fällt jeweilig auf einen stets wechselnden endlichen Teil des ungeheuren
chaotischen Stromes von Geschehnissen, der sich durch die
Zeit dahinwälzt. –

Das alles möge nun nicht dahin mißverstanden werden,
daß die eigentliche Aufgabe der Sozialwissenschaft eine stete
Hetzjagd nach neuen Gesichtspunkten und begrifflichen
Konstruktionen sein solle. Im G e g e n t e i l: nichts sollte hier
schärfer betont werden als der Satz, daß der Dienst an der
Erkenntnis der K u l t u r b e d e u t u n g k o n k r e t e r historischer Z u s a m m e n h ä n g e ausschließlich und allein das
letzte Ziel ist, dem, neben anderen Mitteln, a u c h die be-
griffsbildende und begriffskritische Arbeit dienen will. –
Es gibt, um mit F. Th. Vischer zu reden, auch auf unserem
Gebiete »Stoffhuber« und »Sinnhuber«. Der tatsachengierige
Schlund der ersteren ist nur durch Aktenmaterial, statistische
Folianten und Enqueten zu stopfen, für die Feinheit des
neuen Gedankens ist er unempfindlich. Die Gourmandise der
letzteren verdirbt sich den Geschmack an den Tatsachen
durch immer neue Gedankendestillate. Jene echte Künstler-

schaft, wie sie z. B. unter den Historikern Ranke in so gran-
diosem Maße besaß, pflegt sich gerade darin zu manifestieren, daß sie durch Beziehung bekannter Tatsachen auf
bekannte Gesichtspunkte dennoch ein Neues zu schaffen
weiß.

Alle kulturwissenschaftliche Arbeit in einer Zeit der Spezialisierung wird, nachdem sie durch bestimmte Problemstellungen einmal auf einen bestimmten Stoff hin ausgerichtet ist
und sich ihre methodischen Prinzipien geschaffen hat, die
Bearbeitung dieses Stoffes als Selbstzweck betrachten, ohne
den Erkenntniswert der einzelnen Tatsachen stets bewußt an
den letzten Wertideen zu kontrollieren, ja ohne sich ihrer
Verankerung an diesen Wertideen überhaupt bewußt zu bleiben. Und es ist gut so. Aber irgendwann wechselt die Farbe:
die Bedeutung der unreflektiert verwerteten Gesichtspunkte
wird unsicher, der Weg verliert sich in der Dämmerung. Das
Licht der großen Kulturprobleme ist weiter gezogen. Dann
rüstet sich auch die Wissenschaft, ihren Standort und ihren
Begriffsapparat zu wechseln und aus der Höhe des Gedankens auf den Strom des Geschehens zu blicken. Sie zieht jenen
Gestirnen nach, welche allein ihrer Arbeit Sinn und Richtung
zu weisen vermögen:

> »... der neue Trieb erwacht,
> Ich eile fort, ihr ew'ges Licht zu trinken,
> Vor mir den Tag und hinter mir die Nacht,
> Den Himmel über mir und unter mir die Wellen.«

Objektive Möglichkeit und adäquate Verursachung in der historischen Kausalbetrachtung

»Der Ausbruch des zweiten punischen Krieges«, sagt Eduard Meyer (S. 16)*, »ist die Folge eines Willensentschlusses Hannibals, der des Siebenjährigen Krieges Friedrichs des Großen, der des Krieges von 1866 Bismarcks. Sie alle hätten sich auch anders entscheiden können, und andere Persönlichkeiten würden . . . . sich anders entschieden haben; die Folge würde gewesen sein, daß der Verlauf der Geschichte ein anderer geworden wäre.« »Damit soll« – fügt er in der Fußnote 2 hinzu, – »weder behauptet noch bestritten werden, daß es in diesem Fall nicht zu den betreffenden Kriegen gekommen wäre; das ist eine völlig unbeantwortbare und müßige Frage.« Abgesehen von dem schiefen Verhältnis, in welchem der zweite Satz gegen E. M.s früher besprochene Formulierungen über die Beziehungen von »Freiheit« und »Notwendigkeit« in der Geschichte steht, ist hier vor allem die Ansicht zu beanstanden, daß Fragen, welche wir nicht oder nicht sicher beantworten können, um deswillen schon »müßige« Fragen seien. Es stände übel auch um die empirische Wissenschaft, wenn jene höchsten Probleme, auf welche sie keine Antwort gibt, niemals aufgeworfen worden wären. Um solche »letzten« Probleme handelt es sich hier nun freilich nicht, sondern allerdings um eine einerseits durch die Ereignisse »überholte«, andererseits nach Lage unseres wirklichen und möglichen Wissens in der Tat positiv nicht eindeutig zu beantwortende Frage, welche überdies, vom strikt »deterministischen« Standpunkt aus betrachtet, die Folgen von etwas erörtert, was »unmöglich« war nach Lage der »Determinanten«. Und trotz alledem ist diese Fragestellung: was hätte werden können, wenn z. B. Bismarck den Entschluß zum Kriege nicht gefunden hätte, durchaus keine »müßige«. Denn eben sie be-

---

* »Zur Theorie und Methodik der Geschichte«, Halle 1902. [Anm. d. Hrsg.]

trifft ja das für die historische Formung der Wirklichkeit Entscheidende: welche kausale B e d e u t u n g diesem individuellen Entschluß innerhalb der Gesamtheit der unendlich zahlreichen »Momente«, die alle gerade so und nicht anders gelagert sein mußten, damit gerade d i e s Resultat daraus entstand, eigentlich zuzuschätzen ist und welche Stelle ihm also in der historischen Darstellung zukommt. Will die Geschichte über den Rang einer bloßen Chronik merkwürdiger Begebenheiten und Persönlichkeiten sich erheben, so bleibt ihr ja gar kein anderer Weg, als die Stellung ebensolcher Fragen. Und sie ist auch, solange sie Wissenschaft ist, so verfahren. Dies ist ja an E. M.s früher wiedergegebener Formulierung: daß die Geschichte die Ereignisse vom Standpunkt des »Werdens« aus betrachte und daher ihr Objekt der »Notwendigkeit«, die dem »Gewordenen« eigne, nicht unterstehe, das Richtige, daß der Historiker bei der Würdigung der kausalen Bedeutung eines konkreten Ereignisses ähnlich verfährt, wie der stellungnehmende und wollende historische Mensch, der niemals »handeln« würde, wenn ihm sein eigenes Handeln als »notwendig« und nicht als nur »möglich« erschiene[1]. Der Unterschied ist nur dieser: der handelnde Mensch erwägt, soweit er streng »rational« handelt – was wir hier annehmen –, die »außerhalb« seiner liegenden, nach Maßgabe seiner Kenntnis in der Wirklichkeit gegebenen, »Bedingungen« der ihn interessierenden Zukunftsentwicklung und schaltet nun gedanklich verschiedene »mögliche Arten« seines eigenen Verhaltens und deren, in Verbindung mit jenen »äußeren« Bedingungen zu e r w a r t e n d e Erfolge in den Kausalnexus ein, um dann je nach den dergestalt (gedanklich) ermittelten »möglichen« Ergebnissen sich für die eine oder die andere Verhaltungsweise, als die seinem

---

1 Dies bleibt gegenüber der Kritik Kistiakowskis, a. a. O. [»Die russische Soziologenschule und die Kategorie der Möglichkeit in der sozialwissenschaftlichen Problematik«, in: »Probleme des Idealismus«, hrsg. von Nowgorodzew, Moskau 1902], S. 393 richtig, welche d i e s e n Begriff der »Möglichkeit« gar nicht trifft.

»Zweck« entsprechende, zu entscheiden. Der Historiker nun ist seinem Helden zunächst darin überlegen, daß er jedenfalls a posteriori weiß, ob die Abschätzung der gegebenen, »außerhalb« desselben vorhanden gewesenen Bedingungen auch tatsächlich den Kenntnissen und Erwartungen, welche der Handelnde hegte, entsprachen: dies lehrt ja der faktische »Erfolg« des Handelns. Und bei demjenigen idealen Maximum an Kenntnis jener Bedingungen, welches wir hier, wo es sich ja lediglich um die Aufhellung logischer Fragen handelt, einmal theoretisch zugrunde legen wollen und dürfen, – mag es in Wirklichkeit noch so selten, vielleicht nie, erreichbar sein – kann er die gleiche gedankliche Erwägung, welche sein »Held« mehr oder minder klar stellte oder »hätte stellen können«, seinerseits rückblickend vollziehen und also z. B. mit wesentlich günstigeren Chancen als Bismarck selbst die Frage aufwerfen: welche Folgen wären bei Fassung eines anderen Entschlusses zu »erwarten« gewesen. Es leuchtet ein, daß diese Betrachtung sehr weit davon entfernt ist, »müßig« zu sein. E. M. selbst wendet (S. 43) genau dies Verfahren auf jene beiden Schüsse an, welche in den Berliner Märztagen den Ausbruch des Straßenkampfes unmittelbar provozierten. Die Frage nach ihrer Entstehung, meint er, sei »historisch irrelevant«. Warum irrelevanter als die Erörterung der Entschlüsse Hannibals, Friedrichs des Großen, Bismarcks? »Die Dinge lagen so, daß irgendein beliebiger Zufall den Konflikt zum Ausbruch bringen mußte« (!). Man sieht, hier ist von E. M. selbst die angeblich »müßige« Frage beantwortet, was ohne jene Schüsse geschehen »wäre«, und dadurch ist deren historische »Bedeutung« (in diesem Fall: ihre Irrelevanz) entschieden worden. Bei den Entschlüssen Hannibals, Friedrichs, Bismarcks »lagen« dagegen offenbar, wenigstens nach E. M.s Ansicht, »die Dinge« anders und zwar nicht so, daß der Konflikt, sei es überhaupt, sei es unter den damaligen konkreten politischen Konstellationen, welche seinen Verlauf und Ausgang bestimmten, zum Ausbruch gekommen wäre, wenn der Entschluß anders ausfiel. Denn sonst wäre ja dieser Entschluß historisch so bedeutungslos wie jene Schüsse. Das Urteil, daß, wenn eine einzelne historische Tatsache in einem Komplex von historischen Bedingungen fehlend oder abgeändert gedacht wird, dies einen in bestimmten, historisch wichtigen Beziehungen abgeänderten Verlauf der historischen Ereignisse bedingt haben würde, scheint also doch für die Feststellung der »historischen Bedeutung« jener Tatsache von erheblichem Wert zu sein, mag auch der Historiker in praxi nur ausnahmsweise, nämlich im Falle der Strittigkeit eben jener »historischen Bedeutung«, veranlaßt sein, jenes Urteil bewußt und ausdrücklich zu entwickeln und zu begründen. Es ist klar, daß dieser Umstand zu einer Betrachtung des logischen Wesens solcher Urteile, welche aussagen, welcher Erfolg bei Fortlassung oder Abänderung einer kausalen Einzelkomponente aus einem Komplex von Bedingungen zu erwarten gewesen »wäre«, und ihrer Bedeutung für die Geschichte hätte auffordern müssen. Wir wollen versuchen, uns darüber etwas klarer zu werden.

Wie sehr die Geschichtslogik[2] noch im argen liegt, zeigt sich u. a. auch darin, daß über diese wichtige Frage weder Historiker, noch Methodologen der Geschichte, sondern Vertreter weit abliegender Fächer die maßgebenden Untersuchungen angestellt haben.

Die Theorie der sogenannten »objektiven Möglichkeit«, um welche es sich hier handelt, beruht auf den Arbeiten des ausgezeichneten Physiologen v. Kries[3] und die gebräuch-

---

2 Die weiterhin erörterten Kategorien finden, wie ausdrücklich bemerkt sein mag, nicht etwa nur auf dem Gebiet der üblicherweise so genannten Fachdisziplin der »Geschichte« ihre Anwendung, sondern bei der »historischen« Zurechnung jedes individuellen Ereignisses, auch eines solchen der »toten Natur«. Die Kategorie des »Historischen« ist hier ein logischer, nicht fach-technischer Begriff.

3 Über den Begriff der objektiven Möglichkeit und einige Anwendungen desselben, Leipzig 1888. Wichtige Ausgangspunkte dieser Erörterungen sind von v. Kries zuerst in seinen »Prinzipien der Wahrscheinlichkeitsrechnung« niedergelegt worden. Es sei hier von vornherein bemerkt, daß nach der Natur des

liche Verwendung dieses Begriffes auf den an v. Kries sich anschließenden oder ihn kritisierenden Arbeiten in erster Linie kriminalistischer, in zweiter anderer juristischer Schriftsteller, speziell Merkel, Rümelin, Liepmann, und neuestens, Radbruch[4]. In der Methodologie der Sozialwissenschaften ist bisher die Kriessche Gedankenreihe vorerst nur in der Statistik übernommen worden[5]. Daß gerade die

historischen »Objekts« nur die allerelementarsten Bestandteile der v. Kriesschen Theorie für die Geschichtsmethodologie Bedeutung haben. Die Übernahme von Prinzipien der im strengen Sinn sog. »Wahrscheinlichkeitsrechnung« kommt für die kausale Arbeit der Geschichte nicht nur, selbstverständlich, nicht in Betracht, sondern schon der Versuch einer analogen Verwertung ihrer Gesichtspunkte erheischt große Vorsicht.

4 Die am tiefsten eingreifende Kritik hat bisher Radbruch (Die Lehre von der adäquaten Verursachung, N. F. Bd. 1 Heft 3 [1902] der Abhandlungen des v. Lisztschen Seminars; – bei ihm die wichtigste sonstige Literatur) an der Verwertung der v. Kriesschen Theorie für juristische Probleme geübt. Seiner prinzipiellen Zergliederung des Begriffes der »adäquaten Verursachung« wird erst weiterhin Rechnung getragen werden können, nachdem zunächst die Theorie in möglichst einfacher (und deshalb, wie sich zeigen wird, nur provisorischer, nicht endgültiger) Formulierung vorgetragen ist.

5 Sehr eng berührt sich mit den statistischen Theorien von v. Kries unter den Theoretikern der Statistik L. v. Bortkiewitsch, Die erkenntnistheoretischen Grundlagen der Wahrscheinlichkeitsrechnung, Conrads Jahrbücher, 3. Folge Bd. XVII (vgl. auch Bd. XVIII) und: Die Theorie der Bevölkerungs- und Moralstatistik nach Lexis (ebenda Bd. XXVII). Auf dem Boden der v. Kriesschen Theorie steht ferner A. Tschuprow, dessen Artikel über Moralstatistik im Brockhaus-Ephronschen Enzyklopädischen Wörterbuch mir leider nicht zugänglich war. Vgl. seinen Artikel über die Aufgaben der Theorie der Statistik in Schmollers Jahrbuch 1905, S. 421 f. Der Kritik Th. Kistiakowskis (in dem früher angeführten Aufsatz in den »Problemen des Idealismus«, S. 378 ff.), die freilich vorerst nur, unter Vorbehalt der näheren Ausführung, skizziert vorliegt, kann ich nicht beitreten. Er wirft (S. 379) der Theorie zunächst die Verwendung eines falschen, auf der Millschen Logik beruhenden Ursachenbegriffes vor, speziell den Gebrauch der Kategorie der »zusammengesetzten« und der »Teilursachen«, welcher seinerseits wieder auf einer anthropomorphen Deutung der Kausalität (im Sinn des »Wirkens«) beruhe (das letztere deutet auch Radbruch, a. a. O. S. 22 an). Allein der Gedanke des »Wirkens« oder, wie man es farbloser, aber dem Sinn nach durchaus identisch, auch ausgedrückt hat: des »kausalen Bandes«, ist von jeder Kausalbetrachtung, welche auf individuelle qualitative Veränderungsreihen reflektiert, durchaus unzertrennlich. Davon, daß er nicht mit unnötigen und bedenklichen metaphysischen Voraussetzungen belastet werden darf (und auch nicht muß), wird später die Rede sein. (Siehe über Ursa-

Juristen, in erster Linie die Kriminalisten, das Problem behandelten, ist naturgemäß, da die Frage nach der strafrechtlichen Schuld, insoweit sie das Problem enthält: unter welchen Umständen man behaupten könne, daß jemand durch sein Handeln einen bestimmten äußeren Erfolg »verursacht« habe, reine Kausalitätsfrage ist, – und zwar offenbar von der gleichen logischen Struktur wie die historische Kausalitätsfrage. Denn ebenso wie die Geschichte sind die Probleme der praktischen sozialen Beziehungen der Menschen zueinander und insbesondere der Rechtspflege »anthropozentrisch« orientiert, d. h. sie fragen nach der kausalen Bedeutung menschlicher »Handlungen«. Und ebenso wie bei der Frage nach der ursächlichen Bedingtheit eines konkreten, eventuell strafrechtlich zu sühnenden oder zivilrechtlich zu ersetzenden schädigenden Erfolges, richtet sich auch das Kausalitätsproblem des Historikers stets auf die Zurechnung konkreter Erfolge zu konkreten Ursachen, nicht auf die Ergründung abstrakter »Gesetzlichkeiten«. Von dem gemeinsamen Wege biegt die Jurisprudenz, speziell die Kri-

chenpluralität und Elementarursachen die Darlegungen Tschuprows a. a. O. S. 436). Hier sei nur noch bemerkt: die »Möglichkeit« ist eine »formende« Kategorie, d. h. sie tritt in der Art in Funktion, daß sie die Auslese der in die historische Darstellung aufzunehmenden kausalen Glieder bestimmt. Der historisch geformte Stoff enthält dagegen an »Möglichkeit« wenigstens dem Ideal nach nichts: die geschichtliche Darstellung gelangt zwar subjektiv nur sehr selten zu Notwendigkeits-Urteilen, aber sie steht, objektiv, zweifellos stets unter der Voraussetzung: daß die »Ursachen«, welchen der Erfolg »zugerechnet« wird, – wohlgemerkt natürlich: in Verbindung mit jener Unendlichkeit von »Bedingungen«, welche als wissenschaftlich »interesselos« in der Darstellung nur summarisch angedeutet sind – als schlechthin »zureichende Gründe« seines Eintrittes zu gelten haben. Daher involviert die Verwendung jener Kategorie nicht im geringsten die von der Kausalitätstheorie längst überwundene Vorstellung, als ob irgendwelche Glieder realer Kausalzusammenhänge bis zu ihrem Eintritte in die ursächliche Verkettung gewissermaßen »in der Schwebe« gewesen wären. Den Gegensatz seiner Theorie gegen diejenige J. St. Mills hat v. Kries selbst (a. a. O. S. 107) in m. E. durchaus überzeugender Weise dargelegt. Darüber siehe weiter unten. Richtig ist nur, daß auch Mill die Kategorie der objektiven Möglichkeit erörtert und dabei gelegentlich auch (s. Werke, deutsche Ausg. v. Th. Gomperz, Bd. III S. 262) den Begriff der »adäquaten Verursachung« gebildet hat.

minalistik zu einer ihr spezifischen Problemstellung allerdings wieder ab infolge des Hinzutretens der weiteren Frage:
ob und wann die o b j e k t i v e , rein kausale, Zurechnung des
Erfolges zu der Handlung eines Individuums auch zu deren
Qualifizierung als seiner s u b j e k t i v e n »Schuld« ausreichend sei. Denn diese Frage ist nicht mehr ein rein kausales,
durch bloße Feststellung »objektiv«, durch Wahrnehmung
und kausale Deutung, zu ermittelnder Tatsachen lösbares
Problem, sondern ein solches der an ethischen und anderen
Werten orientierten Kriminalpolitik. Denn es ist a priori
möglich und tatsächlich häufig, heute regelmäßig, der Fall,
daß der ausdrücklich ausgesprochene oder durch Interpretation zu ermittelnde Sinn der Rechtsnormen dahin geht, daß
das Vorhandensein einer »Schuld« im Sinne des betreffenden
Rechtssatzes in erster Linie von gewissen s u b j e k t i v e n Tat-
beständen auf Seite des Handelnden (Absicht, s u b j e k t i v
bedingtes »Voraussehenkönnen« des Erfolges u. dgl.) abhängen solle, und dadurch kann die Bedeutung der kategorialen
Unterschiede der kausalen Verknüpfungsweise erheblich
alteriert werden[6]. Allein auf den ersten Stadien der Erörterung hat dieser Unterschied des Untersuchungszwecks noch
keine Bedeutung. Wir fragen zunächst, durchaus gemeinsam
mit der juristischen Theorie: wie ist eine Zurechnung eines
konkreten »Erfolges« zu einer einzelnen »Ursache« überhaupt prinzipiell m ö g l i c h und vollziehbar angesichts dessen, daß in Wahrheit stets eine U n e n d l i c h k e i t von ursäch-

---

6 Das moderne Recht richtet sich gegen den Täter, nicht die Tat (cf. Radbruch
a. a. O. S. 62) und fragt nach der subjektiven »Schuld«, während die
Geschichte, solange sie empirische Wissenschaft bleiben will, nach den »objektiven« G r ü n d e n konkreter Vorgänge und nach der Folge konkreter »Taten«
fragt, nicht aber über den »Täter« zu Gericht sitzen will. Die Kritik Radbruchs
gegen v. Kries fußt ganz mit Recht auf jenem grundlegenden Prinzip des modernen – nicht jeden – Rechts. Daher gesteht er selbst aber in den Fällen der sog.
Erfolgsdelikte (S. 65), der Haftung wegen »abstrakter Einwirkungsmöglichkeit«
(S. 71), der Haftung für Gewinnausfälle, und der Haftung von »Zurechnungs-
unfähigen«, d. h. überall da, wo lediglich die »objektive« Kausalität in Frage
kommt (S. 80), die Geltung der Kriesschen Lehre zu. In gleicher l o g i s c h e r
Lage mit jenen Fällen befindet sich aber eben die Geschichte.

lichen Momenten das Zustandekommen des einzelnen »Vorgangs« bedingt hat, und daß für das Zustandekommen des Erfolges in seiner konkreten Gestalt ja schlechthin alle jene einzelnen ursächlichen Momente unentbehrlich waren?

Die Möglichkeit einer Auslese unter der Unendlichkeit der Determinanten ist nun zunächst durch die Art unseres historischen Interesses bedingt. Wenn man sagt, daß die Geschichte die konkrete Wirklichkeit eines »Ereignisses« in seiner Individualität kausal zu verstehen habe, so ist damit, wie wir schon sahen, selbstverständlich nicht gemeint, daß sie dasselbe in der Gesamtheit seiner individuellen Qualitäten unverkürzt zu »reproduzieren« und kausal zu erklären habe: das wäre eine nicht nur faktisch unmögliche, sondern prinzipiell sinnlose Aufgabe. Sondern es kommt der Geschichte ausschließlich auf die kausale Erklärung derjenigen »Bestandteile« und »Seiten« des betreffenden Ereignisses an, welche unter bestimmten Gesichtspunkten von »allgemeiner Bedeutung« und deshalb von historischem Interesse sind, genau ebenso, wie für die Erwägungen des Richters nicht der gesamte individuelle Ablauf des Geschehnisses, sondern die für die Subsumtion unter die Normen wesentlichen Bestandteile desselben allein in Betracht kommen. Ihn interessiert – ganz abgesehen von der Unendlichkeit »absolut« trivialer Einzelheiten – nicht einmal alles, was für andere, naturwissenschaftliche, historische, künstlerische Betrachtungsweisen von Interesse sein kann: nicht, ob der tödliche Stich den Tod unter Nebenerscheinungen »herbeiführte«, die für den Physiologen recht interessant sein mögen, nicht, ob die Pose des Toten oder des Mörders ein geeigneter Gegenstand künstlerischer Darstellung hätte sein können, nicht, ob etwa der Tod einem unbeteiligten »Hintermann« in der Beamtenhierarchie zum »Aufrücken« half, also, von dessen Standpunkt aus, kausal »wertvoll« wurde, oder aber etwa Anlaß zu bestimmten sicherheitspolizeilichen Anordnungen wurde, vielleicht gar internationale Konflikte schuf und sich so »historisch« bedeutsam zeigte. Das für ihn allein Relevante ist: ob die Kausalkette zwischen Stich und Tod derart gestaltet und der subjektive Habitus des Täters und sein Verhältnis zur Tat ein solches war, daß eine bestimmte strafrechtliche Norm anwendbar wird. Den Historiker andererseits interessieren z. B. am Tode Cäsars weder die kriminalistischen noch die medizinischen Probleme, die der »Fall« dargeboten haben könnte, noch die Einzelheiten des Hergangs, soweit sie nicht etwa entweder für die »Charakteristik« Cäsars, oder für die »Charakteristik« der Parteilage in Rom – also als »Erkenntnismittel« – oder endlich für den »politischen Effekt« seines Todes – also als »Realursache« – von Erheblichkeit sind. Sondern ihn beschäftigt daran zunächst allein der Umstand, daß der Tod gerade damals unter einer konkreten politischen Konstellation, eintrat, und er erörtert die daran anknüpfende Frage, ob dieser Umstand etwa bestimmte für den Ablauf der »Weltgeschichte« erhebliche »Folgen« gehabt hat.

Wie für die juristische, so ergibt sich auch für die historische Zurechnungsfrage dadurch die Ausscheidung einer Unendlichkeit von Bestandteilen des wirklichen Herganges als »kausal irrelevant«, denn ein einzelner Umstand ist, wie wir sahen, nicht nur dann unerheblich, wenn er mit dem zur Erörterung stehenden Ereignis in gar keiner Beziehung stand, dergestalt, daß wir ihn wegdenken können, ohne daß irgendeine Änderung des tatsächlichen Verlaufes eingetreten »wäre«, sondern schon dann, wenn die in concreto wesentlichen und allein interessierenden Bestandteile jenes Verlaufes durch ihn nicht mitverursacht erscheinen.

Unsere eigentliche Frage ist ja nun aber: durch welche logischen Operationen gewinnen wir die Einsicht und vermögen wir sie demonstrierend zu begründen, daß eine solche Kausalbeziehung zwischen jenen »wesentlichen« Bestandteilen des Erfolges und bestimmten Bestandteilen aus der Unendlichkeit determinierender Momente vorliegt. Offenbar nicht durch einfache »Beobachtung« des Herganges, – dann jedenfalls nicht, wenn man darunter ein »voraussetzungsloses«, geistiges »Photographieren« aller in dem fraglichen Raum-

und Zeitabschnitt vorgefallenen physischen und psychischen Hergänge versteht, selbst wenn ein solches möglich wäre. Sondern die kausale Zurechnung vollzieht sich in Gestalt eines Gedankenprozesses, welcher eine Serie von A b s t r a k - t i o n e n enthält. Die erste und entscheidende ist nun eben die, daß wir von den tatsächlichen kausalen Komponenten des Verlaufs eine oder einige in bestimmter Richtung abgeändert d e n k e n und uns fragen, ob unter den dergestalt abgeänderten Bedingungen des Hergangs der (in den »wesentlichen« Punkten) gleiche Erfolg oder w e l c h e r a n d e r e »zu erwarten gewesen« wäre. Nehmen wir ein Beispiel aus Eduard Meyers eigener Praxis. Niemand hat so plastisch und klar wie er die welthistorische »Tragweite« der Perserkriege für die abendländische Kulturentwicklung klargelegt. Wie aber geschieht dies, logisch betrachtet? Im wesentlichen, indem entwickelt wird, daß zwischen den beiden »M ö g l i c h k e i - t e n «: Entfaltung einer theokratisch-religiösen Kultur, deren Ansätze in den Mysterien und Orakeln vorlagen, unter der Ägide des persischen Protektorats, welches möglichst über- all, so bei den Juden, die nationale Religion als Herrschafts- mittel nutzte, auf der einen Seite, und dem Siege der diesseitig gewendeten, freien hellenischen Geisteswelt, welche uns jene Kulturwerte schenkte, von denen wir noch heute zehren, die »Entscheidung« fiel durch ein Gefecht von den winzigen Dimensionen der »Schlacht« bei Marathon, welche ja die unerläßliche »Vorbedingung« der Entstehung der attischen Flotte und also des weiteren Verlaufes des Freiheitskampfes, der Rettung der Selbständigkeit der hellenischen Kultur, der positiven Anregung zu dem Beginn der spezifisch abendlän- dischen Historiographie, der Vollentwicklung des Dramas und all jenes einzigartigen Geisteslebens darstellte, welches auf dieser – rein quantitativ gemessen – Duodezbühne der Weltgeschichte sich abspielte.

Und daß jene Schlacht die »Entscheidung« zwischen jenen »Möglichkeiten« brachte oder doch sehr wesentlich beeinflußte, ist offenbar der schlechthin einzige Grund, weshalb u n s e r – die wir keine Athener sind – historisches Interesse überhaupt an ihr haftet. Ohne Abschätzung jener »Möglichkeiten« und der unersetzlichen Kulturwerte, welche für unsere rückschauende Betrachtung an jener Entscheidung »hingen«, wäre eine Feststellung ihrer »Bedeutung« unmöglich und es wäre dann in der Tat nicht abzusehen, weshalb wir sie nicht mit einer Prügelei zwischen zwei Kaffern- oder Indianerstämmen gleichwerten und also mit den stumpfsinnigen »Grundgedanken« der Helmoltschen »Weltgeschichte« wirklich und gründlicher Ernst machen sollten, als es in diesem »modernen« Sammelwerk[7] geschehen ist. Wenn also moderne Historiker, sobald sie durch eine Sache genötigt werden, die »Bedeutung« eines konkreten Ereignisses durch a u s d r ü c k l i c h e Überlegung und Darlegung der »Möglichkeiten« der Entwicklung zu umgrenzen, sich wegen ihrer Verwendung dieser scheinbar antideterministischen Kategorie zu entschuldigen pflegen, so ist das logisch ganz unbegründet. Wenn z. B. K. Hampe in seinem »Konradin« nach einer sehr lehrreichen Darlegung der historischen »Bedeutung« der Schlacht bei Tagliacozzo an der Hand der Erwägung der verschiedenen »Möglichkeiten«, zwischen welchen ihr rein »zufälliger«, d. h. durch ganz individuelle taktische Vorgänge bestimmter, Ausgang »entschied«, plötzlich einlenkend beifügt: »Aber die Geschichte kennt keine Möglichkeiten«, – so ist darauf zu antworten: Das, unter deterministischen Axiomen »objektiviert« gedachte, »Geschehen« »kennt« sie nicht, weil es eben überhaupt keine Begriffe »kennt«, – die » G e s c h i c h t e « kennt sie i m m e r , vorausgesetzt, daß sie Wissenschaft sein will. In jeder Zeile jeder histo-

---

7 Selbstredend gilt dies Urteil nicht den einzelnen in diesem Werk enthaltenen Aufsätzen, unter denen sich vortreffliche, aber dann auch in der »Methode« durchaus »altmodische« Leistungen finden. Der Gedanke einer Art von »sozialpolitischer« Gerechtigkeit aber, der die so schnöde vernachlässigten Indianer- und Kaffernstämme in der Geschichte gern – endlich, endlich! – doch mindestens ebenso wichtig nehmen möchte, wie etwa die Athener, und der, um diese Gerechtigkeit auch recht deutlich zu markieren, zu einer geographischen Stoffanordnung greift, ist eben kindlich.

rischen Darstellung, ja in jeder Auswahl von Archivalien und
Urkunden zur Publikation, stecken »Möglichkeitsurteile«
oder richtiger: müssen sie stecken, wenn die Publikation
»Erkenntniswert« haben soll.

Was heißt es denn nun aber, wenn wir von mehreren
»Möglichkeiten« sprechen, zwischen denen jene Kämpfe
»entschieden« haben sollen? Es bedeutet zunächst jedenfalls
die Schaffung von – sagen wir ruhig: – Phantasiebildern
durch Absehen von einem oder mehreren der in der Realität
faktisch vorhanden gewesenen Bestandteile der »Wirklichkeit« und durch die denkende Konstruktion eines in bezug
auf eine oder einige »Bedingungen« abgeänderten Herganges.
Schon der erste Schritt zum historischen Urteil ist also – darauf liegt hier der Nachdruck – ein Abstraktionsprozeß,
der durch Analyse und gedankliche Isolierung der Bestandteile des unmittelbar Gegebenen, – welches eben als ein Komplex möglicher ursächlicher Beziehungen angesehen wird,
– verläuft und in eine Synthese des »wirklichen« ursächlichen
Zusammenhanges ausmünden soll. Schon dieser erste Schritt
verwandelt mithin die gegebene »Wirklichkeit«, um sie zur
historischen »Tatsache« zu machen, in ein Gedankengebilde: in der »Tatsache« steckt eben, mit Goethe zu reden,
»Theorie«.

Betrachtet man nun aber diese »Möglichkeitsurteile« –
d. h. die Aussagen über das, was bei Ausschaltung oder
Abänderung gewisser Bedingungen geworden »wäre« –
noch etwas genauer und fragt zunächst danach: wie wir denn
eigentlich zu ihnen gelangen? – so kann es keinem Zweifel
unterliegen, daß es sich durchweg um Isolationen und Generalisationen handelt, d. h. daß wir das »Gegebene« so weit
in »Bestandteile« zerlegen, bis jeder von diesen in eine
»Regel der Erfahrung« eingefügt und also festgestellt werden kann, welcher Erfolg von jedem einzelnen von ihnen, bei
Vorhandensein der anderen als »Bedingungen«, nach einer
Erfahrungsregel zu »erwarten« gewesen »wäre«. Ein
»Möglichkeits«urteil in dem Sinne, in welchem der Ausdruck

hier gebraucht ist, bedeutet also stets die Bezugnahme auf Erfahrungsregeln. Die Kategorie der »Möglichkeit« kommt also nicht in ihrer negativen Gestalt zur Verwendung, in dem Sinne also, daß sie ein Ausdruck unseres Nicht- resp. Nichtvollständig-Wissens im Gegensatz zum assertorischen oder apodiktischen Urteil ist, sondern gerade umgekehrt bedeutet sie hier die Bezugnahme auf ein positives Wissen von »Regeln des Geschehens«, auf unser »nomologisches« Wissen, wie man zu sagen pflegt.

Wenn auf die Frage, ob ein bestimmter Eisenbahnzug eine Station bereits passiert habe, geantwortet wird: »es ist möglich«, so bedeutet diese Aussage die Feststellung, daß der Betreffende subjektiv keine Tatsache kenne, welche diese Annahme ausschließe, aber auch ihre Richtigkeit zu behaupten nicht in der Lage sei: »Nichtwissen« also. Wenn aber Eduard Meyer urteilt, daß eine theokratisch-religiöse Entwicklung in Hellas zur Zeit der Schlacht bei Marathon »möglich« oder unter gewissen Eventualitäten »wahrscheinlich« gewesen sei, so bedeutet dies dagegen die Behauptung, daß gewisse Bestandteile des historisch Gegebenen objektiv vorgelegen haben, und das heißt: objektiv gültig feststellbar seien, welche, wenn wir die Schlacht bei Marathon (und, natürlich, noch eine erhebliche Anzahl anderer Bestandteile des faktischen Verlaufs) wegdenken oder anders ablaufend denken, nach allgemeinen Erfahrungsregeln eine solche Entwicklung herbeizuführen positiv »geeignet« waren, wie wir in Anlehnung an eine in der Kriminalistik gebräuchliche Wendung vorerst einmal sagen wollen. Das »Wissen«, auf welches ein solches Urteil zur Begründung der »Bedeutung« der Schlacht bei Marathon sich stützt, ist nach allem bisher Ausgeführten einerseits Wissen von bestimmten quellenmäßig erweislichen zur »historischen Situation« gehörigen »Tatsachen« (»ontologisches« Wissen), andererseits – wie wir schon sahen – Wissen von bestimmten bekannten Erfahrungsregeln, insbesondere über die Art, wie Menschen auf gegebene Situationen zu reagieren pflegen (»nomologisches Wissen«). Die Art der »Geltung« dieser »Erfahrungsregeln« werden wir später betrachten. Jedenfalls steht fest: um seine für die »Bedeutung« der Schlacht bei Marathon entscheidende These zu erweisen, müßte E. M., im Falle ihrer Bestreitung, jene »Situation« so weit in ihre »Bestandteile« zergliedern, daß unsere »Phantasie« auf dieses »ontologische« Wissen unser, aus der eigenen Lebenspraxis und der Kenntnis von dem Verhalten anderer geschöpftes »nomologisches« Erfahrungswissen anwenden und wir alsdann positiv urteilen könnten, daß das Zusammenwirken jener Tatsachen – unter den in bestimmter Art abgeändert gedachten Bedingungen – den als »objektiv möglich« behaupteten Erfolg herbeiführen »konnte«, d. h. aber nur: daß, wenn wir ihn uns als faktisch eingetreten »denken«, wir die in jener Art abgeändert gedachten Tatsachen als »zureichende Ursachen« anerkennen würden.

Die im Interesse der Unzweideutigkeit notgedrungen etwas umständliche Formulierung dieses einfachen Sachverhaltes zeigt, daß sich die Formulierung des historischen Kausalzusammenhanges nicht nur der Abstraktion in ihren beiden Wendungen: Isolierung und Generalisierung, bedient, sondern daß das einfachste historische Urteil über die geschichtliche »Bedeutung« einer »konkreten Tatsache«, weit entfernt, eine einfache Registrierung des »Vorgefundenen« zu sein, vielmehr nicht nur ein kategorial geformtes Gedankengebilde darstellt, sondern auch sachlich nur dadurch Gültigkeit empfängt, daß wir zu der »gegebenen« Wirklichkeit den ganzen Schatz unseres »nomologischen« Erfahrungswissens hinzubringen.

Der Historiker wird gegenüber dem Gesagten nur geltend machen[8], daß der faktische Hergang der historischen Arbeit und der faktische Gehalt der historischen Darstellung ein anderer sei. Der »Takt« oder die »Intuition« des Historikers,

---

8 Ausführliches über das im folgenden Gesagte s. meine Ausführungen in Schmollers Jahrbuch, Januarheft 1906 [»Roscher und Knies, III«, in: »Schmollers Jahrbuch für Gesetzgebung, Verwaltung und Volkswirtschaft« 30 (1906) S. 81–120].

nicht aber Generalisationen und Besinnung auf »Regeln« seien es, welche die Kausalzusammenhänge erschlössen: der Unterschied gegen die naturwissenschaftliche Arbeit bestehe ja gerade darin, daß der Historiker es mit der Erklärung von Vorgängen und Persönlichkeiten zu tun habe, welche unmittelbar nach Analogie unseres eigenen geistigen Wesens »gedeutet« und »verstanden« würden; und in der Darstellung des Historikers vollends komme es wiederum auf den »Takt« an, auf die suggerierende Anschaulichkeit seines Berichts, welcher den Leser das Dargestellte »nacherleben« lasse, ähnlich wie es die Intuition des Historikers selbst erlebt und erschaut, nicht aber räsonierend erklügelt habe. Überdies aber sei jenes objektive Möglichkeitsurteil über das, was nach allgemeinen Regeln der Erfahrung geschehen »wäre«, wenn eine kausale Einzelkomponente ausgeschaltet oder abgeändert gedacht wird, sehr oft höchst unsicher und oft genug überhaupt nicht zu gewinnen, so daß diese Unterlage der historischen »Zurechnung« faktisch permanent dem Versagen ausgesetzt sei, also unmöglich für den logischen Wert der historischen Erkenntnis konstitutiv sein könne. – In solchen Argumentationen ist nun zunächst verschiedenerlei verwechselt, nämlich der psychologische Hergang der Entstehung einer wissenschaftlichen Erkenntnis und die im Interesse der »psychologischen« Beeinflussung des Lesers gewählte »künstlerische« Form der Darbietung des Erkannten auf der einen Seite mit der logischen Struktur der Erkenntnis auf der anderen.

Ranke »erriet« die Vergangenheit, und auch um die Fortschritte des Erkennens eines Historikers minderen Ranges ist es übel bestellt, wenn er über diese Gabe der »Intuition« gar nicht verfügt: dann bleibt er eine Art historischer Subalternbeamter. – Aber mit den wirklich großen Erkenntnissen der Mathematik und Naturwissenschaft steht es absolut nicht anders: sie alle blitzen als Hypothese »intuitiv« in der Phantasie auf und werden alsdann an den Tatsachen »verifiziert«, d. h. unter Verwertung des bereits gewonnenen Erfahrungswissens auf ihre »Gültigkeit« untersucht und logisch korrekt »formuliert«. Ganz ebenso in der Geschichte: wenn hier die Gebundenheit der Erkenntnis des »Wesentlichen« an die Verwendung des Begriffes der objektiven Möglichkeit behauptet wurde, so sollte damit nichts über die psychologisch interessante, aber uns hier nicht beschäftigende Frage: wie eine historische Hypothese im Geist des Forschers entsteht, ausgesagt werden, sondern über die Frage, in welcher logischen Kategorie sie im Zweifels- und Bestreitungsfalle als gültig zu demonstrieren sei, denn das bestimmt ihre logische »Struktur«. Und wenn in der Form seiner Darstellung der Historiker das logische Resultat seiner historischen Kausalurteile dem Leser ohne Vorrechnung der Erkenntnisgründe mitteilt, ihm den Hergang »suggeriert«, statt pedantisch zu »räsonieren«, so wäre seine Darstellung doch ein historischer Roman und keine wissenschaftliche Feststellung, wenn das feste Skelett der kausalen Zurechnung hinter der künstlerisch geformten Außenseite fehlte. Auf dieses Skelett kommt es der trockenen Betrachtungsweise der Logik nun einmal allein an, denn auch die historische Darstellung beansprucht »Geltung« als »Wahrheit« und diese Geltung erlangt diejenige wichtigste Seite ihrer Arbeit, die wir bisher allein betrachteten, der kausale Regressus, eben lediglich, wenn er im Bestreitungsfalle die Probe jener Isolation und Generalisation der kausalen Einzelkomponenten unter Benutzung der Kategorie der objektiven Möglichkeit und der so ermöglichten zurechnenden Synthese bestanden hat.

Es ist nun aber klar, daß ganz in derselben Weise, wie die kausale Entwicklung der »historischen Bedeutung« der Schlacht bei Marathon durch Isolierung, Generalisierung und Konstruktion von Möglichkeitsurteilen auch die kausale Analyse persönlichen Handelns logisch vor sich geht. Nehmen wir gleich einen Grenzfall: die denkende Analyse des eigenen Handelns, von welcher das logisch ungeschulte Empfinden zu glauben geneigt ist, daß sie doch sicherlich keinerlei »logische« Probleme darbiete, da sie ja unmittelbar im Erlebnis gegeben und – geistige »Gesundheit« vorausgesetzt – ohne weiteres »verständlich«, daher natürlich auch alsbald in der Erinnerung »nachbildbar« sei. Sehr einfache Erwägungen zeigen, daß dem eben doch nicht so ist, daß die »gültige« Antwort auf die Frage: weshalb habe ich so gehandelt? ein kategorial geformtes, nur unter Verwendung von Abstraktionen in die Sphäre des demonstrierbaren Urteils zu erhebendes, Gebilde darstellt, – trotzdem hier ja die »Demonstration« vor dem eigenen Forum des »Handelnden« geführt wird.

Nehmen wir an, eine temperamentvolle junge Mutter werde durch gewisse Ungebärdigkeiten ihres Kleinen ennuyiert, und als gute Deutsche, welche nicht der Theorie jener schönen Buschschen Worte huldigt: »Oberflächlich ist der Hieb, – nur des Geistes Kraft allein – dringet in die Seele ein«, versetzte sie ihm ein gründliche Ohrfeige. Nehmen wir nun aber weiter an, sie sei immerhin soweit »von des Gedankens Blässe angekränkelt«, um sich nachträglich, sei es über die »pädagogische Zweckmäßigkeit«, sei es über die »Gerechtigkeit« der Ohrfeige oder wenigstens der dabei entwickelten erheblichen »Kraftentfaltung« »einige Sekunden lang »Gedanken zu machen«, oder – noch besser – nehmen wir an, das Geheul des Kindes löse in dem pater familias, der, als Deutscher, von seinem überlegenen Verständnis aller Dinge, und so auch der Kindererziehung, überzeugt ist, das Bedürfnis aus, »ihr« unter »teleologischen« Gesichtspunkten Vorhaltungen zu machen; – dann wird »sie« z. B. etwa die Erwägung anstellen und zu ihrer Entschuldigung geltend machen, daß, wenn sie in jenem Augenblick nicht, nehmen wir an: durch einen Zank mit der Köchin, »aufgeregt« gewesen wäre, jenes Zuchtmittel entweder gar nicht oder doch »nicht so« appliziert worden wäre, und dies ihm zuzugestehen geneigt sein: »er wisse ja, sie sei sonst nicht so«. Sie verweist ihn damit auf sein »Erfahrungswissen« über ihre »konstanten Motive«, welche unter der überwiegenden Zahl aller überhaupt möglichen Konstellationen einen anderen, weniger irrationalen

Effekt herbeigeführt haben würden. Sie nimmt, mit anderen Worten, für sich in Anspruch, daß jene Ohrfeige ihrerseits eine »zufällige«, nicht eine »adäquat« verursachte Reaktion auf das Verhalten ihres Kindes gewesen sei, wie wir in Vorwegnahme der gleich zu erörternden Terminologie sagen wollen.

Schon jene eheliche Zwiesprache hat also genügt, um aus jenem »Erlebnis« ein kategorialgeformtes »Objekt« zu machen, und wenn auch die junge Frau, falls ihr ein Logiker eröffnet, sie habe eine »kausale Zurechnung« nach Art des Historikers vollzogen, sie habe zu diesem Zweck »objektive Möglichkeitsurteile« gefällt und sogar mit der gleich näher zu besprechenden Kategorie der »adäquaten Verursachung« operiert, sicherlich ganz ebenso erstaunt sein würde, wie jener Philister bei Molière, der zu seiner freudigen Überraschung erfährt, daß er zeitlebens »Prosa« gesprochen habe, – vor dem Forum der Logik ist es nun einmal nicht anders. Nie und nirgends ist eine gedankliche Erkenntnis selbst eines eigenen Erlebnisses ein wirkliches »Wiedererleben« oder eine einfache »Photographie« des Erlebten, stets gewinnt das »Erlebnis«, zum »Objekt« gemacht, Perspektiven und Zusammenhänge, die im »Erleben« eben nicht »gewußt« werden. Das Sich-Vorstellen einer vergangenen eigenen Handlung im Nachdenken darüber verhält sich dabei in dieser Hinsicht durchaus nicht anders als das Sich-Vorstellen eines vergangenen, selbst »erlebten« oder von anderen berichteten konkreten »Naturvorganges«. Es wird wohl nicht nötig sein, die Allgemeingültigkeit dieses Satzes an komplizierten Beispielen weiter zu erläutern[9] und ausdrück-

---

[9] Nur noch ein Beispiel, welches K. Voßler a. a. O. [»Die Sprache als Schöpfung und Entwicklung«, Heidelberg 1905] S. 101 f. analysiert, um die Ohnmacht der »Gesetzes«bildung zu illustrieren, sei hier kurz betrachtet. Er erwähnt gewisse Spracheigenheiten, welche innerhalb seiner Familie, »einer italienischen Sprachinsel im Meer der deutschen Rede«, von seinen Kindern ausgebildet und von den Eltern im Sprechen mit den Kindern nachgeahmt wurden und deren Entstehung auf ganz konkrete Anlässe, die in der Erinnerung völlig klar zutage liegen, zurückgeht, – und fragt: »was will an diesen Fällen sprachlicher

lich festzustellen, daß wir bei der Analyse eines Entschlusses
Napoleons oder Bismarcks logisch ganz ebenso verfahren,
wie unsere deutsche Mutter im Beispiel. Der Unterschied,

Entwicklung die Völkerpsychologie« (und, dürfen wir in seinem Sinn hinzuset-
zen, jede »Gesetzeswissenschaft«) »noch erklären«? – Der Vorgang, für sich
allein betrachtet, ist in der Tat prima facie durchaus zureichend erklärt, und
dennoch ist damit nicht gesagt, daß er gar kein Objekt einer weiteren Bearbeitung und Verwertung mehr darstellen könne. Zunächst könnte der Umstand,
daß hier das Kausalverhältnis bestimmt feststellbar ist (denkbarerweise, denn
darauf kommt es ja hier allein an) als heuristisches Mittel verwendet werden, um
andere Vorgänge der Sprachentwicklung daraufhin zu prüfen, ob die gleiche
Kausalbeziehung bei ihnen wahrscheinlich gemacht werden kann: dies erfordert
aber, logisch betrachtet, die Einfügung des konkreten Falles in eine allgemeine
Regel. Voßler selbst hat denn auch (S. 102) diese Regel dahin formuliert: »die
häufiger gebrauchten Formen attrahieren die selteneren«. Aber damit nicht
genug. Die Kausalerklärung des vorliegenden Falls genügt, sagten wir, »prima
facie«. Aber es darf nicht vergessen werden, daß jeder, auch der scheinbar »einfachste« individuelle Kausalzusammenhang ins Unendliche hinein zerglie-
dert und gespalten werden kann und es nur eine Frage der Grenzen unseres
jeweiligen kausalen Interesses ist, an welchem Punkt wir haltmachen. Und im
vorliegenden Fall ist an sich durchaus nicht gesagt, daß unser kausales Bedürfnis
sich mit dem angegebenen »tatsächlichen« Verlauf zufriedengeben müsse.
Genaue Beobachtung würde möglicherweise z. B. lehren, daß jene »Attrak-
tion«, welche die kindliche Sprachumbildung bedingte, und ebenso die elterliche
Nachahmung dieser kindlichen Sprachschöpfungen bei verschiedenen Wortfor-
men in sehr verschiedenem Grade stattgefunden hat, und es würde die Frage
erhoben werden können, ob sich nicht etwas darüber aussagen lasse, warum die
eine oder die andere häufiger oder seltener oder überhaupt nicht aufgetreten ist.
Wir würden alsdann in unserem Kausalbedürfnis erst dann beruhigt sein, wenn
die Bedingungen dieses Auftretens in der Form von Regeln formuliert wären
und der konkrete Fall als eine besondere Konstellation, hervorgehend aus dem
»Zusammenwirken« solcher Regeln unter konkreten »Bedingungen«, »erklärt«
wäre. Damit hätte denn Voßler die verabscheute Gesetzesjägerei, Isolation und
Generalisation, mitten in seinem traulichen Heim. Und zwar noch dazu durch
eigene Schuld. Denn seine eigene allgemeine Fassung: »Analogie ist psychische
Machtfrage«, zwingt doch ganz unmittelbar zu der Frage, ob sich denn nun rein
gar nichts Generelles über die »psychischen« Bedingungen solcher »psychischen
Machtverhältnisse« ermitteln und aussagen lasse, und auf den ersten Blick zieht
sie also – in dieser Formulierung – anscheinend gerade Voßlers Hauptfeindin:
die »Psychologie«, geradezu mit Gewalt in diese Frage hinein. Wenn wir im
konkreten Fall uns mit der einfachen Darstellung des konkreten Hergangs
begnügen, so wird der Grund ein doppelter sein: einmal daß jene »Regeln«, die
sich etwa durch weitere Analyse ermitteln ließen, im konkreten Fall wohl keine
für die Wissenschaft neuen Einsichten bieten würden: – daß also das konkrete

daß ihr die »Innenseite« der zu analysierenden Handlung in der eigenen Erinnerung gegeben ist, während wir die Handlung eines Dritten von »außen« her »deuten« müssen, ist, entgegen dem naiven Vorurteil, lediglich ein gradueller Unterschied in der Zugänglichkeit und Vollständigkeit des »Materials«: – wir sind eben, wenn wir die »Persönlichkeit« eines Menschen »kompliziert« und schwer zu deuten finden, immer wieder geneigt zu glauben, e r s e l b s t müsse doch, falls er nur aufrichtig w o l l e, darüber bündige Auskunft zu erteilen in der Lage sein. Daß und warum dies nicht, ja oft das gerade Gegenteil der Fall ist, ist hier nicht weiter auszuführen.

Vielmehr wenden wir uns einer näheren Betrachtung der bisher nur in sehr allgemeiner Weise in ihrer Funktion gekennzeichneten Kategorie der »objektiven Möglichkeit« zu, und zwar speziell der Frage nach der Modalität der »Geltung« der »Möglichkeitsurteile«. Liegt nicht der Einwand nahe, daß die Einführung von »Möglichkeiten« in die »Kausalbetrachtung« den Verzicht auf kausale Erkenntnis überhaupt bedeute, daß, – trotz all dessen, was oben über die »objektive« Unterlage des Möglichkeitsurteils gesagt wurde, – faktisch, da die Feststellung des »möglichen« Herganges stets der »Phantasie« überlassen werden müsse, doch die Anerkennung der Bedeutung dieser Kategorie eben das Geständnis bedeute, daß subjektiver Willkür in der »Geschichtsschreibung« Tür und Tor offen stehe und sie eben deshalb keine »Wissenschaft« sei? In der Tat: was geworden »wäre«, wenn ein bestimmtes mitbedeutendes Moment in bestimmter Art abgeändert gedacht wird, – diese Frage ist positiv oft auch bei jener »idealen« Vollständigkeit

Ereignis als »Erkenntnismittel« keine erhebliche Bedeutung besitzt, und ferner, daß das konkrete Ereignis selbst, weil nur im engen Kreise wirksam geworden, keine universelle Tragweite für die Sprachentwicklung gewonnen hat, daß es auch als historische »Realursache« bedeutungslos blieb. Nur die Schranke unseres Interesses also, nicht die logische Sinnwidrigkeit bedingen, daß jener Vorgang in Voßlers Familie von der »Begriffsbildung« vermutlich verschont bleibt.

des Quellenmaterials durchaus n i c h t aus allgemeinen Erfahrungsregeln mit irgend erheblicher Wahrscheinlichkeit zu beantworten[10]. Allein dies ist auch nicht unbedingt erforderlich. – Die Erwägung der kausalen Bedeutung eines historischen Faktums wird zunächst mit der Fragestellung beginnen: ob bei Ausschaltung desselben aus dem Komplex der als mitbedingend in Betracht gezogenen Faktoren oder seiner Abänderung in einem bestimmten Sinne der Ablauf der Geschehnisse nach allgemeinen Erfahrungsregeln eine in den für unser Interesse e n t s c h e i d e n d e n Punkten i r g e n d w i e anders gestaltete Richtung hätte einschlagen k ö n n e n, – denn nur darauf, wie jene uns interessierenden »Seiten« der Erscheinung durch die einzelnen mitbedingenden Momente berührt werden, kommt es uns ja an. Ist freilich auch auf diese wesentlich negative Fragestellung ein entsprechendes »objektives Möglichkeitsurteil« n i c h t zu gewinnen, war also – was dasselbe besagt – nach Lage unseres Wissens auch bei Ausschaltung oder Abänderung jenes Faktums der Ablauf in den »historisch wichtigen«, d. h. uns interessierenden, Punkten nach allgemeinen Erfahrungsregeln g e r a d e s o, wie er abgelaufen ist, »zu erwarten«, d a n n ist jenes Faktum eben auch in der Tat kausal bedeutungslos und gehört absolut nicht in die Kette hinein, welche der kausale Regressus der Geschichte herstellen will und soll.

Die beiden Schüsse in der Berliner Märznacht gehören nach E. M. annähernd in diese Kategorie, – vollständig möglicherweise deshalb nicht, weil auch bei seiner Auffassung denkbarerweise doch wenigstens der Zeitpunkt des Ausbruches durch sie mitbedingt war und ein späterer Zeitpunkt auch einen anderen Verlauf bedeutet haben könnte.

Ist jedoch nach unserem Erfahrungswissen eine kausale Relevanz eines Moments mit Bezug auf die für die konkrete Betrachtung erheblichen Punkte anzunehmen, dann ist das objektive Möglichkeitsurteil, welches diese Relevanz aussagt,

---

10 Der Versuch, das, was geworden »wäre«, positiv zu konstruieren, kann, wenn er gemacht wird, zu monströsen Resultaten führen.

einer ganzen Skala von Graden der Bestimmtheit fähig.
Die Ansicht E. M.s, daß Bismarcks »Entschluß« in anderem Sinn als jene beiden Schüsse den Krieg von 1866 »herbeigeführt« habe, involviert die Behauptung, daß bei Ausschaltung dieses Entschlusses die sonst vorhandenen Determinanten uns einen »hohen Grad« von objektiver Möglichkeit einer (in den »wesentlichen« Punkten!) anderen Entwicklung, – etwa: Ablauf des preußisch-italienischen Vertrages, friedliche Abtretung Venetiens, Koalition Österreichs mit Frankreich oder durch eine Verschiebung der politischen und militärischen Lage, welche Napoleon faktisch zum »Herrn der Situation« gemacht hätte – annehmen lassen müssen. Das objektive »Möglichkeits«-Urteil läßt also seinem Wesen nach Gradabstufungen zu und man kann sich die logische Beziehung in Anlehnung an Prinzipien, welche bei der logischen Analyse der »Wahrscheinlichkeitsrechnung« zur Anwendung kommen, so vorstellen, daß man jene kausalen Komponenten, auf deren »möglichen« Erfolg sich das Urteil bezieht, isoliert der Gesamtheit aller übrigen als mit ihnen zusammenwirkend überhaupt denkbaren Bedingungen gegenübergestellt denkt und fragt, wie sich der Umkreis aller derjenigen Bedingungen, bei deren Hinzutritt jene isoliert gedachten Komponenten den »möglichen« Erfolg herbeizuführen »geeignet« waren, zu dem Umkreis aller derjenigen, bei deren Hinzutritt sie ihn »voraussichtlich« nicht herbeigeführt hätten, zueinander verhalten. Ein in irgendeinem Sinn »zahlenmäßig« zu schätzendes Verhältnis beider »Möglichkeiten« gewinnt man durch diese Operation natürlich in absolut gar keiner Weise. Derartiges gibt es nur auf dem Gebiet des »absoluten Zufalls« (im logischen Sinn), d. h. in Fällen, wo – wie z. B. beim Würfeln, bei der Ziehung von Kugeln verschiedener Farbe aus einer Urne, die stets die gleiche Mischung derselben enthält – bei einer sehr großen Zahl von Fällen bestimmte einfache und eindeutige Bedingungen sich absolut gleich bleiben, alle übrigen aber in einer unserer Kenntnis absolut entzogenen Weise variieren, und wo die-

jenige »Seite« des Erfolges, auf die es ankommt: – beim Würfeln die Zahl der Augen, beim Ziehen aus der Urne die Farbe der Kugeln –, in ihrer »Möglichkeit« durch jene konstanten und eindeutigen Bedingungen (Beschaffenheit des Würfels, Verteilung der Kugeln) dergestalt bestimmt wird, daß alle sonst denkbaren Umstände gar keine in einen generellen Erfahrungssatz zu bringende kausale Beziehung zu jenen »Möglichkeiten« aufweisen. Die Art, wie ich den Würfelbecher ergreife und rüttle, ehe ich werfe, ist eine absolut determinierende Komponente für die Zahl der Augen, die ich in concreto werfe, – aber es gibt trotz alles »Knobler«-Aberglaubens keinerlei Möglichkeit, einen Erfahrungssatz auch nur zu denken, der ausspräche, daß eine bestimmte Art, beides zu vollziehen, »geeignet sei«, das Werfen einer bestimmten Anzahl von Augen zu begünstigen: diese Kausalität also ist absolut »zufällige« Kausalität, d. h. wir sind zu der Aussage berechtigt, daß die physische Art des Würflers die Chancen, eine bestimmte Zahl von Augen zu werfen, »generell« nicht beeinflußt: bei jeder Art gelten uns die »Chancen« für jede der sechs möglichen Würfelseiten, nach oben zu fallen, als »gleich«. Dagegen gibt es einen generellen Erfahrungssatz, welcher aussagt, daß bei exzentrischer Lage des Würfelschwerpunktes eine »Begünstigung« einer bestimmten Seite dieses »falschen« Würfels, nach oben zu kommen, bei Hinzutritt beliebiger anderer konkreter Determinanten besteht und wir können das Maß dieser »Begünstigung«, der »objektiven Möglichkeit«, durch hinlänglich häufige Wiederholung des Würfelns sogar zahlenmäßig zum Ausdruck bringen. Trotz der Warnungstafel, die mit vollem Recht vor der Übertragung der Prinzipien der Wahrscheinlichkeitsrechnung auf andere Gebiete aufgerichtet zu werden pflegt, ist es nun klar, daß dieser letztere Fall seine Analogien auf dem Gebiet aller konkreten Kausalität hat und so auch der historischen, nur daß eben die zahlenmäßige Bestimmbarkeit, welche erstens den »absoluten Zufall« und zweitens bestimmte zählbare »Seiten« oder Ergebnisse als alleinigen Gegenstand des Interesses voraussetzt, hier durchweg fehlt. Allein trotz dieses Fehlens können wir nicht nur sehr wohl generell gültige Urteile dahin fällen, daß durch bestimmte Situationen eine in gewissen Merkmalen gleiche Art des Reagierens seitens der ihnen gegenübergestellten Menschen in mehr oder minder hohem Grade »begünstigt« werde, sondern wir sind, wenn wir einen solchen Satz formulieren, auch in der Lage, eine ungeheure Masse von möglicherweise hinzutretenden Umständen als solche zu bezeichnen, durch welche jene generelle »Begünstigung« nicht alteriert wird. Und wir können endlich den Grad der Begünstigung eines bestimmten Erfolges durch bestimmte »Bedingungen« zwar in durchaus keiner Weise eindeutig oder etwa gar nach Art einer Wahrscheinlichkeitsrechnung abschätzen, – wohl aber können wir, durch den Vergleich mit der Art, in welcher andere, abgeändert gedachte Bedingungen ihn »begünstigt« haben »würden«, den relativen »Grad« jener generellen Begünstigung einschätzen, und wenn wir diesen Vergleich in der »Phantasie« durch hinreichend viele denkbare Abänderungen der Konstellationen durchführen, dann ist ein immerhin erhebliches Maß von Bestimmtheit für ein Urteil über den »Grad« der objektiven Möglichkeit wenigstens prinzipiell – und diese Frage allein beschäftigt uns hier zunächst – denkbar. Nicht nur im Alltagsleben, sondern auch und gerade in der Geschichte verwenden wir nun solche Urteile über den »Grad« der »Begünstigung« konstant, ja ohne sie wäre eine Scheidung von kausal »Wichtigem« und »Unwichtigem« einfach gar nicht möglich und auch E. Meyer hat in seiner hier besprochenen Schrift unbedenklich davon Gebrauch gemacht. Wenn jene mehrfach erwähnten beiden Schüsse kausal »unwesentlich« waren, weil »irgendein beliebiger Zufall« nach E. M.s hier sachlich nicht zu kritisierender Ansicht »den Konflikt zum Ausbruch bringen mußte«, so heißt das doch, daß in der gegebenen historischen Konstellation bestimmte »Bedingungen« gedanklich isolierbar sind, welche bei einer ganz überwältigend großen Überzahl von, als möglicherweise hinzutretend, denkbaren, weiteren Bedingungen, eben jenen Effekt herbeigeführt haben würden, während der Umkreis solcher denkbarer ursächlicher Momente, bei deren Hinzutreten ein (in den »entscheidenden« Punkten!) anderer Erfolg uns als wahrscheinlich gelten würde, uns als ein, relativ, sehr begrenzter erscheint: daß er nach E. M.s Ansicht geradezu gleich Null gewesen sei, wollen wir, trotz des Ausdrucks: »mußte«, bei seiner sonstigen starken Betonung der Irrationalität des Historischen nicht annehmen.

Solche Fälle der Beziehung bestimmter, von der geschichtlichen Betrachtung zu einer Einheit zusammengefaßter und isoliert betrachteter Komplexe von »Bedingungen« zu einem eingetretenen »Erfolg«, welche diesem letztgenannten logischen Typus entsprechen, wollen wir im Anschluß an den seit den Kriesschen Arbeiten feststehenden Sprachgebrauch der juristischen Kausalitätstheoretiker »adäquate« Verursachung (jener Bestandteile des Erfolges durch jene Bedingungen) nennen und, ganz ebenso wie dies E. Meyer – der nur eben diesen Begriff nicht klar bildet – ja auch tut, von »zufälliger« Verursachung da sprechen, wo für die historisch in Betracht kommenden Bestandteile des Erfolges Tatsachen wirksam wurden, die einen Erfolg herbeiführten, welcher einem zu einer Einheit zusammengefaßt gedachten Bedingungskomplex nicht in diesem Sinne »adäquat« war.

Um also zu den früher verwendeten Beispielen zurückzukehren, so würde die »Bedeutung« der Schlacht bei Marathon nach Ed. Meyers Ansicht nun logisch dahin zu bestimmen sein, nicht: daß ein Sieg der Perser eine bestimmte ganz andersartige Entwicklung der hellenischen und damit der Weltkultur hätte zur Folge haben müssen – ein solches Urteil wäre schlechthin unmöglich –, sondern: – daß jene andersartige Entwicklung die »adäquate« Folge eines solchen Ereignisses gewesen »wäre«. Und jenen Ausspruch E. Meyers über die Einigung Deutschlands, den v. Below beanstandet, werden wir logisch korrekt ebenfalls dahin fassen: daß jene Einigung als die »adäquate« Folge gewisser vorangegangener Ereignisse und ebenso, daß die Märzrevolution in Berlin als die adäquate Folge gewisser allgemeiner sozialer und politischer »Zustände« aus allgemeinen Erfahrungsregeln verständlich gemacht werden kann. Wenn dagegen z. B. glaubhaft zu machen wäre, daß ohne jene beiden Schüsse vor dem Berliner Schloß eine Revolution nach allgemeinen Erfahrungsregeln mit einem entschieden überwiegenden Maß von Wahrscheinlichkeit »hätte« vermieden werden können, weil nachweislich die Kombination der sonstigen »Bedingungen« ohne den Hinzutritt jener Schüsse eine solche nach allgemeinen Erfahrungsregeln nicht oder doch nicht erheblich »begünstigt« hätte – in dem früher entwickelten Sinn dieser Wendung –, dann würden wir von »zufälliger« Verursachung sprechen und also die Märzrevolution in diesem, freilich schwer auszudenkenden Fall kausal eben jenen beiden Schüssen »zurechnen« müssen. Bei jenem Beispiel von der Einigung Deutschlands ist also als Gegensatz von »zufällig« nicht, wie v. Below annahm, zu setzen: »notwendig«, sondern: »adäquat« in dem vorstehend im Anschluß an v. Kries entwickelten Sinn[11]. Und es ist streng daran festzuhalten, daß es sich bei diesem Gegensatz niemals um Unterschiede der »objektiven« Kausalität des Ablaufs der historischen Vorgänge und ihrer Kausalbeziehungen, sondern stets lediglich darum handelt, daß wir einen Teil der im »Stoff« des Geschehens vorgefundenen »Bedingungen« abstrahierend isolieren und zum Gegenstande von »Möglichkeitsurteilen« machen, um so an der Hand von Erfahrungsregeln Einsicht in die kausale »Bedeutung« der einzelnen Bestandteile des Geschehens zu gewinnen. Um die wirkli-

---

11 Ob und welche Mittel wir haben, den »Grad« der Adäquanz zu schätzen, und ob und welche Rolle dabei, speziell bei der Zerlegung komplexer »Gesamtursachen« in ihre »Komponenten«, – wofür uns ja ein »Teilungsschlüssel« objektiv gar nicht gegeben ist, – die sog. »Analogien« spielen, davon später. Die Formulierung ist hier notgedrungen provisorisch.

chen Kausalzusammenhänge zu durchschauen, konstruieren wir unwirkliche.

Daß es sich um Abstraktionen handelt, wird besonders
häufig in einer ganz spezifischen Art und Weise verkannt,
welche in bestimmten, auf Ansichten J. St. Mills ruhenden
Theorien einzelner juristischer Kausalitätstheoretiker ihr
Analogon findet, die in der früher zitierten v. Kriesschen
Arbeit ebenfalls bereits überzeugend kritisiert sind[12]. Im
Anschluß an Mill, welcher glaubte, daß der mathematische
Wahrscheinlichkeitsquotient das Verhältnis bedeute zwischen denjenigen einen Erfolg »herbeiführenden« und den
ihn »verhindernden« Ursachen, die in dem gegebenen
Zeitpunkt (»objektiv«) existieren, nimmt auch Binding
an, daß zwischen den »zu einem Erfolg hinstrebenden« und
den ihm »widerstrebenden« Bedingungen ein (in einzelnen
Fällen) zahlenmäßig oder doch schätzungsweise bestimmba-
res Verhältnis, unter Umständen im »Gleichgewichtszu-
stand« objektiv bestehe und daß der Hergang der Verursachung der sei, daß die ersteren zum Übergewicht gelangen[13].
Es ist wohl klar, daß hier das bei der Erwägung von
menschlichen »Handlungen« sich als unmittelbares »Erlebnis« einstellende Phänomen des »Kampfes der Motive« zur
Basis der Kausalitätstheorie gemacht worden ist. Welche allgemeine Bedeutung man jenem Phänomen nun auch beilegen
möge[14], so ist doch sicher, daß keine strenge Kausalbetrach-

---

12 Der Umfang, in welchem hier wieder, wie schon in vielen vorstehenden
Ausführungen v. Kries' Gedanken »geplündert« werden, ist mir fast genant,
zumal die Formulierung vielfach notgedrungen an Präzision hinter der von Kries
gegebenen zurückbleiben muß. Allein für den Zweck dieser Studie ist beides
unvermeidlich.
13 Binding, Die Normen und ihre Übertretung I S. 41 f.; v. Kries a. a. O.
S. 107.
14 H. Gomperz (Über die Wahrscheinlichkeit der Willensentscheidungen,
Wien 1904, Separatabdruck aus den Sitzungsberichten der Wiener Akademie,
Phil.-hist. Kl., Bd. 149) hat dasselbe zur Grundlage einer phänomenologischen
Theorie des »Entschlusses« gemacht. Über den Wert seiner Darstellung des
Herganges möchte ich mir kein Urteil erlauben. Immerhin scheint mir, auch
abgesehen hiervon, daß Windelbands – für seinen Zweck absichtlich – rein

tung, auch nicht die historische, diesen Anthropomorphismus akzeptieren kann[15]. Nicht nur ist die Vorstellung von zwei »entgegengesetzt« wirkenden »Kräften« ein körperlich-räumliches Bild, welches nur bei solchen Vorgängen – speziell mechanischer und physikalischer Art[16] – ohne Selbsttäuschung verwertbar ist, wo von zwei im physischen Sinne »entgegengesetzten« Erfolgen der eine durch die eine, der andre durch die andre herbeigeführt werden würde. Sondern vor allem ist ein für allemal festzuhalten, daß ein konkreter Erfolg nicht als das Ergebnis eines Kampfes von einigen zu ihm hinstrebenden und anderen ihm entgegenstrebenden Ursachen angesehen werden kann, sondern daß die Gesamtheit aller Bedingungen, auf welche der kausale Regressus von einem »Erfolge« aus führt, so und nicht anders »zusammenwirken« mußte, um den konkreten Erfolg so und nicht anders zustande kommen zu lassen und daß der Eintritt des Erfolges für jede kausal arbeitende empirische Wissenschaft nicht erst von einem bestimmten Moment an, sondern »von Ewigkeit her« feststand. Wenn also von »begünstigenden« und »hemmenden« Bedingungen eines gegebenen Erfolges gesprochen wird, so kann damit nicht gemeint sein, daß bestimmte Bedingungen im konkreten Fall den schließlich herbeigeführten Erfolg vergebens zu hindern versucht, andere ihn jenen zum Trotz schließlich erreicht haben, sondern jene Wendung kann ausnahmslos und immer nur dies bedeuten: daß gewisse Bestandteile der dem Erfolg zeitlich vorangehenden Wirklichkeit, isoliert gedacht, nach allgemeinen Erfahrungsregeln generell einen Erfolg der betreffenden Art zu »begünstigen«, das heißt aber, wie wir wissen: ihn in der Überzahl der als möglich gedachten Kombinationen mit anderen Bedingungen herbeizuführen pflegen,

begriffsanalytische Identifikation des »stärkeren« Motives mit demjenigen, zu dessen Gunsten schließlich der Entschluß »ausschlägt« (Über Willensfreiheit, S. 36 f.), nicht die einzig mögliche Art der Behandlung des Problems ist.
15 Insoweit hat Kistiakowski a. a. O. durchaus recht
16 Siehe v. Kries a. a. O. S. 108.

gewisse andere generell nicht diesen, sondern einen anderen. Es handelt sich um eine isolierende und generalisierende Abstraktion, nicht um die Wiedergabe eines faktisch stattgehabten Ablaufs von Vorgängen, wenn wir z. B. Eduard Meyer von Fällen sprechen hören, (S. 27) wo »Alles auf einen bestimmten Erfolg hindrängt«: gemeint ist damit doch, logisch korrekt formuliert, lediglich, daß wir kausale »Momente« feststellen und gedanklich isolieren können, zu welchen der erwartete Erfolg als im Verhältnis der Adäquanz stehend gedacht werden muß, weil relativ wenige Kombinationen jener isoliert herausgehobenen mit anderen kausalen »Momenten« vorstellbar sind, von welchen wir nach allgemeinen Erfahrungsregeln ein anderes Ergebnis »erwarten« würden. Wir pflegen in Fällen, wo die Sache für unsere »Auffassung« so liegt, wie es E. Meyer mit jenen Worten beschreibt, von dem Vorhandensein einer auf den betreffenden Erfolg gerichteten »Entwicklungstendenz« zu sprechen[17].

Dies, ebenso wie die Verwendung von Bildern wie: »Treibende Kräfte« oder wie umgekehrt: »Hemmungen« einer Entwicklung, – z. B. des »Kapitalismus«, – nicht minder aber die Wendung, daß eine bestimmte »Regel« des ursächlichen Zusammenhanges in einem konkreten Fall »aufgehoben« sei durch bestimmte ursächliche Verkettungen oder (noch ungenauer) daß ein »Gesetz« durch ein anderes »Gesetz«, – alle solche Bezeichnungen sind dann unbedenklich, wenn man sich ihres gedanklichen Charakters bewußt bleibt, wenn man also im Auge behält, daß sie auf der Abstraktion von gewissen Bestandteilen der realen ursächlichen Verkettung, auf der gedanklichen Generalisation der übrigen in Form objektiver Möglichkeitsurteile und auf der Verwendung dieser zur Formung des Geschehens zu einem ursächlichen Zusammenhang

---

17 Die Unschönheit des Wortes ändert an der Existenz des logischen Sachverhaltes nichts.

von bestimmter Gliederung beruhen[18]. Und uns genügt dabei in diesem Falle nicht, daß man zugesteht und sich bewußt bleibt, daß alle unsere »Erkenntnis« sich auf eine kategorial-geformte Wirklichkeit bezieht, daß also z. B. die »Kausalität« eine Kategorie »unseres« Denkens sei. Denn mit der »Adäquanz« der Verursachung hat es in dieser Hinsicht noch seine besondere Bewandtnis[19]. So wenig eine erschöpfende Analyse dieser Kategorie hier beabsichtigt ist, so wird es doch nötig sein, wenigstens dies in Kürze festzustellen, um zunächst die lediglich relative, durch den jeweiligen konkreten Erkenntniszweck bedingte Natur des Gegensatzes »adäquater« und »zufälliger Verursachung« klarzulegen und weiterhin verständlich zu machen, wie der in zahlreichen Fällen nur höchst unbestimmte Inhalt der in einem »Möglichkeitsurteil« enthaltenen Aussage mit ihrem trotzdem bestehenden Anspruch auf »Geltung« und ihrer trotzdem bestehenden Verwertbarkeit zur Formung der historischen Kausalreihe zusammenstimmt.

18 Nur wo dies vergessen wird, – wie es freilich oft genug geschieht –, sind die Bedenken Kistiakowskis a. a. O. betreffend des »metaphysischen« Charakters dieser Kausalbetrachtung begründet.
19 Auch hierfür sind sowohl bei Kries a. a. O., wie z. B. bei Radbruch a. a. O. die entscheidenden Gesichtspunkte bereits teils ausdrücklich dargelegt, teils gestreift.

Analyse des Begriffs der »Regel«

Das entscheidende Merkmal des »sozialen Lebens«, seine »formale« Eigenart, ist, nach Stammler, daß es »geregeltes« Zusammenleben ist, aus Wechselbeziehungen »unter äußeren Regeln« besteht. Machen wir hier sofort Halt und fragen, ehe wir Stammler weiter folgen, was man sich alles unter den Worten: »geregelt« und »Regel« denken kann. Unter »Regeln« können zunächst 1. generelle Aussagen über kausale Verknüpfungen verstanden sein: »Naturgesetze«. Will man dabei unter »Gesetzen« nur generelle Kausalsätze von unbedingter Strenge (im Sinn der Ausnahmslosigkeit) verstehen, dann wird man (a) für alle Erfahrungssätze, die dieser Strenge nicht fähig sind, nur den Ausdruck »Regel« beibehalten können. Nicht minder (b) für alle jene sog. »empirischen Gesetze«, denen umgekehrt zwar empirische Ausnahmslosigkeit, aber ohne oder doch ohne theoretisch genügende Einsicht in die für jene Ausnahmslosigkeit maßgebliche kausale Bedingtheit eignet. Es ist eine »Regel« im Sinn eines »empirischen Gesetzes« (ad b), daß die Menschen »sterben müssen«, es ist eine »Regel« im Sinn eines generellen Erfahrungssatzes (ad a), daß einer Ohrfeige gewisse Reaktionen spezifischer Natur von seiten eines davon betroffenen Coleurstudenten »adäquat« sind. – Unter »Regel« kann ferner 2. eine »Norm« verstanden sein, an welcher gegenwärtige, vergangene oder zukünftige Vorgänge im Sinn eines Werturteils »gemessen« werden, die generelle Aussage also eines (logischen, ethischen, ästhetischen) Sollens, im Gegensatz zum empirischen »Sein«, mit dem es die »Regel« in den Fällen ad 1 allein zu tun hat. Das »Gelten« der Regel bedeutet im zweiten Fall einen generellen[1] Imperativ, dessen Inhalt die Norm selbst ist. Im ersten Fall bedeutet das »Gelten« der Regel lediglich den »Gültigkeits«-Anspruch der

---

1 Ob notwendig »generell«, lassen wir vorerst auf sich beruhen.

Behauptung, daß die jener entsprechenden faktischen Regelmäßigkeiten in der empirischen Wirklichkeit »gegeben« oder aus ihr durch Generalisierung erschließbar seien.

Neben diesen dem Sinne nach sehr einfachen beiden Grundbedeutungen des Begriffs: »Regel« und »Geregeltheit« finden sich nun aber andre, die nicht ohne weiteres glatt in einer jener beiden aufzugehen scheinen. Dahin gehört zunächst das, was man »Maximen« des Handelns zu nennen pflegt. Defoes Robinson z. B. – Stammler operiert mit ihm gelegentlich ganz ebenso, wie die theoretische Nationalökonomie es tut, wir müssen es daher auch tun – führt in seiner Isoliertheit eine, den Umständen seiner Existenz gemäß, »rationale« W i r t s c h a f t , und das heißt ohne allen und jeden Zweifel: er unterwirft seinen Güterverbrauch und seine Gütergewinnung bestimmten »Regeln« und zwar spezieller: »ökonomischen« Regeln. Wir ersehen daraus zunächst, daß die Annahme, die ökonomische »Regel« könne b e g r i f f l i c h nur dem »sozialen« Leben eignen: sie setze eine Mehrheit von ihr unterstellten, durch sie verbundenen Subjekten voraus, jedenfalls dann irrig ist[2], wenn man überhaupt mit Robinsonaden etwas beweisen kann. Nun ist Robinson gewiß ein sehr irreales Produkt der Dichtung, ein bloßes Begriffswesen, mit dem der »Scholastiker« operiert, – allein einmal ist Stammler selbst ein Scholastiker und muß sich also gefallen lassen, daß seine Leser ihn ebenso bedienen wie er sie, und überdies: wenn denn einmal strikt »begriffliche« Abgrenzungen in Frage stehen und der »Regel«-Begriff als l o g i s c h konstitutiv für »soziales« Leben behandelt wird, und wenn ferner »ökonomische Phänomene« als »begrifflich« nur auf dem Boden »sozialer Regelung« denkbar hingestellt werden, wie dies bei Stammler geschieht, dann darf eben auch ein solches, ohne »logischen« Widerspruch und – was nicht dasselbe ist –

2 Für die »Regel« im Sinn der s i t t l i c h e n Norm versteht es sich von selbst, daß sie b e g r i f f l i c h nicht auf »soziale Wesen« beschränkt ist. Auch »Robinson« k a n n begrifflich »widersittlich« handeln (vgl. etwa die im §175 RStGB., zweiter Fall, zum Gegenstand des Rechtsschutzes gemachte sittliche Norm).

ohne absoluten Widerspruch gegen das nach Erfahrungsregeln überhaupt »Mögliche«, konstruiertes Wesen wie Robinson keine Bresche in den »Begriff« schlagen können. Und
es steht Stammler höchst übel zu Gesicht, wenn er, vorbeu-
gend, hiergegen geltend macht (S. 84)[*], ein Robinson sei
eben k a u s a l doch auch nur als Produkt »sozialen Lebens«,
aus dem er durch Zufall hinausverschlagen worden, konstruierbar: er selbst hat ja, mit vollem Recht, aber mit einem auch
hier wieder grade bei sich selbst sehr mangelhaften Erfolg,
gepredigt, daß die kausale Herkunft der »Regel« etwas für ihr
begriffliches Wesen durchaus Irrelevantes sei. Wenn Stammler nun ferner (S. 146 und öfter) geltend macht, ein solches
isoliert gedachtes Einzelwesen sei mit den Mitteln der
»Naturwissenschaft« zu erklären, da lediglich die »Natur und
ihre technische (NB.!) Beherrschung« das Objekt der Erörterung bilde, so ist zunächst an die früher erörterte Vieldeutig-
keit der Begriffe »Natur« und »Naturwissenschaft« zu erinnern: w e l c h e der verschiedenen Bedeutungen ist hier
gemeint? Dann aber, und vor allem, daran, daß – wenn es
denn einmal auf den Begriff der »Regel« allein ankommen
soll – »Technik« doch grade ein Verfahren nach »zweckvoll gesetzten« »Regeln« ist. Das Zusammenwirken von
Maschinenteilen z. B. erfolgt ganz in dem gleichen »logischen« Sinne nach »menschlich gesetzten Regeln«, wie das
Zusammenwirken gewaltsam zusammengekoppelter Zug-
pferde oder Sklaven oder endlich – dasjenige »freier« menschlicher Arbeiter in einer Fabrik. Denn wenn in dem letzteren
Fall richtig kalkulierter »p s y c h i s c h e r Zwang«, – bewirkt
durch den »Gedanken« an die, im Fall des Abweichens von
der »Arbeitsordnung« geschlossene Tür der Fabrik, an den
leeren Geldbeutel, die hungernde Familie usw., daneben vielleicht durch allerlei andere Vorstellungen, z. B. solche ethischer Art, endlich durch einfache »Gewohnheit«, – es ist,

[*]　»Wirtschaft und Recht nach der materialistischen Geschichtsauffassung. Eine
sozialphilosophische Untersuchung«, 2., verb. Aufl., Leipzig 1906. [Anm. d.
Hrsg.]

welcher den Arbeiter im Gesamtmechanismus festhält, bei
den sachlichen Maschinenteilen dagegen ihre physikalischen
und chemischen Qualitäten, – so macht das für den Sinn des
Begriffs »Regel« im einen und im andern Fall natürlich
keinerlei Unterschied aus. Die Vorstellungen im Kopf des
»Arbeiters«, sein Erfahrungswissen davon, daß seine Sätti-
gung, Bekleidung, Erwärmung »davon abhängen«, daß er auf
dem »Kontor« gewisse Formeln ausspricht oder andre Zeichen von sich gibt (welche für einen von »Juristen« sogenannten »Arbeitsvertrag« üblich sind) und daß er sich alsdann
jenem Mechanismus auch physisch einfügt, also bestimmte
Muskelbewegungen vollzieht, daß er ferner, wenn er dies
alles tut, periodisch gewisse spezifisch geformte Metallplat-
ten oder Papierzettel zu erhalten die Chance hat, welche, in
die Hände anderer Leute gelegt, bewirken, daß er Brot, Koh-
len, Hosen usw. an sich nehmen kann und zwar mit dem
Ergebnis, daß, wenn jemand ihm alsdann diese Gegenstände
wieder wegnehmen wollte, auf sein Anrufen mit einer gewissen Wahrscheinlichkeit Leute mit Pickelhauben erscheinen
und helfen würden, sie wieder in seine Hände zurückzulegen,
– diese ganze hier nur möglichst grobschlächtig angedeutete
Serie höchst komplizierter Vorstellungsreihen, auf deren
Vorhandensein in den Köpfen der Arbeiter mit einer gewissen Wahrscheinlichkeit gezählt werden kann, werden vom
Fabrikanten durchaus in der gleichen Art als kausale Bestimmungsgründe des Zusammenwirkens der menschlichen Mus-
kelkräfte im technischen Produktionsprozeß in Betracht
gezogen, wie die Schwere, Härte, Elastizität und andre phy-
sikalische Qualitäten der Stoffe, welche die Maschinen
zusammensetzen und wie die physikalischen Qualitäten derjenigen, durch welche sie in Bewegung gesetzt werden. Die
einen lassen sich ganz genau im logisch gleichen Sinn als
kausale Bedingungen eines bestimmten »technischen« Ergebnisses – z. B. der Entstehung von x Tonnen Roheisen aus y
Tonnen Erzen innerhalb des Zeitraums z – ansehen wie die
andren. Und bei den einen ist dabei das »Zusammenwirken

nach Regeln« jedenfalls in logisch genau dem gleichen
Sinn »Vorbedingung« jenes technischen Erfolges wie bei den
andren; daß dabei bei den einen »Bewußtseinsvorgänge« in
die Kausalkette eingeschoben sind, bei den andern nicht,
macht »logisch« auch nicht den allermindesten Unterschied aus. Wenn also Stammler »technische« und »sozialwissenschaftliche« Betrachtung einander gegenüberstellt, so
kann jedenfalls das Moment des Vorhandenseins einer »Regel
des Zusammenwirkens« für sich allein noch nicht den aus-
schlaggebenden Unterschied konstituieren. Der Fabrikant
setzt das Faktum, daß Leute vorhanden sind, welche Hunger
haben und welche durch jene andern Leute mit den Pickelhauben daran gehindert werden, ihre physische Kraft zu
benützen, um die Mittel, die zur Stillung ihres Hungers dienen könnten, einfach da zu nehmen, wo sie sie finden, in
denen deshalb jene oben entwickelten Vorstellungsreihen
entstehen müssen, ganz ebenso in seine Rechnung ein, wie ein
Jäger die Qualitäten seines Hundes. Und ebenso wie der Jäger
darauf rechnet, daß der Hund auf seinen Pfiff in bestimmter
Art reagiert oder nach einem Schuß bestimmte Leistungen
vollzieht, so der Fabrikant darauf, daß das Anschlagen eines
in bestimmter Art bedruckten Papiers (»Arbeitsordnung«)
einen gewissen Erfolg mehr oder minder sicher hervorbringt.
Ganz entsprechend dem »ökonomischen« Verhalten Robinsons bezüglich der auf seinem Eiland vorhandenen »Gütervorräte« und Produktionsmittel ist nun ferner auch – um
noch ein Beispiel zu nehmen – die Art, wie ein Einzelindivi-
duum der Gegenwart mit den »Geld« genannten Metallplättchen verfährt, die es in seiner Tasche hat oder die es, nach
seiner, begründeten oder unbegründeten, Ansicht, die
Chance hat, durch bestimmte Manipulationen (z. B. ein
bestimmtes Kritzeln auf einem »Check« genannten Papierfetzen oder das Abschneiden eines, »Coupon« genannten, anderen und dessen Vorzeigung an einem bestimmten Schalter) in
seine Tasche befördern zu können, und von denen es weiß,
daß sie, in bestimmter Art und Weise verwendet, bestimmte

Objekte in den Bereich seiner (faktischen) Verfügungsgewalt
bringen, welche er hinter Glasfenstern, auf Restaurations-
büfetts usw. bemerkt und von denen er – durch persönliche
Erfahrung oder Belehrung durch andre – weiß, daß er sich an
ihnen nicht ohne weiteres vergreifen könnte, ohne daß jene
Leute mit den Pickelhauben kommen und ihn hinter Schloß
und Riegel setzen würden. Wie es eigentlich kommt, daß jene
Metallplättchen diese eigentümliche Fähigkeit entwickeln,
davon braucht dies moderne Individuum so wenig einen
Begriff zu haben, wie davon, wie seine Beine es machen, zu
gehen: es kann sich begnügen mit der von Kindheit auf
gemachten Beobachtung, daß sie dieselbe in jedermanns
Hand mit ebensolcher Regelmäßigkeit entfalten, wie, ebenfalls im allgemeinen, jedermanns Beine gehen können und
wie ein geheizter Ofen wärmt und der Juli wärmer ist als der
April. Diesem seinem Wissen von der »Natur« des Geldes
entsprechend richtet es seine Art ihrer Verwendung ein,
»regelt« es dieselbe, »wirtschaftet« es damit. Wie diese
Regelung de facto von einem konkreten Individuum, wie sie
von Tausenden und Millionen seinesgleichen infolge der,
selbst gemachten oder durch andre übermittelten, »Erfahrungen« über die »Folgen« der verschiedenen möglichen Arten
von »Regelung« vorgenommen wird und wie je nach der
Verteilung der Chancen, derartige Metallplättchen (oder entsprechend »wirkende« Papierfetzen) künftig im Geldschrank
zu haben und darüber verfügen zu können, zwischen verschiedenen unterscheidbaren Gruppen in einer gegebenen
Menschenvielheit von jeder dieser Gruppen verschieden
vorgenommen wird, – dies alles zu beobachten und, soweit
nach Lage des Materials möglich, verständlich zu machen,
müßte nach Stammler, da es sich jeweils um Erklärung des
Verhaltens der Einzelindividuen handelt, ebenfalls Aufgabe
»technisch«-naturwissenschaftlicher, nicht »sozialwissenschaftlicher« Betrachtung sein. Denn jene »Regeln«, nach
denen die Individuen verfahren, sind hier, durchaus wie bei
Robinson, »Maximen«, welche in dem einen Fall ganz ebenso

wie in dem andern in ihrer das empirische Verhalten des Individuums kausal beeinflussenden Wirksamkeit gestützt werden durch entweder selbst gefundene oder von andren erlernte Erfahrungsregeln von dem Typus: wenn ich x tue, ist, nach Erfahrungsregeln, y die Folge. Auf der Basis solcher »Erfahrungssätze« vollzieht sich das »geregelte Zweckhandeln« Robinsons, – auf der gleichen dasjenige des »Geldbesitzers«. Die Kompliziertheit der Existenzbedingungen, mit denen dieser zu »rechnen« hat, mag im Verhältnis zu denen Robinsons eine noch so ungeheure sein: logisch ist ein Unterschied nicht vorhanden. Der eine wie der andere hat die erfahrungsmäßige Art des Reagierens seiner »Nichtichs« auf bestimmte Arten seines Verhaltens zu kalkulieren. Daß sich unter diesen im einen Fall Reaktionen von Menschen, im andern nur solche von Tieren, Pflanzen und »toten« Naturobjekten befinden, macht für das »logische« Wesen der »Maxime« nicht das Mindeste aus. Ist Robinsons »ökonomisches« Verhalten, wie Stammler will, »nur« Technik und daher nicht Gegenstand »sozialwissenschaftlicher« Betrachtung, dann auch nicht das Verhalten des Einzelnen zu einer wie immer gearteten Vielheit von Menschen, sofern es auf seine »Regelung« durch »ökonomische« Maximen und auf deren Wirkung hin untersucht wird. Die »Privatwirtschaft« des Einzelnen wird – so können wir uns in der üblichen Sprache jetzt ausdrücken – von »Maximen« beherrscht. Diese Maximen würden nach Stammlers Terminologie, als »technische« Maximen zu bezeichnen sein. Sie »regeln« das Verhalten des Einzelnen empirisch mit wechselnder Stetigkeit, aber sie können nach dem, was Stammler über Robinson gesagt hat, nicht die »Regeln« sein, die er meint. Ehe wir uns diesen letztern zu nähern suchen, fragen wir nun noch: wie verhält sich der Begriff der »Maxime«, mit dem wir so ausführlich operiert haben, zu den beiden einleitend erwähnten »Typen« des »Regel«-Begriffs: »empirische Regelmäßigkeit« einerseits, »Norm« andrerseits? Das erfordert nochmals eine kurze allgemeine Betrachtung über den Sinn, den es hat, wenn ein bestimmtes Sich-Verhalten als »geregelt« bezeichnet wird.

Mit dem Satz: »meine Verdauung ist geregelt« sagt jemand zunächst nur die einfache »Naturtatsache« aus: sie vollzieht sich in bestimmter zeitlicher Abfolge. Die »Regel« ist Abstraktion aus dem Naturverlauf. Aber er kann in die Notwendigkeit versetzt werden, sie seinerseits durch Beseitigung von »Störungen« zu »regeln«, – und wenn er dann den gleichen Satz ausspricht, so ist der äußere Hergang zwar der gleiche wie vorher, aber der Sinn des »Regel«-Begriffes ein anderer: im ersten Fall war die »Regel« das an der »Natur« Beobachtete, im zweiten Fall ist sie das für die »Natur« Erstrebte. Beobachtete und erstrebte »Regelmäßigkeit« können dabei nun de facto koinzidieren und dies ist dann sehr erfreulich für den Betreffenden, – aber dem Sinn nach bleiben sie »begrifflich« zweierlei: die eine ein empirisches Faktum, die andre ein erstrebtes Ideal, eine »Norm«, an der die Fakta »wertend« gemessen werden. Die »ideale« Regel ihrerseits aber kann in zweierlei Arten der Betrachtung eine Rolle spielen. Einmal 1. kann gefragt werden: welche faktische Regelmäßigkeit ihr entsprechen würde, dann aber auch 2. welches Maß faktischer Regelmäßigkeit durch das Streben nach ihr kausal herbeigeführt ist. Denn das Faktum, daß z. B. jemand jene »Messung« an der hygienischen Norm vornimmt und sich nach dieser »richtet«, ist ja seinerseits eine der kausalen Komponenten der an seiner Physis zu beobachtenden empirischen Regelmäßigkeit. Diese letztere ist in dem vorausgesetzten Fall kausal beeinflußt durch eine unendliche Vielheit von Bedingungen, unter denen sich auch das Medikament befindet, welches er, um die hygienische »Norm« zu »verwirklichen«, zu sich nimmt. Seine empirische »Maxime« ist – wie man sieht – die Vorstellung von der »Norm«, als reales Agens des Handelns wirkend. Nicht anders steht es mit der »Geregeltheit« des Verhaltens der Menschen zu Sachgütern und andren Menschen, insbesondere ihres »ökonomischen« Verhaltens. Daß Robinson und

die Geldbesitzer, von denen wir redeten, sich in bestimmter
Art zu ihren Gütern bzw. Geldvorräten verhalten, dergestalt
zwar, daß dies Verhalten als ein »geregeltes« erscheint, kann
uns veranlassen, die »Regel«, die wir jenes Verhalten, mindestens teilweise, »beherrschen« sehen, theoretisch zu formulieren: als »Grenznutzprinzip« z. B. Diese ideale »Regel«
enthält dann einen Lehrsatz darüber, welcher die »Norm«
enthält, der entsprechend Robinson verfahren »müßte«,
wenn er sich schlechthin an das Ideal »zweckmäßigen« Handelns halten wollte. Sie läßt sich mithin einerseits als Wer-
tungsstandard behandeln – nicht natürlich als »sittlicher«,
sondern als »teleologischer«, der »zweckvolles« Handeln als
»Ideal« voraussetzt. Andrerseits aber, und namentlich, ist sie
ein heuristisches Prinzip, um das empirische Handeln Robinsons – wenn wir ad hoc einmal die reale Existenz eines solchen
Individuums annehmen – in seiner faktischen kausalen
Bedingtheit erkennen zu lassen: sie dient in letzterem Fall als
»idealtypische« Konstruktion und wir verwenden sie als
Hypothese, deren Zutreffen an den »Tatsachen« zu »erproben« wäre und dazu hülfe, die faktische Kausalität seines
Handelns und das Maß von Annäherung an den »Idealtypus«
zu ermitteln[3].

Für die empirische Erkenntnis des Verhaltens Robinsons käme dabei jene »Regel« zweckmäßigen Handelns in
zweierlei sehr verschiedenem Sinn in Betracht. Einmal, möglicherweise, als Bestandteil der, das Objekt der Untersuchung bildenden »Maximen« Robinsons, als reales »Agens«
seines empirischen Handelns. Zweitens als Bestandteil des
Wissens- und Begriffsvorrats, mit dem der Untersu-
chende an seine Aufgabe geht: sein Wissen von dem ideell
möglichen »Sinn« des Handelns ermöglicht ihm dessen empirische Erkenntnis. Beides ist logisch scharf zu scheiden. Auf
dem Boden des Empirischen ist die »Norm« eine zweifellose
Determinante des Geschehens, aber eben nur eine, logisch

---

3 Über den logischen Sinn des »Idealtypus« s. meine Abhandlung im »Archiv«
Band XIX Heft 1 S. 64 ff. [S. 72 ff. dieses Bandes].

betrachtet, ganz im selben Sinn wie bei der »Regelung« der Verdauung der »normgemäße« Konsum des Medikaments und also die »Norm«, welche der Arzt gab, eine, aber eben auch nur eine, der Determinanten des faktischen Erfolges ist. – Und diese Determinante kann in einem sehr verschiedenen Maß von Bewußtheit das Handeln bestimmen. Wie das Kind das Gehen, die Reinlichkeit, die Meidung gesundheitsschädlicher Genüsse »lernt«, so wächst es überhaupt in die »Regeln« hinein, nach denen es das Leben andrer sich vollziehen sieht, lernt sich sprachlich »auszudrücken«, im »Geschäftsverkehr« sich zu bewegen, teils 1. ohne alle subjektive gedankliche Formung der »Regel«, der gemäß es nun selbst – in sehr verschiedener Konstanz – faktisch handelt, teils 2. auf Grund bewußter Verwertung von »Erfahrungssätzen« des Typus: auf x folgt y, teils 3., weil ihm die »Regel« als Vorstellung einer um ihrer selbst willen gesollten »Norm« durch »Erziehung« oder einfache Nachahmung eingeprägt und dann an der Hand seiner »Lebenserfahrung« durch eigenes Nachdenken fortentwickelt wurde und sein Handeln mitbestimmt. Wenn man in den letztgenannten Fällen (ad 2 und 3) sagt, daß die betreffende, sittliche, konventionelle, teleologische, Regel »Ursache« eines bestimmten Handelns sei, so ist dies natürlich höchst ungenau ausgedrückt: nicht das »ideelle Gelten« einer Norm, sondern die empirische Vorstellung des Handelnden, daß die Norm für sein Verhalten »gelten solle«, ist der Grund. Das gilt für die »sittlichen« Normen ebenso wie für Regeln, deren »Geltensollen« reine »Konventionssache« oder »Weltklugheit« ist: die Konventionalregel des Grußes z. B. ist es natürlich nicht, welche in eigner Person meinen Schädel entblößt, wenn ich einen Bekannten treffe, sondern meine Hand tut es, – ihrerseits aber ist diese dazu veranlaßt, entweder durch meine bloße »Gewöhnung« daran, nach einer solchen »Regel« zu handeln, oder daneben durch das Erfahrungswissen darum, daß es von andern für unschicklich angesehen wird, es nicht zu tun und deshalb Unfreundlichkeiten zur Folge hat: durch eine »Unlust«kalkulation also, oder endlich auch noch durch meine Ansicht, daß es sich für mich »nicht gezieme«, eine nun einmal allseitig befolgte und unschädliche »Konventionalregel« ohne zwingende Veranlassung nicht zu beachten: durch eine »Normvorstellung« also[4].

Mit den letzten Beispielen waren wir schon bei dem Begriff der »sozialen Regelung« angelangt, d. h. einer »für« das Verhalten der Menschen zueinander »geltenden« Regel, also bei dem Begriff, an dem Stammler das Objekt: »soziales Leben« verankert. Wir erörtern nun hier noch nicht die Berechtigung dieser Begriffsbestimmung Stammlers, sondern führen vorerst unsre Erörterung des »Regel«begriffes unabhängig von der Rücksicht auf Stammler noch eine Strecke weiter.

Nehmen wir gleich das Elementarbeispiel, welches auch Stammler gelegentlich zur Veranschaulichung der Bedeutung der »Regel« für den Begriff des »sozialen Lebens« verwendet. Zwei, im übrigen außer jeder »sozialen Beziehung« stehende Menschen: – also zwei Wilde verschiedener Stämme, oder ein Europäer, der im schwärzesten Afrika einem Wilden begegnet, und dieser letztere, »tauschen‹ zwei beliebige Objekte gegeneinander aus. Man legt alsdann – und ganz mit Recht – den Nachdruck darauf, daß hier eine bloße Darstellung des äußerlich wahrnehmbaren Hergangs: der Muskelbewegungen also und eventuell, wenn dabei »gesprochen« wurde, der Töne, welche sozusagen die »Physis« des Hergangs ausmachen, dessen »Wesen« in gar keiner Weise erfassen würde. Denn dies »Wesen« bestehe ja in dem »Sinn«, den beide diesem ihrem äußern Verhalten beilegen, und dieser »Sinn« ihres gegenwärtigen Verhaltens wiederum stelle eine »Regelung« ihres künftigen dar. Ohne diesen »Sinn« sei – so sagt man – ein »Tausch« überhaupt weder real möglich, noch begrifflich konstruierbar. Ganz gewiß! Der Umstand, daß

---

4 Diese wie manche weiter folgende fast übermäßig triviale Bemerkung muß der Leser mit der Notwendigkeit, gewissen stark ad hominem gemachten Argumentationen Stammlers von vornherein entgegenzutreten, entschuldigen.

»äußere« Zeichen als »Symbole« dienen, ist eine der konstitutiven Voraussetzungen aller »sozialen« Beziehungen. Aber,
fragen wir gleich wieder, nur dieser? Offenbar in gar keiner
Weise. Wenn ich mir ein »Lesezeichen« in ein »Buch« lege, so
ist das, was nachher von dem Resultat dieser Handlung
»äußerlich« wahrnehmbar ist, offenbar lediglich »Symbol«:
der Umstand, daß hier ein Streifen Papier oder ein andres
Objekt zwischen zwei Blätter eingeklemmt ist, hat eine
»Bedeutung«, ohne deren Kenntnis das Lesezeichen für mich
nutz- und sinnlos und die Handlung selbst auch kausal »uner-
klärbar« wäre. Und doch ist hier doch wohl keinerlei
»soziale« Beziehung gestiftet. Oder, um lieber wieder ganz
auf den Boden der Robinsonade zu treten: Wenn Robinson
sich, da der Waldbestand seiner Insel »ökonomisch« der
Schonung bedarf, bestimmte Bäume mit der Axt »bezeichnet«, welche er für den kommenden Winter zu schlagen
gedenkt, oder wenn er, um mit seinen Getreidevorräten
»Haus zu halten«, diese in Rationen teilt, einen Teil als »Saat-
gut« besonders verstaut, – in all solchen und zahllosen ähn-
lichen Fällen, die sich der Leser selbst konstruieren möge, ist
der »äußerlich« wahrnehmbare Vorgang auch hier nicht »der
ganze Vorgang«: der »Sinn« dieser ganz gewiß kein »soziales
Leben« enthaltenden Maßnahmen ist es, der ihnen erst ihren
Charakter aufprägt, ihnen »Bedeutung« gibt, im Prinzip ganz
genau ebenso, wie die »Lautbedeutung« den schwarzen
Fleckchen, die man in ein Faszikel von Papierblättern »ge-
druckt« hat oder wie die »Wortbedeutung« den Lauten,
die ein anderer »spricht«, oder endlich wie der »Sinn«, den
jeder der beiden Tauschenden mit seinem Gebaren verbindet,
dem äußerlich wahrnehmbaren Teil desselben. Scheiden wir
nun, gedanklich, den »Sinn«, den wir in einem Objekt oder
Vorgang »ausgedrückt« finden, von den Bestandteilen desselben, die übrig bleiben, wenn wir von eben jenem »Sinn«
abstrahieren, und nennen wir eine Betrachtung, die nur auf
diese letzteren Bestandteile reflektiert, eine »naturalistische«,
– dann erhalten wir einen weiteren, von den früheren wohl zu

unterscheidenden Begriff von »Natur«. Natur ist dann das
»Sinnlose«, richtiger: »Natur« wird ein Vorgang, wenn
wir bei ihm nach einem »Sinn« nicht fragen. Aber selbstverständlich ist dann der Gegensatz zur »Natur« als dem »Sinnlosen« nicht »soziales Leben«, sondern eben das »Sinnvolle«,
d. h. der »Sinn«, der einem Vorgang oder Objekt zugesprochen, »in ihm gefunden werden« kann, von dem metaphysischen »Sinn« des Weltganzen innerhalb einer religiösen Dogmatik angefangen bis zu dem »Sinn«, den das Bellen eines
Hundes Robinsons bei Annäherung eines Wolfes »hat«. –
Nachdem wir uns überzeugt haben, daß die Eigenschaft,
»sinnvoll« zu sein, etwas zu »bedeuten«, durchaus nichts
dem »sozialen« Leben Eigentümliches ist, kehren wir zu dem
Vorgang jenes »Tausches« zurück. Der »Sinn« des »äußern«
Verhaltens der beiden Tauschenden kann dabei seinerseits
in zweierlei logisch sehr verschiedenen Arten betrachtet
werden. Einmal als »Idee«: wir können fragen, welche
gedanklichen Konsequenzen in dem »Sinn«, den » wir« –
die Betrachtenden – einem konkreten Vorgang dieser Art
zusprechen, gefunden werden können oder wie sich dieser
»Sinn« einem umfassenderen »sinnvollen« Gedankensystem
einfügt. Von diesem so zu gewinnenden »Standpunkt« aus
können wir alsdann eine »Wertung« des empirischen Ablaufs
des Vorgangs vornehmen. Wir könnten z. B. fragen: wie
»müßte« das »ökonomische« Verhalten Robinsons sein,
wenn es in seine letzten gedanklichen »Konsequenzen«
getrieben würde. Das tut die Grenznutzlehre. Und wir könnten dann sein empirisches Verhalten an jenem gedanklich
ermittelten Standard »messen«. Und ganz ebenso können wir
fragen: wie »müßten« sich die beiden »Tauschenden« nach
äußerlichem Vollzug der Hingabe der getauschten Objekte
von beiden Seiten nun weiter verhalten, damit ihre Gebarung
der »Idee« des Tausches entspreche, d. h. damit wir sie den
gedanklichen Konsequenzen des »Sinns«, den wir in ihrem
Handeln fanden, konform finden könnten. Wir gehen also
dann von der empirischen Tatsache aus, daß Vorgänge

bestimmter Art mit einem gewissen, nicht im einzelnen klar durchdachten, sondern unklar vorschwebenden »Sinn« vorstellungsmäßig verbunden faktisch vorkommen, verlassen aber alsdann das Gebiet des Empirischen und fragen: wie läßt sich der »Sinn« des Handelns der Beteiligten derart gedanklich konstruieren, daß ein in sich widerspruchsloses Gedankengebilde entsteht?[5] Wir treiben dann »Dogmatik« des »Sinns«. Und wir können auf der andern Seite fragen: war der »Sinn«, den »wir« einem derartigen Vorgang dogmatisch zusprechen können, auch derjenige, den jeder der empirischen Akteurs desselben seinerseits bewußt in ihn hineinlegte oder welchen andern legte jeder von ihnen hinein, oder schließlich: legten sie überhaupt irgendwelchen bewußten »Sinn« hinein? Wir haben dann zunächst weiter zweierlei »Sinn« des Begriffes »Sinn« selbst – nunmehr in empirischer Bedeutung, mit der wir jetzt allein zu tun haben, – zu unterscheiden. Es kann, in unserem Beispiel, damit gemeint sein, einmal: daß die Handelnden bewußt eine sie »verpflichtende« Norm auf sich nehmen wollten, daß sie also der (subjektiven) Ansicht waren, daß ihr Handeln als solches einen sie verpflichtenden Charakter trage: es wurde eine »Norm-Maxime« bei ihnen gestiftet[6], – oder aber es soll nur

---

5 Jeder Gedanke an eine »Rechts«-Ordnung ist vorerst noch ganz fern zu halten, und selbstredend könnten ferner eventuell sehr wohl mehrere, ja viele untereinander verschiedene ideale »Sinne« eines »Tausch«-Akts konstruierbar sein.

6 Wenn man den »Sinn« des Tauschaktes in dieser ersten der hier unterschiedenen Bedeutungen, derjenigen der »Norm-Maxime«, als eine »Regelung der Beziehungen« der Tauschenden zueinander, ihr Verhältnis als ein durch die ihnen vorschwebende »Norm« für ihr künftiges Verhalten »geregelt« bezeichnet, so ist alsbald festzustellen, daß hier die Worte »geregelt« und »Regelung« keineswegs notwendig eine Subsumtion unter eine generelle »Regel« enthalten, außer etwa der: »daß Abmachungen loyal erfüllt werden sollen«, d. h. aber nichts andres als: »daß die Regelung eben als Regelung behandelt werden solle«. Die beiden Beteiligten brauchen vom generellen ideellen »Wesen« der Tauschnorm ja gar nichts zu wissen, ja wir können natürlich auch unterstellen, daß zwei Individuen einen Akt vollziehen, dessen von ihnen damit verbundener »Sinn« absolut individuell und nicht – wie der »Tausch« – einem generellen Typus subsumierbar ist. Mit andern Worten: der Begriff des »Geregelten« setzt in keiner Weise logisch den Gedanken genereller »Regeln« bestimmten

gemeint sein, daß jeder von ihnen mit dem Tausch bestimmte
»Erfolge« erstrebte, zu denen sein Handeln nach seiner
»Erfahrung« im Verhältnis des »Mittels« stand, daß der
Tausch einen (subjektiv) bewußten »Zweck« hatte. Von jeder
der beiden Arten von Maximen ist es in jedem einzelnen Fall
natürlich zweifelhaft, in welchem Grade, von der »Norm-
Maxime« überdies auch, ob sie überhaupt empirisch vorhanden war. Fraglich ist: 1. wie weit waren sich die beiden
Tauschenden unseres Beispieles der »Zweckmäßigkeit« ihres
Handelns wirklich bewußt? 2. wie weit haben sie andrerseits
den Gedanken: daß ihre Beziehungen nun so »geregelt« sein
»sollen«, daß das eine Objekt als »Äquivalent« des andern
gelten, daß jeder den nunmehr durch den Tausch eingetretenen »Besitz« des anderen an dem früher in seinem eignen
Besitz befindlich gewesen Objekt »achten« solle usw. –
zu ihrer bewußten »Maxime« zur »Norm-Maxime« also
gemacht, wie weit also war die Vorstellung von diesem
»Sinn« 1) kausal bestimmend für das Zustandekommen des
Entschlusses zu diesem »Tauschakt« selbst und 2) wie weit
bildet sie den Bestimmungsgrund ihres weiteren Verhaltens
nach dem Tauschakt? Das sind offenbar Fragen, bei denen
uns zwar zum Zweck der Hypothesenbildung, als »heuristisches Prinzip«, unser »dogmatisches« Gedankenbild vom
»Sinn« des »Tausches« sehr zustatten kommen muß, die aber
andererseits natürlich mit dem einfachen Hinweis darauf, daß
eben »objektiv« der »Sinn« dessen, was sie getan haben, ein
für allemal nur ein spezifischer, nach bestimmten logischen
Prinzipien dogmatisch zu erschließender sein »könne«, ganz
und gar nicht erledigt würden. Denn es wäre natürlich reine
Fiktion und entspräche etwa der Hypostasierung der »regulativen Idee« vom »Staatsvertrag«, wenn man einfach dekre-
tierte: die beiden haben ihre sozialen Beziehungen zueinander in einer, dem idealen »Gedanken« des »Tauschs« entspre-

---

Inhaltes voraus. Wir stellen diesen Sachverhalt hier nur fest und behandeln auch
weiterhin, der Einfachheit halber, die normative Regelung durchweg als eine
Unterstellung unter »generelle« Regeln.

chenden, Art »regeln« wollen, weil wir, die Beobachtenden, diesen »Sinn«, vom Standpunkt der dogmatischen
Klassifikation aus gesehen, hineinlegen. Man könnte –
logisch betrachtet – ebensogut sagen: der Hund, der bellt,
habe, wegen des »Sinnes«, den dies Bellen für seinen Besit-
zer haben kann, die »Idee« des Eigentumsschutzes verwirklichen »wollen«. Der dogmatische »Sinn« des »Tauschs« ist
für die empirische Betrachtung ein »Idealtypus«, der, weil in
der empirischen Wirklichkeit sich massenhaft Vorgänge finden, welche ihm in einer mehr oder minder großen »Reinheit« entsprechen, »heuristisch« einerseits, »klassifizierend«
andrerseits, von uns verwendet wird. »Norm«-Maximen,
welche diesen »idealen« Sinn des Tauschs als »verpflichtend«
behandeln, sind zweifellos eine der verschiedenen möglichen Determinanten des faktischen Handelns der »Tauschenden«, aber eben nur eine, deren empirisches Vorhandensein
im konkreten Akt Hypothese ebenso für den Beobachter wie
auch, nicht zu vergessen, für jeden der beiden Akteurs hinsichtlich des anderen ist. Der Fall ist natürlich ganz gewöhnlich, daß einer von beiden oder auch beide Tauschenden den
normativen »Sinn« des Tausches, von dem ihnen bekannt
ist, daß er als ideell »geltend«, d. h. als gelten-sollend behandelt zu werden pflegt, seinerseits *nicht* zu seiner »Norm-
Maxime« macht, daß dagegen jener eine oder auch jeder von
beiden auf die Wahrscheinlichkeit spekuliert, daß der
andere Beteiligte es tun werde: seine eigene Maxime ist dann
reine »Zweck«-Maxime. Daß der Vorgang in diesem Fall
empirisch im Sinn der ideellen Norm »geregelt« *sei*, die
Akteurs ihre Beziehungen so geregelt *haben*, – diese Behauptung hat natürlich gar keinen empirischen Sinn. Wenn
wir uns dennoch gelegentlich so ausdrücken, so ist das die
gleiche Doppelsinnigkeit des Wortes »geregelt«, wie wir sie
bei dem Mann mit der künstlich »geregelten« Verdauung
schon fanden und noch öfter wiederfinden werden. Sie ist
unschädlich, wenn man sich stets gegenwärtig hält, *was* in
concreto darunter verstanden ist. Dagegen vollends sinnlos

wäre es natürlich, wenn man weiterhin die »Regel«, der sich
(dem dogmatischen »Sinn« ihres Verhaltens nach) die beiden
Tauschenden unterstellt haben sollen, als die »Form« ihrer
»sozialen Beziehung«, also als eine »Form« des G e s c h e -
h e n s bezeichnen wollte. Denn jene dogmatisch erschlossene
»Regel« selbst »ist« ja in jedem Fall eine »Norm«, welche f ü r
das Handeln ideell »gelten« will, nimmermehr aber eine
»Form« von etwas empirisch »Seiendem«.

Wer »soziales Leben« als empirisch S e i e n d e s erörtern
will, darf natürlich nicht eine Metabase in das Gebiet des
dogmatisch S e i n s o l l e n d e n vollziehen. Auf dem Gebiet des
»Seins« gibt es jene »Regel« in unserem Beispiel nur im Sinn
einer kausal erklärbaren und kausal wirksamen empirischen
»Maxime« der beiden Tauschenden. Im Sinne des zuletzt entwickelten »Natur«-Begriffes würde man das so ausdrücken:
auch der »Sinn« eines äußeren Vorgangs wird dann im logischen Sinn »Natur«, wenn auf seine e m p i r i s c h e Existenz
reflektiert wird. Denn dann wird eben nicht nach dem »Sinn«
gefragt, den der äußere Vorgang d o g m a t i s c h »hat«, sondern nach dem »Sinn«, welchen in concreto die »Akteurs«
mit ihm entweder wirklich verbanden oder etwa auch, nach
den erkennbaren »Merkmalen«, zu verbinden sich den
Anschein gaben. – Ganz ebenso steht es nun natürlich im
Speziellen mit der »R e c h t s r e g e l «.

Ehe wir aber auf den Boden des »Rechts« im üblichen Sinn
des Wortes treten, wollen wir uns einige der bisher noch offen
gelassenen Seiten unseres allgemeinen Problems noch an
einem weiteren Beispiel verdeutlichen. Stammler selbst erwähnt gelegentlich auch die Analogie von »Spielregeln«, –
wir müssen für unsere Zwecke diese Analogie wesentlich eingehender durchführen und wollen dazu den S k a t hier einmal
gleich einer jener grundlegenden Komponenten der Kultur
behandeln, von denen jene »Geschichte« kündet und mit
denen sich die »Sozialwissenschaft« befaßt. –

Die drei Skatspielenden »unterwerfen sich« der Skatregel,
sagt man, und meint damit: sie haben die »Norm«-Maxime,

daß nach gewissen Merkmalen bestimmt werden solle, 1. ob jemand »richtig« – im Sinne von »normgemäß« – gespielt habe, 2. wer als »Gewinner« gelten solle. An diese Aussage können sich nun logisch sehr verschiedene Arten von Betrachtungen knüpfen. Zunächst kann die »Norm«: die Spielregel also, als solche zum Gegenstand rein gedanklicher Erörterungen gemacht werden. Dies wiederum entweder praktisch wertend: so wenn z. B. ein »Skat-Kongreß«, wie es seinerzeit geschah, sich damit befaßt, ob es nicht vom Standpunkt jener (»eudämonistischen«) »Werte«, denen der Skat dient, angebracht sei, fortan die Regel aufzustellen: jeder Grand geht über Null Ouvert, – eine skatpolitische Frage. Oder aber dogmatisch: ob z. B. eine bestimmte Art des Reizens »konsequenterweise« eine bestimmte Rangfolge jener Spiele im Gefolge haben »müßte«, – eine Frage der allgemeinen Skatrechtslehre in »naturrechtlicher« Problemstellung. In das Gebiet der eigentlichen Skatjurisprudenz gehört sowohl die Frage, ob ein Spiel als »verloren« zu gelten habe, wenn der Spieler sich »verworfen« hat, wie alle Fragen darnach, ob in concreto ein Spieler »richtig« (= normgemäß) oder »falsch« gespielt habe. Lediglich empirischen und zwar näher: »historischen« Charakters ist dagegen die Frage, warum ein Spieler in concreto »falsch« gespielt hat (wissentlich? versehentlich? usw.). Eine »Wertfrage«, die aber rein empirisch zu beantworten ist, ist sodann die: ob ein Spieler in concreto »gut«, d. h. zweckmäßig gespielt hat. Sie ist nach »Erfahrungsregeln« zu entscheiden, welche z. B. angeben, ob die Chance, »die Zehn anzuschneiden« durch ein bestimmtes Verhalten generell gesteigert zu werden pflegt oder nicht. Diese generellen Regeln der praktischen Skatweisheit enthalten also Erfahrungs-Sätze, welche an der Hand der »möglichen« Konstellationen und daneben eventuell der Lebenserfahrung über die Art des wahrscheinlichen Reagierens der Mitspieler kalkuliert und zu einem verschieden hohen Grade von Stringenz erhoben werden können: »Kunstregeln«, an denen die Zweckmäßigkeit des Verhaltens des Skatspielers

»gewertet« wird. Endlich könnte das Verhalten der Spieler an »skatsittlichen« Normen gemessen werden: unaufmerksames Spiel, welches den gemeinsamen Gegner gewinnen läßt, pflegt der Mitspieler pathetisch zu rügen, – die »menschlich« höchst verwerfliche Maxime, ein sog. »Opferlamm« als dritten Mann behufs gemeinsamer Ausbeutung zu engagieren, pflegt dagegen von der empirischen Skatethik nicht allzu streng beurteilt zu werden. Diesen verschiedenen möglichen Richtungen von Wertungen entsprechend können wir auf dem Gebiet des empirischen Skats »Sittlichkeits«-, »Rechtlichkeits«-, »Zweckmäßigkeits«-Maximen unterscheiden, welche gedanklich auf sehr verschiedenen Wertungsprinzipien ruhen und deren »normativer« Dignität daher, vom »Absoluten« bis zur reinen »Faktizität« herabsteigend, entsprechend verschieden ist. Das gleiche fand aber bei unserem Tausch-Beispiel statt, und ebenso wie dort lösen sich hier, sobald wir das Gebiet der rein empirisch-kausalen Betrachtung betreten, die verschiedenen Orientierungspunkte der Maximen, welche die normative (skatpolitische, skatjuristische) Betrachtung als »ideell geltende« behandelt, in faktische Gedankenkomplexe auf, welche das faktische Verhalten des Spielenden determinieren, entweder in Konflikt miteinander (sein Interesse kann z. B. gegen Innehaltung der »Rechtlichkeitsmaxime« sprechen) oder, regelmäßig, in Kombination miteinander. Der Spielende legt sein As auf den Tisch, weil er infolge s e i n e r »Deutung« der »Spielregel«, seiner generellen »Skaterfahrung« und seiner »ontologischen« Abschätzung der Konstellation dies für das adäquate Mittel dafür: den Tatbestand herbeizuführen, an den die ihm vorschwebende »Spielregel« die Konsequenz knüpft, daß er als »Gewinner« gelte, hält. Er kalkuliert als Erfolg seines Tuns z. B., daß der andere die Zehn dazu legen werde und daß dies in Verbindung mit einer Serie weiterer, von ihm erwarteter Ereignisse, eben jenen Enderfolg herbeiführen werde. Er zählt dabei einerseits darauf, daß die andern sich durch die auch ihnen gleichförmig vorschwebende »Spielregel« in ihrem Handeln bestimmen lassen werden, da er der bestimmenden Kraft ihrer subjektiven »Rechtlichkeitsmaxime« diese Konstanz zutraut, weil er sie generell als Menschen kennt, die nach »Sittlichkeitsmaximen« zu handeln pflegen. Andrerseits zieht er die Wahrscheinlichkeit in Rechnung, welche nach seiner Kenntnis ihrer Skatqualifikation dafür besteht, daß sie teleologisch mehr oder minder »zweckmäßig«, ihren Interessen gemäß, handeln werden, daß sie also ihre »Zweckmäßigkeitsmaxime« auch in concreto zu verwirklichen imstande sind. Seine, für sein Verhalten maßgebliche Erwägung kleidet sich also dabei in Sätze von der Form: wenn ich *x* tue, so ist, da die andren die Spielregel *a* nicht bewußt verletzen und zweckmäßig spielen werden, und da die Konstellation *z* vorliegt, *y* die wahrscheinliche Folge.

Man kann nun zweifellos die »Spielregel« als »Voraussetzung« eines konkreten Spieles bezeichnen. Dann muß man aber darüber im klaren sein, was dies für die empirische Betrachtung, bei der wir uns jetzt befinden, bedeutet. Die »Spielregel« ist zunächst ein kausales »Moment«. Natürlich nicht die »Spielregel« als »ideale« Norm des »Skatrechts«, wohl aber die Vorstellung, welche jeweils Spielende von ihrem Inhalt und ihrer Verbindlichkeit haben, gehört zu den Mitbestimmungsgründen für ihr faktisches Handeln. Die Spielenden »setzen« – normalerweise – voneinander »voraus«, daß jeder die Spielregel zur »Maxime« seines Handelns machen werde: diese faktisch normalerweise gemachte Annahme, – welche nachher empirisch mehr oder minder realisiert werden kann, – ist regelmäßige sachliche »Voraussetzung« dafür, daß jeder von ihnen sich dazu entschließt, seinerseits sein Handeln durch die entsprechende Maxime – wirklich oder, wenn er ein Gauner ist, scheinbar – bestimmen zu lassen. Wer den Hergang eines konkreten Skatspiels kausal ergründen wollte, würde also natürlich beim kausalen Regressus die Spekulation jedes Spielers darauf, daß die andern einer faktisch üblichen »Regel« folgen, also auch ihr

»erlerntes« Wissen von dieser »Regel«, als eine – normalerweise – ebenso konstant wirkende Determinante einzustellen
haben, wie alle andern kausalen »Voraussetzungen« des
Gebarens des Spielers. Es besteht insoweit keinerlei Unterschied zwischen ihr und den »Bedingungen«, deren der
Mensch überhaupt zum Leben und bewußten Handeln bedarf.

Einen wesentlich andern logischen Sinn hat es aber natürlich, wenn wir die Skatregel als die »Voraussetzung« der
empirischen Skat-Erkenntnis bezeichnen. Das heißt dann:
sie ist – im Gegensatz zu jenen andern »allgemeinen« sachlichen »Voraussetzungen« des Geschehens – für uns charakteristisches Merkmal des »Skats«. Etwas umständlicher formuliert: solche Vorgänge, welche, vom Gesichtspunkt einer
üblicherweise als »Skatregel« bezeichneten Spielnorm aus
gesehen, als relevant gelten, charakterisieren uns einen
Komplex von Hantierungen als »Skatspiel«. Der gedankliche
Inhalt der »Norm« ist also maßgebend für die Auslese des
»Begriffswesentlichen« aus der Mannigfaltigkeit von Zigar-
renrauch, Bierkonsum, Auf-den-Tisch-schlagen, Raisonnements aller Art, in welcher sich ein echter deutscher Skat uns
zu präsentieren pflegt, und aus dem zufälligen »Milieu« des
konkreten Spieles. Wir »klassifizieren« einen Komplex von
Vorgängen dann als »Skat«, wenn solche für die Anwendung
der Norm als relevant geltende Vorgänge sich darin finden.
Sie sind es ferner, deren kausale Erklärung sich eine »historische« Analyse eines konkreten »Skats« in seinem empirischen
Verlauf zur Aufgabe stellen würde, – sie konstituieren das
empirische Kollektivum eines »Skatspiels« und den empirischen Gattungsbegriff »Skat«. In summa: Die Relevanz vom
Standpunkt der »Norm« grenzt das Untersuchungs-Objekt
ab. Es ist klar, zunächst, daß der Sinn, in dem die Skatregel
hier »Voraussetzung« unserer empirischen Skat-Erkenntnis,
d. h. spezifisches Begriffs-Merkmal, ist, streng von dem
Sinn, in welchem sie, d. h. ihre Kenntnis und Inrechnungstel-
lung seitens der Spieler, »Voraussetzung« des empirischen

Ablaufs von »Skatspielen« ist, zu s o n d e r n ist, – ferner aber, daß dieser Dienst des Normbegriffs bei der Klassifikation und Objekt-Abgrenzung an dem logischen Charakter der empirisch-kausalen Untersuchung des mit ihrer Hilfe abgegrenzten Objekts nichts ändert.

Vom Norminhalt aus ersehen wir – darauf beschränkt sich sein wichtiger Dienst – diejenigen Tatsachen und Vorgänge, auf deren kausale Erklärung sich ein eventuelles »historisches I n t e r e s s e« konzentrieren würde: sie grenzen, heißt das, die Ansatzpunkte des kausalen Regressus und Progressus aus der Mannigfaltigkeit des Gegebenen heraus. Von diesen Ansatzpunkten aus aber ginge nun ein kausaler Regressus, – wenn jemand ihn an einem konkreten Skatspiel vornehmen wollte –, alsbald über den Kreis der vom Standpunkt der Norm aus »relevanten« Vorgänge hinaus. Er müßte, um den Verlauf des Spiels zu »erklären«, z. B. die Veranlagung und Erziehung der Spieler, das Maß der ihre Aufmerksamkeit bedingenden »Frische« im gegebenen Moment, das Maß des Bierkonsums jedes einzelnen in seinem Einfluß auf den Grad der Konstanz seiner »Zweckmäßigkeits«-Maxime usw. usw. feststellen. Nur der A u s g a n g s punkt des Regressus also wird durch die »Relevanz« vom Standpunkt der »Norm« aus bestimmt. Es handelt sich um einen Fall der sog. »teleologischen« Begriffsbildung, wie er nicht nur auch außerhalb der Betrachtung des »sozialen« Lebens, sondern auch außerhalb der Betrachtung »menschlichen« Lebens sich findet. Die Biologie »liest« aus der Mannigfaltigkeit der Vorgänge diejenigen »aus«, welche in einem bestimmten »Sinn«, nämlich von der »Lebenserhaltung« her gesehen, »wesentlich« sind. Wir »lesen« bei Erörterung eines Kunstwerkes aus der Mannigfaltigkeit der Erscheinung diejenigen Bestandteile »aus«, welche vom Standpunkt der »Ästhetik« aus »wesentlich« – d. h. n i c h t etwa: ästhetisch »wertvoll«, sondern: »für das ästhetische Urteil relevant« – sind, und zwar auch dann, wenn wir nicht eine ästhetische »Wertung« des Kunstwerks, sondern die historisch-kausale »Erklärung« seiner individuellen Eigenart oder seine

Benutzung als Exemplar für die Erläuterung genereller Kausalsätze über die Entwicklungsbedingungen der Kunst – in beiden Fällen also rein empirische Erkenntnis – beabsichtigen. Unsere Auslese des Objekts, welches empirisch erklärt werden soll, wird »instradiert« durch die Beziehung auf ästhetische resp. biologische resp. (in unsrem Beispiel) skatrechtliche »Werte«, – das Objekt selbst »sind« in diesen Fällen nicht künstlerische Normen, vitalistische »Zwecke« eines Gottes oder Weltgeistes, oder Skatrechtssätze, sondern beim Kunstwerk die, durch kausal (aus »Milieu«, »Anlage«, »Lebensschicksalen« und konkreten »Anregungen« usw.) zu erklärende seelische Verfassungen des Künstlers determinierten Pinselstriche desselben, beim »Organismus« bestimmte physisch wahrnehmbare Vorgänge, beim Skatspiel die durch faktische »Maximen« bedingten Gedanken und äußeren Hantierungen der Spieler.

Wiederum ein anderer Sinn, in welchem die »Skatregel« als »Voraussetzung« des empirischen Erkennens des Skats bezeichnet werden kann, knüpft an die empirische Tatsache an, daß die Kenntnis und Beachtung der »Skatregel« zu den (normalen) empirischen »Maximen« der Skatspielenden gehört, ihr Hantieren also kausal beeinflußt. Die Art dieser Beeinflussung und also die empirische Kausalität des Handelns der Spieler erkennen zu können, dazu hilft uns natürlich nur unsre Kenntnis des »Skatrechts«. Wir verwenden dieses unser Wissen von der ideellen »Norm« als »heuristisches Mittel«, ganz ebenso wie z. B. der Kunsthistoriker seine ästhetische (normative) »Urteilskraft« als ein de facto ganz unentbehrliches heuristisches Mittel benutzt, um die faktischen »Intentionen« des Künstlers im Interesse der kausalen Erklärung der Eigenart des Kunstwerks zu ergründen. Und ganz entsprechendes gilt, wenn wir generelle Sätze über die »Chancen« eines bestimmten Verlaufs des Spiels bei einer gegebenen Karten-Verteilung aufstellen wollen. Wir würden dann die »Voraussetzung«, daß 1. die ideale Spielregel (das »Skatrecht«) faktisch innegehalten und daß 2. streng rational, d. h. teleologisch »zweckmäßig« gespielt werde, – so etwa, wie es in den »Skataufgaben« (oder für das Schachspiel, den Schachaufgaben), welche die Blätter publizieren, unterstellt wird[7], – dazu benützen, um, da erfahrungsgemäß generell eine gewisse »Annäherung« an diesen »Idealtypus« erstrebt und erreicht wird, die größere oder geringere »Wahrscheinlichkeit«, daß Spiele mit dieser Kartenverteilung den jenem Typ entsprechenden Verlauf nehmen, behaupten zu können.

Wir haben also gesehen, daß die »Skatregel« als »Voraussetzung« in drei logisch ganz verschiedenen Funktionen bei der empirischen Erörterung eine Rolle spielen kann: klassifikatorisch und begriffskonstitutiv bei der Abgrenzung des Objekts, heuristisch bei seiner kausalen Erkenntnis, und endlich als eine kausale Determinante des zu erkennenden Objekts selbst. Und wir haben ferner schon vorher uns überzeugt, in wie grundverschiedenem Sinne die Skatregel selbst Objekt des Erkennens werden kann: skatpolitisch, skatjuristisch, – in beiden Fällen als »ideelle« Norm, endlich empirisch, als faktisch wirkend und bewirkt. Daraus mag man vorläufig entnehmen, wie unbedingt nötig es ist, jeweils auf das sorgsamste festzustellen, in welchem Sinn man von der »Bedeutung« der »Regel« als »Voraussetzung« irgend welchen Erkennens spricht, wie vor allem die stete Gefahr der hoffnungslosen Konfusion des Empirischen mit dem Normativen auf das Maximum steigen muß, wenn man nicht sorgsam jede Zweideutigkeit des Ausdrucks vermeidet.

Gehen wir nun vom Gebiet der »konventionellen« Normen des Skats und der Quasi-»Jurisprudenz« des »Skatrechts« zum »echten« Recht über (ohne hier vorerst nach dem entscheidenden Unterschiede von Rechtsregel und Konventionsregel zu fragen) und nehmen wir also an, unser obiges »Tausch«-Beispiel bewege sich innerhalb des Geltungsbereichs eines positiven Rechts, welches auch den Tausch

---

7 Sie entsprechen darin in logischer Hinsicht den »Gesetzen« der theoretischen Nationalökonomie.

»regle«, dann tritt zu den bisher erörterten scheinbar eine
weitere Komplikation. Für die Bildung des empirischen
Begriffs »Skat« war die Skatnorm begriffsabgrenzende
»Voraussetzung« im Sinn der Bestimmung des Umkreises des
Objekts: die skatrechtlich relevanten Hantierungen sind
es, welche einer empirisch-historischen Skatanalyse – wenn
jemand sie unternehmen wollte – die Ansatzpunkte liefern.
Das liegt nun hinsichtlich des Verhältnisses der Rechtsregel
und des empirischen Ablaufs des menschlichen »Kulturlebens«[8] anders, sobald ein vom Recht normiertes Gebilde Gegenstand nicht rechtsdogmatischer und auch nicht
rein rechtshistorischer, sondern – wie wir uns vorerst einmal allgemein ausdrücken wollen – »kulturgeschichtlicher«
oder »kulturtheoretischer« Betrachtung unterworfen wird,
d. h. sobald – wie wir ebenfalls vorerst möglichst unbestimmt sagen wollen – entweder (»historische« Betrachtung)
bestimmte, mit Beziehung auf »Kulturwerte« bedeutsame
Bestandteile einer ideell auch vom Recht normierten Wirklichkeit in ihrem kausalen Gewordensein erklärt oder (kul-
turtheoretische Betrachtung) generelle Sätze über die kausalen Bedingungen des Entstehens solcher Bestandteile oder
über ihre kausale Wirkung gewonnen werden sollen. Während bei der in den obigen Erörterungen unterstellten Absicht, eine empirisch-historische Ergründung des Verlaufs
eines konkreten »Skatspiels« vorzunehmen, die Formung des
Objekts (des »historischen Individuums«) schlechthin an der
Relevanz der Tatbestände vom Standpunkt der »Skatnorm«
aus hing, ist dies bei einer nicht rein rechts-, sondern
»kultur«historischen Betrachtung bezüglich der Rechtsnorm
durchaus nicht so. Wir klassifizieren ökonomische, politische usw. Tatbestände auch nach andern als rechtlichen

8 Der hier verwendete »Kultur«-Begriff ist der Rickertsche (Grenzen der natur-
wissenschaftlichen Begriffsbildung, Viertes Kapitel, Abschnitt II und VIII).
Absichtlich wird hier, vor der Auseinandersetzung mit Stammler, der Begriff
»soziales Leben« vermieden. Ich verweise im übrigen auf meine verschiedenen
Aufsätze in dieser Zeitschrift Band XIX und XXII [S. 21 ff. und 102 ff. dieses
Bandes].

Merkmalen, auch rechtlich ganz irrelevante Tatsachen des
Kulturlebens »interessieren« uns historisch und folglich ist
es dann eine offene Frage, inwieweit im einzelnen Fall die
vom Standpunkt eines ideell geltenden Rechts und der demgemäß zu bildenden juristischen Begriffe aus relevanten
Merkmale solcher Tatbestände es auch für die zu bildenden
historischen oder »kulturtheoretischen« Begriffe sind[9]. In
ihrer Stellung als »Voraussetzung« der Bildung des Kollek-
tivbegriffs scheidet die Rechtsnorm alsdann im Prinzip aus.
Aber der Fall ist trotzdem um deswillen n i c h t einfach dahin
zu erledigen, daß beide Arten von Begriffsbildung schlechthin nichts miteinander zu tun hätten, weil, wie wir sehen
werden, ganz regelmäßig rechtliche T e r m i n i für Begriffsbildungen, z. B. ökonomische, verwendet werden, welche
unter wesentlich abweichenden Gesichtspunkten relevant
sind. Und dies wieder ist um deswillen nicht einfach als terminologischer Mißbrauch zu verwerfen, weil einmal der betreffende Rechtsbegriff, e m p i r i s c h gewendet, sehr häufig als
»Archetypos« des betreffenden ökonomischen Begriffs
gedient hat und dienen konnte, und dann, weil selbstredend
die »empirische Rechtsordnung«, – ein Begriff, von dem alsbald zu reden sein wird, – von (wie wir vorerst nur allgemein
sagen wollen) sehr erheblicher Bedeutung z. B. auch für die
unter ökonomischen Gesichtspunkten relevanten Tatbestände zu sein pflegt. Aber – wie später zu erörtern sein wird –
beide koinzidieren schlechterdings nicht. Schon der Begriff
des »Tauschs« z. B. dehnt die ökonomische Betrachtung auf
Tatbestände des allerheterogensten Rechtscharakters aus,
weil die für sie relevanten Merkmale sich bei allen finden.
Und umgekehrt erfaßt sie, wie wir sehen werden, sehr oft
rechtlich durchaus irrelevante Merkmale und knüpft an sie
ihre Distinktionen. Auf die daraus entstehenden Probleme

---

9 Genau das gleiche würde natürlich der Skatnorm widerfahren, w e n n wir
einmal unterstellen, ein skatrechtlich normierter Tatbestand würde Bestandteil
eines unter »welthistorischen« Gesichtspunkten interessierenden Forschungs-
objekts.

werden wir weiterhin immer wieder zurückkommen. Hier
vergegenwärtigen wir uns vorläufig nur noch, einerseits, daß
die an unsrem Skatbeispiel demonstrierten Arten von logisch
möglichen Betrachtungsweisen auf dem Gebiete der »Rechtsregel« wiederkehren, und stecken, andererseits, zunächst nur
rein provisorisch, die Grenzen für diese Analogie ab, ohne
jedoch an dieser Stelle schon eine endgültige und korrekte
Formulierung des logischen Sachverhalts zu unternehmen[10].
Eingehender kommen wir erst darauf zurück, nachdem wir
weiterhin an Stammlers Argumentationen gelernt haben
werden, wie man mit diesen Problemen nicht umspringen
darf. –

Ein bestimmter »Paragraph« des Bürgerlichen Gesetz-
buchs kann in verschiedenem Sinn Gegenstand des Nachdenkens werden. Zunächst rechtspolitisch: man kann von
ethischen Prinzipien aus seine normative »Berechtigung«,
ferner von bestimmten »Kulturidealen« oder von politischen,
– »machtpolitischen« oder »sozialpolitischen«, – Postulaten
aus seinen Wert oder Unwert für die Verwirklichung jener
Ideen, oder vom »Klassen«- oder persönlichen Interessen-
standpunkt aus seinen »Nutzen« oder »Schaden« für jene
Interessen diskutieren. Diese Art von direkt wertender Erörterung der »Regel« als solcher, die uns mutatis mutandis

---

10 Es sei auf die eindringenden Bemerkungen verwiesen, welche G. Jellinek
in der 2. Auflage seines »Systems der subjektiven öffentlichen Rechte« Kap. III
S. 12 f. (vgl. seine »Allgem. Staatslehre«, 2. Aufl., Kap. VI) zu unserm Problem
gemacht hat. Ihn interessiert dasselbe unter dem grade umgekehrten Gesichtspunkt wie uns hier. Während er naturalistische Eingriffe in das rechtsdogmatische Denken abzuwehren hat, haben wir hier rechtsdogmatische Verfälschun-
gen des empirischen Denkens zu kritisieren. Der einzige, der bisher dem
Problem der Beziehungen zwischen empirischem und juristischem Denken vom
Standpunkt des ersteren aus prinzipiell zu Leibe gerückt ist, ist F. Gottl,
dessen »Herrschaft des Worts« darüber ganz vorzügliche Andeutungen – aber
allerdings nur Andeutungen – enthält. Die Behandlung rechtlich geschützter
Interessen (»subjektiver Rechte«) vom Standpunkt speziell des ökonomischen
Denkens aus hat seiner Zeit, wie bekannt, v. Böhm-Bawerk in seiner
Abhandlung »Rechte und Verhältnisse vom Standpunkt der volkswirtschaftli-
chen Güterlehre« (1881) in konsequenter Klarheit entwickelt.

schon beim »Skat« begegnet ist, scheiden wir hier vorerst
einmal gänzlich aus, da sie logisch keine prinzipiell neuen
Probleme bietet. Dann bleibt zweierlei. Man kann bezüglich
des gedachten Paragraphen nun noch fragen, einmal: was
»bedeutet« er begrifflich? – und ein andres Mal: was
»wirkt« er empirisch? Daß die Beantwortung dieser beiden Fragen Voraussetzung einer fruchtbaren Erörterung der
Frage des ethischen, politischen usw. Wertes des Paragraphen ist, ist eine Sache für sich: die Frage nach dem »Wert« ist
deshalb natürlich doch eine durchaus selbständige, streng von
diesen beiden letztgenannten zu scheidende. Sehen wir uns
nun diese beiden Fragen auf ihr logisches Wesen hin an. In
beiden Fällen ist grammatisches Subjekt des Fragesatzes:
»er«, d. h. der betreffende »Paragraph«, – und doch handelt
es sich beide Male um ganz und gar verschiedene Gegenstände, die sich hinter diesem »er« verstecken. In dem ersten
Fall ist »er«, der »Paragraph« nämlich, eine in Worte gefaßte
Gedankenverbindung, die nun immer weiter als ein rein
ideelles, vom juristischen Forscher destilliertes Objekt begrifflicher Analyse behandelt wird. Im zweiten ist »er« –
der »Paragraph« – zunächst einmal die empirische Tatsache,
daß, wer eines von den »Bürgerliches Gesetzbuch« genannten Papierfaszikeln zur Hand nimmt, an einer bestimmten
Stelle regelmäßig einen Aufdruck findet, durch den in seinem
Bewußtsein nach den »Deutungs«-Grundsätzen, die ihm
empirisch anerzogen sind – mit mehr oder minder großer
Klarheit und Eindeutigkeit – bestimmte Vorstellungen über
die faktischen Konsequenzen, welche ein bestimmtes äußeres
Verhalten nach sich ziehen könne, erweckt werden. Dieser
Umstand hat nun weiter zur empirisch regelmäßigen – wenn
auch keineswegs faktisch ausnahmslosen – Folge, daß gewisse
psychische und physische »Zwangsinstrumente« demjenigen
zur Seite stehen, der gewissen, üblicherweise »Richter«
genannten, Personen in einer bestimmten Art die Meinung
beizubringen weiß, daß jenes »äußere Verhalten« in einem
konkreten Fall vorgelegen habe oder vorliege. Er hat zur fer-

neren Folge, daß jeder, auch ohne diese Bemühung jener,
»Richter« genannten Personen, mit einem starken Maß von
Wahrscheinlichkeit auf ein bestimmtes Verhalten andrer ihm
gegenüber »rechnen« kann, – daß er m. a. W. eine gewisse
Chance hat, z. B. auf die faktisch ungestörte Verfügung
über ein bestimmtes Objekt zählen zu können, und daß
er nun auf Grund dieser Chance sich sein Leben gestalten
kann und gestaltet. Das empirische »Gelten« des betreffenden »Paragraphen« bedeutet also in letzterem Fall eine Serie
von komplizierten Kausalverknüpfungen in der Realität des
empirisch-geschichtlichen Zusammenhangs, ein durch die
Tatsache, daß ein bestimmtes Papier mit bestimmten
»Schriftzeichen« bedeckt wurde[11], hervorgerufenes reales
Sich-Verhalten von Menschen zueinander und zur außermenschlichen »Natur«. Das »Gelten« eines Rechtssatzes in
dem oben zuerst behandelten »idealen« Sinn bedeutet dagegen ein für das wissenschaftliche Gewissen desjenigen, der
»juristische Wahrheit« will, verbindliches gedankliches
Verhältnis von Begriffen zueinander: ein »Gelten-Sollen« bestimmter Gedankengänge für den juristischen In-
tellekt. Der Umstand andererseits, daß ein solches ideales »Gelten-Sollen« eines bestimmten »Rechtssatzes« aus
bestimmten Wortverbindungen von solchen empirischen
Personen, welche »juristische Wahrheit« wollen, faktisch
»erschlossen« zu werden pflegt, ist seinerseits natürlich
wieder keineswegs ohne empirische Konsequenzen, vielmehr
von der allergrößten empirisch-historischen Bedeutsamkeit.
Denn auch die Tatsache, daß es eine »Jurisprudenz« gibt und
die empirisch-historisch gewordene Art der sie jeweils de
facto beherrschenden »Denkgewohnheiten« ist von der er-
heblichsten praktisch-empirischen Tragweite für die faktische Gestaltung des Verhaltens der Menschen schon deshalb,
weil in der empirischen Realität die »Richter« und andre
»Beamte«, welche dies Verhalten durch bestimmte physische

---

11 Wir vereinfachen hier künstlich!

und psychische Zwangsmittel zu beeinflussen in der Lage sind, ja eben dazu erzogen werden, »juristische Wahrheit« zu w o l l e n und dieser »Maxime« – in faktisch sehr verschiedenem Umfang – nachleben. Daß unser »soziales Leben« empirisch »geregelt«, d. h. hier: »in Regelmäßigkeiten«, verläuft, in dem Sinne, daß z. B. alltäglich der Bäcker, der Metzger, der Zeitungsjunge sich einstellt usw. usw. – diese »empirische« Regelmäßigkeit ist von dem Umstand, daß eine »Rechtsordnung« empirisch, d. h. aber: als eine das Handeln von Menschen kausal mitbestimmende Vorstellung von etwas, das sein s o l l, als »Maxime« also, existent ist, natürlich auf das allerfundamentalste mit determiniert. Aber nicht nur jene empirischen Regelmäßigkeiten, sondern auch diese empirische »Existenz« des »Rechts« sind natürlich etwas absolut anderes als die juristische Idee seines »Gelten-Sol-lens«. Das »empirische« Gelten kommt ja dem »juristischen Irrtum« eventuell in genau dem gleichen Maße zu wie der »juristischen Wahrheit«, und die Frage nach dem, w a s in concreto »juristische Wahrheit« ist, d. h. gedanklich nach »wissenschaftlichen« Grundsätzen als solche »gelten« s o l l e oder h ä t t e »gelten« sollen, ist logisch gänzlich verschieden von der: was de facto empirisch in einem konkreten Fall oder in einer Vielheit von Fällen als kausale »Folge« des »Geltens« eines bestimmten »Paragraphen« eingetreten i s t. Die »Rechtsregel« ist in dem einen Fall eine ideale gedanklich erschließbare N o r m, im andren Fall ist sie eine empirisch, als mehr oder minder konsequent und häufig befolgt, f e s t-s t e l l b a r e M a x i m e des Verhaltens konkreter Menschen. Eine »Rechtsordnung« gliedert sich in dem einen Fall in ein System von Gedanken und Begriffen, welches der wissenschaftliche Rechtsdogmatiker als Wertmaßstab benützt, um das faktische Verhalten gewisser Menschen: der »Richter«, »Advokaten«, »Delinquenten«, »Staatsbürger« usw. daran, juristisch wertend, zu messen und als der idealen Norm entsprechend oder nicht entsprechend anzuerkennen oder zu verwerfen, – im andern Fall löst sie sich in einen Komplex von

Maximen in den Köpfen bestimmter empirischer Menschen auf, welche deren faktisches Handeln und durch sie indirekt das anderer kausal beeinflussen. Soweit ist alles relativ einfach. Komplizierter aber steht es mit dem Verhältnis zwischen dem Rechtsbegriff »Vereinigte Staaten« und dem gleichnamigen empirisch-historischen »Gebilde«. Beide sind, logisch betrachtet, schon deshalb verschiedene Dinge, weil in jedem Fall die Frage entsteht, inwieweit das, was vom Standpunkt der Rechtsregel aus an der empirischen Erscheinung relevant ist, es auch für die empirisch-historische, politische und sozialwissenschaftliche Betrachtung bleibt. Man darf sich darüber nicht durch den Umstand täuschen lassen, daß beide sich mit dem gleichen Namen schmücken. – »Die Vereinigten Staaten sind, den Einzelstaaten gegenüber, zum Abschluß von Handelsverträgen zuständig.« »Die Vereinigten Staaten haben demgemäß einen Handelsvertrag des Inhalts *a* mit Mexiko abgeschlossen«. »Das handelspolitische Interesse der Vereinigten Staaten hätte jedoch den Inhalt *b* erfordert.« »Denn die Vereinigten Staaten exportieren von dem Produkt *c* nach Mexiko die Quantität *d*.« »Die Zahlungsbilanz der Vereinigten Staaten befindet sich daher im Zustande *x*.« »Dies muß auf die Valuta der Vereinigten Staaten den Einfluß *y* haben.« In den 6 Sätzen hat das Wort »Vereinigte Staaten« einen jedesmal verschiedenen Sinn[12]. Hier also liegt ein Punkt, an dem die Analogie mit dem »Skat«-Beispiel abbricht. Der empirische Begriff eines konkreten »Skats« ist identisch mit den vom Standpunkt des Skatrechtes relevanten Vorgängen. Zu einem davon abweichenden Gebrauch von Skatbegriffen haben wir keinen Anlaß[13]. Anders bei dem Begriff »Vereinigte Staaten«. Dies hängt eben offenbar mit der schon oben erwähnten Gepflogenheit, juristische Terminologien (z. B. den Begriff »Tausch«) auf andere Gebiete zu übertragen, zusammen. Machen wir uns

12 S. auch Gottl a. a. O. S. 192 Anm. 1 und folgende Seiten.
13 Aus dem rein faktischen Grunde der geringen Tragweite der »Skatregel« für das Kulturleben.

auch hier in den allgemeinsten Zügen noch näher klar, wie dies den logischen Sachverhalt beeinflußt. – Zuerst einige Rekapitulationen. Was sich schon aus dem bisher Gesagten jedenfalls ergibt, ist, daß es sinnlos ist, die Beziehung der Rechtsregel zum »sozialen Leben« derart zu fassen, daß das Recht als die – oder eine – »Form« des »sozialen Lebens« aufgefaßt werden könnte, welcher irgend etwas anderes als »Materie« gegenüberzustellen sei und nun daraus »logische« Konsequenzen ziehen zu wollen. Die Rechtsregel, als »Idee« gefaßt, ist ja keine empirische Regelmäßigkeit oder »Geregeltheit«, sondern eine Norm, die als »gelten sollend« gedacht werden kann, also ganz gewiß keine Form des Seienden, sondern ein Wertstandard, an dem das faktische Sein wertend gemessen wird, wenn wir »juristische Wahrheit« wollen. Die Rechtsregel, empirisch betrachtet, ist aber erst recht keine »Form« des sozialen Seins, wie immer das letztere begrifflich bestimmt werden möge, sondern eine sachliche Komponente der empirischen Wirklichkeit, eine, in mehr oder minder großer »Reinheit«, das empirisch zu beobachtende Verhalten eines in jedem einzelnen Fall unbestimmt großen Teils der Menschen kausal bestimmende, im Einzelfall mehr oder minder bewußt und mehr oder minder konsequent befolgte, Maxime. Der Umstand, daß die Richter erfahrungsgemäß die »Maxime« befolgen, gemäß einer bestimmten Rechtsregel »Interessenkonflikte« zu »entscheiden«, daß dann andre Leute: Gerichtsvollzieher, Polizisten usw. die »Maxime« haben, sich nach dieser Entscheidung zu »richten«, daß ferner überhaupt die Mehrzahl der Menschen »rechtlich« denkt, d. h. die Innehaltung der Rechtsregeln normalerweise zu einer der Maximen ihres Handelns macht, – dies alles sind Bestandteile, und zwar ungemein wichtige Bestandteile, der empirischen Wirklichkeit des Lebens, spezieller: des »sozialen Lebens«. Das »empirische Sein« des Rechts als Maxime-bildenden »Wissens« konkreter Menschen nannten wir hier: die empirische »Rechtsordnung«. Dies Wissen, diese »empirische Rechtsordnung« also, ist für

den handelnden Menschen einer der Bestimmungsgründe
seines Tuns, und zwar, sofern er zweckvoll handelt, teils
eines der »Hemmnisse«, dessen er, sei es durch möglichst
ungefährdete Verletzung ihrer, sei es durch »Anpassung«
an sie, Herr zu werden trachtet, – teils ein »Mittel«, welches er seinen »Zwecken« dienstbar zu machen sucht,
genau im gleichen Sinn wie sein Wissen von irgendeinem
andren Erfahrungssatz. Diesen ihren empirischen Bestand
sucht er seinen »Interessen« gemäß eventuell durch Beeinflussung andrer Menschen zu ändern in – logisch betrachtet – ganz dem gleichen Sinn wie irgendeine Naturkonstel-
lation durch technische Benützung der Naturkräfte. – Will
er z. B. – um ein gelegentliches Beispiel Stammlers zu
gebrauchen – das Qualmen eines benachbarten Schornsteins
nicht dulden, so befragt er sein eignes Erfahrungswissen
oder das anderer (z. B. eines »Anwalts«) darüber, ob bei
Vorlegung bestimmter Schriftstücke an einer bestimmten
Stelle (dem »Gericht«) zu erwarten ist, daß gewisse, »Richter« genannte, Leute nach Vornahme einer Serie von Proze-
duren ein Schriftstück (»Urteil« genannt) unterzeichnen,
welches zur »adäquaten« Folge hat, daß auf gewisse Personen ein psychischer oder eventuell physischer Zwang geübt
wird, den betreffenden Ofen nicht mehr anzuheizen. Für
den Kalkül darüber, ob dies mit einiger Wahrscheinlichkeit
zu erwarten ist, prüft er, oder sein »Anwalt«, natürlich vor
allem auch die Frage, wie, nach dem »begrifflichen« Sinn
der Rechtsregel, die Richter den Fall entscheiden »müßten«. Aber mit dieser »dogmatischen« Prüfung ist ihm
nicht geholfen. Denn für seine empirischen Zwecke ist das
noch so »unbefangene« Ergebnis dieser Prüfung nur ein
Posten in der Wahrscheinlichkeitsrechnung betreffend den
zu gewärtigenden empirischen Verlauf: aus den verschiedensten Gründen kann es, wie er sehr wohl weiß, geschehen, daß, trotzdem nach gewissenhafter Prüfung des Anwalts die »Norm«, auf ihren idealen Sinn hin geprüft, zu
seinen Gunsten sprechen würde, er dennoch vor Gericht

»verspielt«, – wie der Volksmund bezeichnenderweise den Vorgang sehr charakteristisch benennt.

Und in der Tat: der Prozeß weist die vollkommenste Analogie zum »Skatspiel« auf, wie wohl keiner weiteren Erläuterung bedarf. Nicht nur ist die empirische Rechtsordnung hier »Voraussetzung« des empirischen Hergangs, d. h. »Maxime« der entscheidenden Richter, »Mittel« der agierenden Parteien, und nicht nur spielt für die empirisch-kausale »Erklärung« des faktischen Hergangs eines konkreten Prozesses die Kenntnis ihres gedanklichen »Sinns«, also ihrer dogmatisch-juristischen Bedeutung, als unentbehrliches heuristisches Mittel eine ganz ebenso große Rolle, wie bei einer »historischen« Analyse eines Skats die Skatregel, sondern sie ist ferner auch konstitutiv für die Abgrenzung des »historischen Individuums«: die rechtlich relevanten Bestandteile des Vorgangs sind es, an welche das Interesse der »Erklärung« sich knüpft, wenn wir einen konkreten Prozeß eben als Prozeß kausal erklären wollen. – Hier ist also die Analogie mit der Skatregel komplett. Der empirische Begriff des konkreten »Rechtsfalls« erschöpft sich – ganz ebenso wie der konkrete Skatfall – in den vom Standpunkt der »Rechtsregel« – wie dort der »Skatregel« – relevanten Bestandteilen des betreffenden Wirklichkeitsausschnitts. Aber wenn wir nun nicht eine »Geschichte« eines konkreten »Rechtsfalls« im Sinn der Erklärung seines juristischen Ergebnisses als Aufgabe denken, sondern z. B. schon die »Geschichte« eines so durch und durch von der Rechtsordnung beeinflußten Objekts wie etwa des »Arbeitsverhältnisses« in einer bestimmten Industrie, etwa der Textilindustrie Sachsens, so verschiebt sich dieser Sachverhalt. Das, worauf es uns dabei »ankommt«, ist keineswegs notwendig in denjenigen Bestandteilen der Wirklichkeit beschlossen, welche für irgendeine »Rechtsregel« relevant sind. Daß die Rechtsregel die gewaltigste kausale Bedeutung für das »Arbeitsverhältnis«, welches auch immer der »Gesichtspunkt« sein mag, unter dem wir es betrachten, besitzt, ist dabei selbstredend ganz unbestreitbar. Sie ist eine der allgemeinen sachlichen »Bedingungen«, welche bei der Betrachtung in Rechnung gestellt werden. Aber die, von ihr aus gesehen, »relevanten« Tatsachen sind nicht mehr, wie bei der »Skatregel« im Verhältnis zum konkreten Skat und der Rechtsregel zum Prozeß, notwendigerweise die Bestandteile des »historischen Individuums«, d. h. derjenigen »Tatsachen«, auf deren Eigenart und kausale Erklärung es uns »ankommt«, obwohl vielleicht für alle diese Tatsachen die Eigenart der konkreten örtlich-zeitlichen »Rechtsordnung« eine der entscheidendsten kausalen »Bedingungen«, und das Vorhandensein einer »Rechtsordnung« überhaupt ebenso unerläßliche, allgemeine (sachliche) »Voraussetzung« ist wie das Vorhandensein von Wolle oder Baumwolle oder Leinen und deren Verwertbarkeit für bestimmte menschliche Bedürfnisse.

Man könnte – was jedoch an dieser Stelle nicht geschehen soll – eine Serie von Gattungen möglicher Objekte der Untersuchung zu konstruieren suchen, bei der in jedem folgenden Beispiel die generelle kausale Bedeutung der konkreten Eigenart der »empirischen Rechtsordnung« immer weiter zurücktritt, andre Bedingungen in ihrer Eigenart immer mehr an kausaler Bedeutung gewinnen, und so zu generellen Sätzen über das Maß der kausalen Tragweite empirischer Rechtsordnungen für Kulturtatsachen zu gelangen suchen. Hier begnügen wir uns, die prinzipielle Wandelbarkeit dieser Tragweite je nach der Art des Objekts generell festzustellen. Auch die künstlerische Eigenart der Sixtinischen Madonna z. B. hat eine sehr spezifische empirische »Rechtsordnung« zur »Voraussetzung« und der kausale Regressus, denken wir ihn uns erschöpfend durchgeführt, müßte auf sie als »Element« stoßen. Und ohne irgendeine »Rechtsordnung« als allgemeine »Bedingung« wäre ihr Entstehen empirisch bis an die Grenze der Unmöglichkeit unwahrscheinlich. Aber die Tatsachen, welche das »historische Individuum«: »Sixtinische Madonna« konstituieren, sind hier rechtlich gänzlich irrelevant.

Der Fachjurist freilich ist begreiflicherweise geneigt, den Kulturmenschen im allgemeinen als potentiellen Prozeßführer zu betrachten, in demselben Sinn, wie etwa der Schuster ihn als potentiellen Schuhkäufer und der Skatspieler ihn als potentiellen »dritten Mann« ansieht. Aber der eine wie der andere hätten natürlich ganz gleich Unrecht, wenn sie behaupten wollten, daß der Kulturmensch nur insofern Gegenstand kulturwissenschaftlicher Erörterung sein dürfe oder könne, als er das eine oder das andere ist, wenn also der Jurist sozusagen den Menschen nur als potentiellen »Rechtsskat-Spieler« ansehen wollte, indem er den Glauben hegte, ausschließlich die unter dem Gesichtspunkt eines eventuellen Prozesses relevanten Bestandteile der Beziehungen zwischen Menschen seien mögliche Bestandteile eines »historischen Individuums«. Das empirische Erklärungsbedürfnis kann an Bestandteile der Wirklichkeit und insbesondere auch des Sich-Verhaltens der Menschen zueinander und zu der außermenschlichen Natur anknüpfen, welche, vom Standpunkt der »Rechtsregel« aus gesehen, schlechthin irrelevant sind, und dieser Fall tritt in der Praxis der Kulturwissenschaften fortgesetzt ein. Demgegenüber steht nun die Tatsache, daß – wie den früheren Bemerkungen über diesen Punkt ergänzend hinzuzufügen ist – wichtige Zweige der empirischen Disziplinen vom Kulturleben: die politische und ökonomische Betrachtung insbesondere, sich der juristischen Begriffe nicht nur, wie schon hervorgehoben, terminologisch, sondern auch sozusagen als einer Vorformung ihres eigenen Materials bedienen. Zunächst ist es die hohe Entwicklung des juristischen Denkens, welche diese Entlehnung zum Zweck einer provisorischen Ordnung der uns umgebenden Mannigfaltigkeit faktischer Beziehungen bedingt. Aber eben deshalb ist es notwendig, stets darüber im klaren zu bleiben, daß diese juristische Vorformung alsbald verlassen wird, sobald die politische oder die ökonomische Betrachtung nun ihre »Gesichtspunkte« an den Stoff bringt und dadurch die juristischen Begriffe in Faktizitäten mit

einem notwendig anderen Sinn umdeutet. Nichts aber steht
dieser Erkenntnis mehr im Wege, als wenn man wegen jener
wichtigen Dienste der juristischen Begriffsbildung die rechtliche Regelung zu einem »Formalprinzip« der das menschliche Gemeinschaftsleben betreffenden Erkenntnis erheben
wollte. Der Irrtum liegt deshalb so nahe, weil die faktische
Tragweite der empirischen »Rechtsordnung« eine so bedeutende ist. Denn wenn, nach dem Gesagten, sobald die Sphäre
der Betrachtung von Vorgängen, die nur ihrer rechtlichen
Relevanz wegen als »interessant« gelten, verlassen ist, damit
zugleich auch die Bedeutung der »Rechtsregel« als »Voraussetzung« im Sinn des die Objektabgrenzung leitenden Prinzips schwindet, so ist andererseits die Universalität der kausalen Bedeutung der »Rechtsregel« für jede Betrachtung des
Verhaltens der Menschen zueinander – wenn wir z. B. wieder
den Skat als Vergleich heranziehen – außerordentlich groß,
weil sie als Rechtsregel empirisch normalerweise mit Zwangs-
gewalt ausgestattet und überdies von höchst universellem
Geltungsbereich ist. In einen Skat braucht sich im allgemeinen niemand hineinziehen und damit den Wirkungen der
empirischen »Geltung« der Skatregel aussetzen zu lassen.
Dagegen kann er es de facto unmöglich vermeiden, das
Gebiet der vom Standpunkt von empirischen Rechtsordnungen aus, »relevanten« Tatbestände konstant – schon vor seiner Geburt – zu kreuzen und also – empirisch betrachtet –
unausgesetzt »potentieller Rechtsskat-Spieler« zu werden
und also, sei es aus reinen Zweckmäßigkeits- oder sei es aus
Rechtlichkeits-Maximen, sein Verhalten dieser Situation
anpassen zu müssen. In diesem Sinn gehört gewiß, rein empirisch gesprochen, das Bestehen einer »Rechtsordnung« zu
den universellen empirischen »Voraussetzungen« eines solchen faktischen Verhaltens der Menschen zueinander und zu
den außermenschlichen Objekten, welches »Kulturerscheinungen« erst möglich macht. Allein sie ist, in diesem Sinn,
ein empirisches Faktum, wie z. B. etwa ein gewisses Mindest-

maß von Sonnenwärme auch, und gehört also wie diese einfach zu den kausalen »Bedingungen«, welche jenes Verhalten determinieren helfen. Und ähnlich wie mit der »objektiven Rechtsordnung« im empirischen Sinn steht es mit dem Umstand, daß in einer konkreten örtlich-zeitlichen Situation ein bestimmter konkreter »Tatbestand« zu den »rechtlich geordneten« gehört, z. B. – um damit zu unsrem Beispiel von dem qualmenden Schornstein zurückzukehren – das Maß von Einwirkungen lästiger Rauchentwicklung, bei dessen Abwehr dem Nachbarn die Unterstützung der »Rechtsordnung« in Aussicht steht: er ein entsprechendes »subjektives Recht« hat. Dies letztere stellt dann für die ökonomische Betrachtung lediglich eine faktische Chance für ihn dar. Diese Chance aber, daß nämlich die »Richter« 1. die Entscheidung »gemäß der Norm« als »Maxime« streng festhalten werden, – also unbestechlich und gewissenhaft sind, – 2. daß sie den Sinn der Rechtsnorm ebenso »deuten« wie der von jenem Schornstein Belästigte oder sein Anwalt, 3. daß es gelingt, ihnen diejenigen faktischen Überzeugungen beizubringen, welche die Anwendung jener »Norm« nach ihrer Auffassung bedingen, 4. daß die faktische Erzwingung der Durchführung der normgemäßen Entscheidung erfolgt, – diese Chance ist »kalkulierbar« im gleichen logischen Sinn wie irgendein »technischer« Vorgang oder ein Erfolg im Skat. Wird der erwünschte Erfolg nun erzielt, so hat dann zweifellos die »Rechtsregel« kausal das künftige Nichtqualmen des Schornsteins beeinflußt – trotz Stammlers Protest gegen diese Möglichkeit –, natürlich nicht als ideales »Sollen« (»Norm«) gedacht, sondern als faktisch ein bestimmtes Verhalten der beteiligten Menschen, z. B. der Richter, in deren Köpfen sie als »Maxime« ihrer »Entscheidung« lebendig war, und des Nachbarn oder der Exekutoren bewirkend.

Und ebenso wirkt der »Regel«-Charakter der »empirischen Rechtsordnung«, d. h. der als Faktum feststellbare und als solches auch einer Vielheit von Menschen bekannte

Umstand, daß die »Maxime« der »Richter« dahin geht, an gewisse generell bestimmte Tatbestände eine generell gleiche Entscheidung von Interessenkonflikten zu knüpfen und zu erzwingen, – der Umstand also, daß die »Rechtsnormen« eben den Charakter generalisierter Sätze: »Rechtsregeln«, besitzen und in dieser Form als »Maximen« in den Köpfen der Richter leben, – dieser Umstand wirkt teils direkt, teils indirekt zur Erzeugung empirischer Regelmäßigkeiten im faktischen Verhalten der Menschen zueinander und den Sachgütern mit. Kein Gedanke natürlich, daß die empirischen Regelmäßigkeiten des »Kulturlebens« generell »Projektionen« von »Rechtsregeln« bildeten. Aber der »Regel«-Charakter des Rechts kann empirische Regelmäßigkeiten zur »adäquaten« Folge haben. Er ist dann ein kausales Element für diese empirische Regelmäßigkeit neben andern. Daß er eine höchst wichtige Determinante in dieser Richtung ist, beruht natürlich darauf, daß die empirischen Menschen normalerweise »vernünftige«, d. h. (empirisch betrachtet) der Erfassung und Befolgung von »Zweckmaximen« und des Besitzes von »Normvorstellungen« fähige Wesen sind. Darauf beruht es, daß rechtliche »Regelung« ihres Verhaltens unter Umständen mehr an empirischer »Regelmäßigkeit« dieses letzteren zu erzwingen vermag, als die ärztliche »Regelung« der Verdauung eines Menschen an physiologischer »Regelmäßigkeit« zu erreichen imstande ist. Allein sowohl die Art wie das Maß, in welchem die empirisch (als »Maxime« bestimmter Menschen) vorhandene »Rechtsregel« als kausale Determinante empirischer Regelmäßigkeiten anzusprechen ist, wechselt – wo es überhaupt zutrifft – von Fall zu Fall und ist durchaus nicht generell bestimmbar. Sie ist für das empirisch »regelmäßige« Erscheinen des Kanzlisten auf seinem Bureau in ganz andrer Art und ganz andrem Grade die entscheidende Ursache, wie für das empirisch regelmäßige Erscheinen des Metzgers, oder wie für die empirischen Regelmäßigkeiten in der Art der Disposition eines Menschen über Geld- und Gütervorräte, die er in seiner faktischen Verfügung hat, oder für die Periodi-

zitäten der mit »Krisen«[14] und »Arbeitslosigkeit« bezeichneten Erscheinungen oder der »Preis«-Bewegungen nach den
Ernten, oder für die Geburtenziffern bei steigendem »Vermögen« oder steigender intellektueller »Kultur« bestimmter
Menschengruppen. Und da die »Wirkung« der Tatsache, daß
ein bestimmter »Rechtssatz« empirisch neu »geschaffen«
wird, d. h. aber, daß in einer spezifischen Art und Weise,
welche eine empirische Vielheit von Menschen gewohnt
sind, als die für die »Fixierung« von Rechtsregeln übliche und
für sie verbindliche anzusehen, ein diesen ihren Gewohn-
heiten entsprechender »symbolischer« Vorgang sich vollzieht, – da die »Wirkung« dieser Tatsache auf das faktische
Verhalten dieser und anderer von ihnen in ihrem Verhalten
beeinflußbarer Menschen der erfahrungsmäßigen »Kalkulation« im Prinzip ganz ebenso zugänglich ist wie die Wirkung beliebiger »Naturtatsachen«, so sind auch generelle
Erfahrungssätze über diese »Wirkungen« durchaus im gleichen Sinn wie andre Sätze nach dem Schema: auf x folgt y,
möglich – und uns allen aus dem Alltagsleben der Politik
geläufig. Diese empirischen »Regeln«, welche die adäquate »Wirkung« der empirischen Geltung eines Rechtssatzes aussagen, sind, logisch betrachtet, natürlich die äußersten Antipoden jener dogmatischen »Regeln«, welche als
gedankliche »Konsequenz« ganz desselben Rechtssatzes,
wenn er als Objekt der »Jurisprudenz« behandelt wird, entwickelt werden können. Und dies, obwohl beide in gleicher
Art von der empirischen »Tatsache«, daß eine Rechtsregel
bestimmten Gehalts als geltend angesehen wird, ausgehen,
weil eben beide alsbald gänzlich heterogene gedankliche
Operationen mit dieser »Tatsache« vornehmen. – Man kann
nun eine »dogmatische« Betrachtung »formal« nennen, weil
sie in der Welt der »Begriffe« bleibt, – dann ist als Gegensatz
dazu aber gemeint: »empirisch« im Sinn der kausalen
Betrachtung überhaupt. Nichts steht andrerseits im Wege,

---

14 Es wird hier von einer Analyse des empirischen Gehalts der diesen Begriffen entsprechenden Tatbestände abgesehen.

die empirisch-kausale »Auffassung« der »Rechtsregeln« eine
»naturalistische« zu nennen im Gegensatz zu ihrer Behandlung in der juristischen Dogmatik. Nur muß man sich darüber klar sein, daß dann als »Natur« die Gesamtheit alles
empirischen Seins überhaupt bezeichnet ist, daß also z. B.
alsdann auch die »Rechtsgeschichte«, logisch betrachtet,
eine »naturalistische« Disziplin ist, weil auch sie die Faktizität der Rechtsnormen, nicht ihren idealen Sinn, zum
Objekt hat[15].

15 Die gedanklichen Operationen der »Rechtsgeschichte« sind im übrigen
zuweilen, wie nur beiläufig bemerkt sein mag, logisch keineswegs so einfach zu
klassifizieren, wie es zunächst scheint. Was heißt es z. B., empirisch betrachtet, daß ein bestimmtes Rechtsinstitut in einer bestimmten Vergangenheit »galt«,
da doch die Tatsache, daß das Prinzip sich mit Symbolen aus Druckerschwärze
in einem als »Gesetzbuch« überlieferten Faszikel aufgedruckt findet, zwar ein
höchst wichtiges, aber nicht notwendig das allein entscheidende Symptom dafür
ist, oft aber auch diese Erkenntnisquelle gänzlich fehlt, die überdies ja immer
der »Interpretation« und »Anwendung« auf den konkreten Fall bedarf, deren
Art wiederum problematisch sein kann? Es ließe sich der logische »Sinn« jenes
»Gegoltenhabens« im Sinn der Rechtsgeschichte wohl in dem hypothetischen
Satze ausdrücken, daß, wenn damals ein »Jurist« um die Entscheidung eines
Interessenkonflikts nach Rechtsregeln bestimmter Art angegangen worden
wäre, nach den uns, gleichviel aus welchen Quellen, als faktisch vorherrschend
bekannten, juristischen Denkgewohnheiten eine Entscheidung bestimmten
Inhaltes mit erheblicher Wahrscheinlichkeit zu erwarten gewesen wäre.
Aber wir werden nur allzu leicht geneigt sein, die Frage zu stellen, nicht: wie
»hätte« der Richter wahrscheinlich faktisch entschieden?, sondern: wie »hätte«
er gegebenenfalls entscheiden sollen?, also eine dogmatische Konstruktion in
die empirische Betrachtung hineinzutragen. Dies um so mehr, als 1. wir tatsächlich eine solche Konstruktion als »heuristisches Mittel« gar nicht entbehren
können: wir verfahren ja ganz regelmäßig unwillkürlich so, daß wir zuerst die
historischen »Rechtsquellen« unsrerseits dogmatisch interpretieren und alsdann
erforderlichen- und möglichenfalls das historisch-empirische Gegoltenhaben
dieser unsrer Interpretation an den »Tatsachen« (überlieferten Urteilen usw.)
»erproben«. Und 2. müssen wir, um überhaupt zu einer Feststellung des
»Gegoltenhabens« zu gelangen, sehr häufig, ja regelmäßig unsre Interpretation
als ein Darstellungsmittel benützen, indem sonst eine in sich zusammenhängende Wiedergabe historischen Rechtes gar nicht in verständlicher Form möglich wäre, weil ein fester eindeutiger und widerspruchsloser juristischer Begriff
empirisch gar nicht entwickelt oder nicht allgemein akzeptiert war (man denke
an die »Gewere« in gewissen mittelalterlichen Quellen). Wir werden in diesem
letztgenannten Fall natürlich sorgsam zu konstatieren suchen, inwieweit die eine
oder die mehreren von uns als möglich entwickelten »Theorien« dem empiri-

Wir unterlassen es, hier auch noch die »Konventionalregel«, auf deren Begriffsbestimmung durch Stammler wir bald zu sprechen zu kommen haben, zu analysieren und in ähnlicher Art zu den faktischen »Regelmäßigkeiten« in Beziehung zu setzen. »Regel« im Sinn eines Imperativs und empirische »Geregeltheit« sind hier ebenso himmelweit logisch verschiedene Dinge wie bei der »Rechtsregel«. Und für eine Betrachtung, welche e m p i r i s c h e Regelmäßigkeiten zum Objekt hat, ist die »Konventionalregel« ganz im gleichen Sinn eine der k a u s a l e n Determinanten, die sie in ihrem Objekt vorfindet, wie die »Rechtsregel« und gleich wenig »Form« des Seins oder »Formalprinzip« des Erkennens wie diese. –

Der Leser wird ohnedies unsrer umständlichen Darlegungen von absoluten Selbstverständlichkeiten – zumal ihre Formulierung vorstehend noch höchst grobschlächtig und wenig präzis, weil, wie gesagt, nur provisorisch ist, – längst satt sein. Aber er wird sich überzeugen müssen, daß die Sophismen des Stammlerschen Buchs eben leider zu diesen Distinktionen nötigen, weil alle paradoxen »Effekte«, die er erstrebt und erzielt, u. a. auch auf der steten Ineinandermischung von »regelmäßig«, »geregelt«, »rechtlich geregelt«,

schen »Rechtsbewußtsein« der Zeitgenossen entsprechen, – die eigene »Theorie« dient uns nur als provisorisches Schema der Ordnung. Aber das »Rechtsbewußtsein« der Zeitgenossen ist eben ganz und gar nicht notwendig etwas eindeutig, noch weniger etwas in sich widerspruchslos Gegebenes. In jedem Fall verwenden wir unsre dogmatische Konstruktion als »Idealtypus« in dem von mir an anderer Stelle entwickelten Sinn. Ein solches Gedankengebilde ist nie E n d punkt der empirischen Erkenntnis, sondern stets entweder heuristisches oder Darstellungs-Mittel (oder beides). Ähnlich funktioniert nun, nach dem oben Entwickelten, eine rechtshistorisch, also für einen räumlich-zeitlichen Geschichtsausschnitt, als e m p i r i s c h »geltend« festgestellte »Rechtsregel« ihrerseits wieder als »Idealtypus« des faktischen Verhaltens der potentiell erfaßten Menschen: wir gehen von der Wahrscheinlichkeit aus, daß das f a k t i s c h e Verhalten der betreffenden Zeitgenossen ihr sich wenigstens bis zu einem gewissen Grade angepaßt habe und »erproben« erforderlichen- und möglichenfalls die Hypothese des Bestehens der entsprechenden »Rechtlichkeitsmaxime« bei den Zeitgenossen an den »Tatsachen«. Eben daher rührt ja das so häufige Einstehen der »Rechtsregel« für die empirische »Regelmäßigkeit« und der juristischen Termini für ökonomische Tatbestände.

»Regel«, »Maxime«, »Norm«, »Rechtsregel«, – »Rechtsregel« als Objekt begrifflich-juristischer Analyse, »Rechtsregel« als empirische Erscheinung, d. h. kausale Komponente menschlichen Handelns, beruhen. »Sein« und »Sollen«,
»Begriff« und »Begriffenes« wirbeln dabei stets – wie wir es ja
von ihm schon kennen – durcheinander, von der, wie sich
zeigen wird, stets wiederholten Vermischung der verschiedenen Bedeutungen, in dem die »Regel« »Voraussetzung« ist,
ganz zu schweigen. Stammler selbst freilich würde, bei etwaiger Lektüre dieser Zeilen, wahrscheinlich geneigt sein, mit
Emphase darauf hinzuweisen, daß all das oder doch fast all
das, was hier weitläufig auseinandergesetzt ist, sich an
den verschiedensten Stellen seines Buchs als richtig zugestan-
den, manches ausdrücklich betont finde. Wiederholt habe er
insbesondere sehr nachdrücklich gesagt, daß man selbstverständlich die »Rechtsordnung« ebensogut zum Gegenstand
einer rein kausalen wie einer »teleologischen« Fragestellung
machen könne. Gewiß! – wir werden das selbst zu konstatieren haben. Aber, ganz abgesehen von den Halbheiten, die
dabei, wie sich zeigen wird, mit unterlaufen, wird sich vor
allem auch hier wieder ergeben: daß er selbst diese einfachen
Wahrheiten mit ihren ebenso einfachen Konsequenzen an
andren, und zwar gerade an den entscheidenden Stellen
seines Buchs vollkommen vergessen hat. Diese Vergeßlich-
keit kam freilich dem »Effekt« seines Buches sehr zustatten.
Würde er nämlich z. B. von Anfang an klipp und klar gesagt
haben, daß es ihm allein auf das Seinsollende ankomme,
daß er ein »formales« Prinzip aufzeigen wolle, welches dem
Gesetzgeber auf die Frage de lege ferenda, dem Richter in
den Fällen, wo an sein billiges »Ermessen« appelliert ist,
einen Wegweiser an die Hand geben solle, – dann hätte ein
solcher Versuch, wie man auch über den Wert der gegebenen Lösung denken möge, sicherlich ein gewisses Interesse
erregt. Aber für die empirische »Sozialwissenschaft« wäre er
dann alsbald als absolut irrelevant kenntlich gewesen, und
Stammler hätte, vor allen Dingen, jene breiten und dabei

doch unpräzisen Auseinandersetzungen über das Wesen des »sozialen Lebens« gar nicht zu schreiben Anlaß gehabt, deren Kritik wir uns nunmehr zuwenden, um dabei zugleich den bisher nur ganz provisorisch umrissenen Gegensatz empirischer und dogmatischer Betrachtungsweise weiter zu analysieren.

Der Sinn der »Wertfreiheit« der soziologischen und ökonomischen Wissenschaften[1]

Unter »Wertungen« sollen nachstehend, wo nicht ein anderes gesagt oder von selbst ersichtlich ist, »praktische« Bewertungen einer durch unser Handeln beeinflußbaren Erscheinung als verwerflich oder billigenswert verstanden sein. Mit dem Problem der »Freiheit« einer bestimmten Wissenschaft von Wertungen dieser Art, mit der Geltung und dem Sinn dieses logischen Prinzips also, in keiner Art identisch ist die ganz andere, kurz vorweg zu besprechende Frage: Ob man im akademischen Unterricht sich zu seinen ethisch oder durch Kulturideale oder sonst weltanschauungsmäßig begründeten praktischen Wertungen »bekennen« solle oder nicht. Wissenschaftlich diskutierbar ist sie nicht. Denn sie ist selbst eine gänzlich von praktischen Wertungen abhängige und eben deshalb unaustragbare Frage. Vertreten sind, um nur die Extreme zu zitieren, sowohl: a) der Standpunkt, daß zwar die Trennung rein logisch erschließbarer und rein empirischer Sachverhalte einerseits, von den praktischen, ethischen oder weltanschauungsmäßigen, Wertungen andererseits, zu Recht bestehe, daß aber dennoch (oder vielleicht sogar: eben deshalb) beide Kategorien von Problemen auf das Katheder gehören, – wie b) der Standpunkt, daß, auch wenn jene Trennung logisch nicht konsequent durchführbar sei, dennoch es sich empfehle, alle praktischen Wertfragen im Unterricht möglichst zurücktreten zu lassen.

1 Umarbeitung eines für eine interne Diskussion im Ausschuß des »Vereins für Sozialpolitik« 1913 erstatteten, als Manuskript gedruckten Gutachtens. Ausgeschaltet wurde möglichst alles nur diesen Verband Interessierende, erweitert die allgemeinen methodologischen Betrachtungen. Von anderen für jene Diskussion erstatteten Gutachten ist dasjenige von Professor Spranger in Schmollers Jahrbuch für Gesetzgebung, Verwaltung und Volkswirtschaft publiziert worden. Ich gestehe, daß ich diese Arbeit jenes auch von mir geschätzten Philosophen für merkwürdig schwach halte, weil nicht zur Klarheit gediehen, halte, vermeide aber jede Polemik mit ihm schon aus Raumgründen und lege nur den eigenen Standpunkt dar.

Der Standpunkt »b« scheint mir unannehmbar. – Insbesondere scheint mir die für unsere Disziplinen nicht selten gemachte Unterscheidung praktischer Wertungen in solche »p a r t e i politischen« und solche anderen Charakters schlechterdings undurchführbar und nur geeignet, die praktische Tragweite der den Hörern suggerierten Stellungnahme zu verhüllen. Die Ansicht vollends: daß dem Katheder die »Leidenschaftslosigkeit« eignen müsse, folglich Dinge auszuscheiden seien, welche die Gefahr »temperamentvoller« Erörterungen mit sich brächten, wäre, wenn man überhaupt einmal auf dem Katheder wertet, eine Bureaukratenmeinung, die jeder unabhängige Lehrer zurückweisen müßte. Von denjenigen Gelehrten, welche sich die praktischen Wertungen bei empirischen Erörterungen n i c h t versagen zu sollen glaubten, waren gerade die leidenschaftlichsten – wie etwa Treitschke, in seiner Art auch Mommsen – am ehesten zu ertragen. Denn gerade durch die Stärke der Affektbetontheit wird der Hörer wenigstens in die Lage versetzt, s e i n e r s e i t s die Subjektivität der Wertung des Lehrers in ihrem Einfluß auf eine etwaige Trübung seiner Feststellungen abzuschätzen und also für sich das zu tun, was dem Temperament des Lehrers versagt blieb. Dem echten Pathos bliebe so diejenige Wirkung auf die Seelen der Jugend gewahrt, welche – wie ich annehme – die Anhänger der praktischen Kathederwertungen ihnen gern sichern möchten, ohne daß der Hörer dabei zur Konfusion verschiedener Sphären miteinander verbildet würde, wie es geschehen muß, wenn die Feststellung empirischer Tatsachen und die Aufforderung zur praktischen Stellungnahme zu großen Lebensproblemen beide in die gleiche kühle Temperamentlosigkeit getaucht werden.

Der Standpunkt »a« scheint mir, und zwar vom eigenen subjektiven Standpunkt seiner etwaigen Anhänger aus, dann und nur dann akzeptabel, w e n n der akademische Lehrer sich zur unbedingten Pflicht setzt, in jedem einzelnen Falle, auch auf die Gefahr hin, seinen Vortrag dadurch reizloser zu gestalten, seinen Hörern und, was die Hauptsache ist, s i c h

selbst unerbittlich klar zu machen: was von seinen jeweiligen Ausführungen entweder rein logisch erschlossen oder
rein empirische Tatsachenfeststellung und was praktische
Wertung ist. Dies zu tun allerdings scheint mir direkt ein
Gebot der intellektuellen Rechtschaffenheit, wenn man einmal die Fremdheit der Sphären zugibt; in diesem Falle ist es
das absolute Minimum des zu Fordernden. –

Die Frage dagegen: ob man auf dem Katheder überhaupt
(auch unter dieser Kautel) praktisch werten solle oder nicht,
ist ihrerseits eine solche der praktischen Universitätspolitik
und deshalb letztlich nur vom Standpunkt jener Aufgaben aus
entscheidbar, welche der Einzelne von seinen Wertungen
aus den Universitäten zuweisen möchte. Wer für sie, und
damit für sich selbst, kraft seiner Qualifikation zum akademischen Lehrer heute noch die universelle Rolle: Menschen
zu prägen, politische, ethische, künstlerische, kulturliche
oder andere Gesinnung zu propagieren, in Anspruch nimmt,
wird zu ihr anders stehen, als derjenige, welcher die Tatsache
(und ihre Konsequenzen) bejahen zu müssen glaubt: daß die
akademischen Hörsäle heute ihre wirklich wertvollen Wirkungen nun einmal nur durch fachmäßige Schulung seitens
fachmäßig Qualifizierter entfalten und daß deshalb die
»intellektuelle Rechtschaffenheit« die einzige spezifische
Tugend sei, zu der sie zu erziehen haben. Man kann den
ersten Standpunkt aus ebensoviel verschiedenen letzten Posi-
tionen heraus vertreten wie den zweiten. Diesen letzteren
insbesondere (den ich persönlich einnehme) kann man ableiten sowohl aus einer höchst überschwenglichen wie gerade
umgekehrt auch aus einer durchaus bescheidenen Einschätzung der Bedeutung der »Fach«bildung. Z. B. nicht, weil
man etwa wünschte, daß alle Menschen, im innerlichen
Sinne, zu möglichst reinen »Fachmenschen« werden möchten. Sondern gerade umgekehrt, weil man die letzten höchst
persönlichen Lebensentscheidungen, die ein Mensch aus sich
heraus zu treffen hat, nicht mit Fachschulung – wie hoch
deren Bedeutung für die allgemeine Denkschulung nicht nur,

sondern indirekt auch für die Selbstdisziplin und sittliche
Einstellung des jungen Menschen gewertet werden möge – in
denselben Topf geworfen und ihre Lösung aus eigenem
Gewissen heraus dem Hörer n i c h t durch eine Kathedersug-
gestion abgenommen zu sehen wünscht.

Das günstige Vorurteil Professor v. Schmollers für die
Kathederwertung ist mir persönlich als Nachhall einer großen Epoche, die er und seine Freunde mit schaffen halfen,
durchaus verständlich. Aber ich meine: es könne auch ihm
doch schon der Umstand nicht entgehen, daß zunächst die
rein tatsächlichen Verhältnisse sich für die jüngere Generation in einem wichtigen Punkt erheblich geändert haben. Es
war vor 40 Jahren in den Kreisen der Gelehrtenwelt unserer
Disziplinen der Glaube weit verbreitet: daß auf dem Gebiet
der praktisch-politischen Wertungen letztlich eine der möglichen Stellungnahmen die e t h i s c h allein richtige sein müsse.
(Schmoller selbst hat freilich diesen Standpunkt stets nur sehr
eingeschränkt vertreten.) Dies nun ist heute gerade unter den
Anhängern der Kathederwertungen, wie leicht festzustellen
ist, nicht mehr der Fall. Nicht mehr die ethische Forderung,
deren (relativ) schlichte Gerechtigkeitspostulate sowohl in
der Art ihrer letzten Begründung wie in ihren Konsequenzen
(relativ) einfach und vor allem (relativ) unpersönlich, weil
unzweideutig spezifisch ü b e r persönlich, geartet teils waren,
teils zu sein schienen, ist es, in deren Namen heute die Legiti-
mität der Kathederwertungen gefordert wird. Sondern (kraft
einer unvermeidlichen Entwicklung) ein bunter Strauß von
»Kulturwertungen«, in Wahrheit: von subjektiven A n s p r ü -
c h e n an die Kultur, oder ganz offen: das angebliche »Recht
der Persönlichkeit« des Lehrers. Man mag sich nun über den
Standpunkt entrüsten, aber man wird ihn – und zwar deshalb,
weil auch er eben eine »praktische Wertung« enthält – wohl
nicht widerlegen können: daß von allen Arten der Prophetie
die in diesem Sinne »persönlich« gefärbte P r o f e s s o r e n -
P r o p h e t i e die einzige ganz und gar unerträgliche ist. Es ist
doch ein beispielloser Zustand, wenn zahlreiche staatlich

beglaubigte Propheten nicht auf den Gassen oder in den Kirchen oder sonst in der Öffentlichkeit, oder, wenn privatim,
dann in persönlich ausgelesenen Glaubenskonventikeln, die
sich als solche bekennen, predigen, sondern in der angeblich
objektiven, unkontrollierbaren, diskussionslosen und also
vor allem Widerspruch sorgsam geschützten Stille des vom
Staat privilegierten Hörsaals »im Namen der Wissenschaft«
maßgebende Kathederentscheidungen über Weltanschau-
ungsfragen zum besten zu geben sich herausnehmen. Es ist
ein alter, von Schmoller bei einer gegebenen Gelegenheit
scharf vertretener Grundsatz: daß die Vorgänge in den Hörsälen der öffentlichen Erörterung entzogen bleiben sollen.
Obwohl nun die Ansicht möglich ist, daß dies gelegentlich, auch auf empirisch-wissenschaftlichem Gebiet, gewisse
Nachteile haben könne, nimmt man offenbar und nehme
auch ich an: daß die »Vorlesung« eben etwas anderes als ein
»Vortrag« sein solle, daß die unbefangene Strenge, Sachlichkeit, Nüchternheit der Kollegdarlegung unter dem Hin-
einreden der Öffentlichkeit, z. B. der Presse-Öffentlichkeit,
zum Schaden des pädagogischen Zweckes leiden könne.
Allein ein solches Privileg der Unkontrolliertheit scheint
doch jedenfalls nur für den Bereich der rein fachlichen
Qualifikation des Professors angemessen. Für persönliche
Prophetie aber gibt es keine Fachqualifikation und darf es
daher auch nicht jenes Privileg geben. Vor allem aber darf sie
nicht die bestehende Zwangslage des Studenten, um seines
Fortkommens im Leben willen bestimmte Lehranstalten und
also: deren Lehrer, aufsuchen zu müssen, dazu ausbeuten,
um ihm neben dem, was er hierzu braucht: Weckung und
Schulung seiner Auffassungsgabe und seines Denkens, und
daneben: Kenntnisse, auch noch, vor jedem Widerspruch
sicher, die eigene zuweilen gewiß ganz interessante (oft auch
recht gleichgültige) sogenannte »Weltanschauung« einzu-
flößen.

Für die Propaganda seiner praktischen Ideale stehen dem
Professor, ebenso wie jedermann sonst, andere Gelegenhei-

ten zu Gebot, und wenn nicht, so kann er sie sich in geeigneter Form leicht schaffen, wie bei jedem ehrlichen Versuch
dazu die Erfahrung beweist. Aber der Professor sollte nicht
den Anspruch erheben, als Professor den Marschallstab
des Staatsmanns (oder des Kulturreformers) im Tornister zu
tragen, wie er tut, wenn er die Sturmfreiheit des Katheders für
staatsmännische (oder kulturpolitische) Sentiments benutzt.
In der Presse, in Versammlungen, Vereinen, Essays, in jeder
jedem anderen Staatsbürger ebenfalls zugänglichen Form
mag (und: soll) er tun, was sein Gott oder Dämon ihn heißt.
Was aber heute der Student im Hörsaal doch vor allen Dingen von seinem Lehrer lernen sollte, ist: 1. die Fähigkeit, sich
mit der schlichten Erfüllung einer gegebenen Aufgabe zu
bescheiden; – 2. Tatsachen, auch und gerade persönlich unbequeme Tatsachen, zunächst einmal anzuerkennen und ihre
Feststellung von der bewertenden Stellungnahme dazu zu
scheiden; – 3. seine eigene Person hinter die Sache zurückzu-
stellen und also vor allem das Bedürfnis zu unterdrücken:
seine persönlichen Geschmacks- und sonstigen Empfindungen ungebeten zur Schau zu stellen. Es scheint mir, daß dies
heute ganz ungleich dringlicher ist, als es etwa vor 40 Jahren
war, wo gerade dies Problem eigentlich gar nicht in dieser
Form existierte. Es ist ja nicht wahr, – wie man behauptet
hat –, daß die »Persönlichkeit« in dem Sinn eine »Einheit« sei
und sein solle, daß sie sozusagen in Verlust geraten müßte,
wenn man ihrer nicht bei jeder Gelegenheit ansichtig wird.
Bei jeder beruflichen Aufgabe verlangt die Sache als solche ihr Recht und will nach ihren eigenen Gesetzen erledigt
sein. Bei jeder beruflichen Aufgabe hat der, welchem sie
gestellt ist, sich zu beschränken und das auszuscheiden, was
nicht streng zur Sache gehört, am meisten aber: eigene Liebe
und Haß. Und es ist nicht wahr, daß eine starke Persönlichkeit sich darin dokumentiert, daß sie bei jeder Gelegenheit zuerst nach einer nur ihr eigenen ganz »persönlichen
Note« fragt. Sondern es ist zu wünschen, daß gerade die jetzt
heranwachsende Generation sich vor allen Dingen wieder an

den Gedanken gewöhne: daß »eine Persönlichkeit zu sein« etwas ist, was man nicht absichtlich wollen kann und daß es nur einen einzigen Weg gibt, um es (vielleicht!) zu werden: die rückhaltlose Hingabe an eine »Sache«, möge diese und die von ihr ausgehende »Forderung des Tages« nun im Einzelfall aussehen, wie sie wolle. Es ist stilwidrig, in sachliche Facherörterungen persönliche Angelegenheiten zu mischen. Und es heißt den »Beruf« seines einzigen heute wirklich noch bedeutsam gebliebenen Sinnes entkleiden, wenn man diejenige spezifische Art von Selbstbegrenzung, die er verlangt, nicht vollzieht. Ob aber der modische Persönlichkeitskult auf dem Thron, in der Amtsstube oder auf dem Katheder sich auszuleben trachtet, – er wirkt äußerlich fast immer effektvoll, im innerlichsten Sinn aber überall gleich kleinlich, und er schädigt überall die Sache. Nun hoffe ich, nicht besonders sagen zu müssen: daß mit d i e s e r Art von Kultus des Persönlichen, nur weil es »persönlich« ist, gerade die Gegner, mit denen sich diese Darlegungen befassen, ganz gewiß am allerwenigsten zu schaffen haben. Sie sehen teils die Kathederaufgabe in anderem Lichte, teils haben sie andere Erziehungsideale, die ich achte, aber nicht teile. Indessen nicht was sie wollen, sondern wie das, was sie mit ihrer Autorität legitimieren, auf eine Generation mit einer ohnehin unvermeidlich stark entwickelten Prädisposition zum Sichwichtignehmen w i r k e n muß, ist zu erwägen.

Schließlich: daß manche angebliche G e g n e r der (politischen) Kathederwertungen gewiß am allerwenigsten dazu legitimiert sind, sich, zur Diskreditierung von a u ß e r h a l b der Hörsäle in voller Öffentlichkeit sich vollziehenden kultur- und sozialpolitischen Erörterungen, auf den von ihnen noch dazu oft arg mißverstandenen Grundsatz der Ausscheidung der »Werturteile« zu berufen, bedarf wohl kaum der besonderen Feststellung. Die unbezweifelbare Existenz dieser pseudo-wertfreien, tendenziösen, dabei in unserem Fach durch die zähe und zielbewußte Parteinahme starker Interessentenkreise getragenen Elemente macht es unzweifelhaft verständlich, daß eine bedeutende Anzahl gerade innerlich unabhängiger Gelehrter zur Zeit bei der Kathederwertung beharren, weil sie jene Mimikry einer nur scheinbaren »Wertfreiheit« mitzumachen zu stolz sind. Persönlich glaube ich, daß trotzdem das (nach meiner Meinung) Richtige geschehen sollte, und daß das Gewicht der praktischen Wertungen eines Gelehrten dadurch, daß er ihre Vertretung auf die adäquaten Gelegenheiten außerhalb des Hörsaals beschränkt, nur wachsen würde, wenn man weiß, daß er die Strenge besitzt, innerhalb des Hörsaals nur das zu tun, was »seines Amtes« ist. Indessen dies alles sind ja eben ihrerseits praktische Wertungsfragen und deshalb unaustragbar.

Jedenfalls wäre aber die prinzipielle Inanspruchnahme des Rechtes der Kathederwertung m. E. nur dann konsequent, wenn zugleich Gewähr dafür geschaffen würde, daß alle Parteiwertungen Gelegenheit hätten, sich auf dem Katheder Geltung zu verschaffen[2]. Bei uns pflegt aber mit der Betonung des Rechts auf Kathederwertung geradezu das Gegenteil jenes Prinzips der gleichmäßigen Vertretung aller (auch der denkbar »extremsten«) Richtungen vertreten zu werden. Es war z. B. natürlich von Schmollers persönlichem Standpunkt aus konsequent, wenn er »Marxisten und Manchesterleute« für disqualifiziert zur Innehabung von akademischen Lehrstühlen erklärte, obwohl gerade er nie die Ungerechtigkeit besessen hat, die wissenschaftlichen Leistungen zu ignorieren, welche gerade diesen Kreisen entstammen. Allein eben hier liegen die Punkte, in denen ich persönlich unserem verehrten Meister niemals folgen konnte. Man darf doch offenbar nicht in einem Atem die Zulassung

2 Dafür genügt noch keineswegs das holländische Prinzip: Entbindung auch der theologischen Fakultät vom Bekenntniszwang, aber Freiheit der Universitätsgründung im Falle der Sicherung der Geldmittel und der Innehaltung der Qualifikationsvorschriften für die Lehrstuhlbesetzung und privates Recht der Stiftung von Lehrstühlen mit Präsentationspatronat der Stifter. Denn das prämiiert nur den Geldbesitz und die ohnehin im Besitz der Macht befindlichen autoritären Organisationen: nur klerikale Kreise haben bekanntlich davon Gebrauch gemacht.

der Kathederwertung verlangen und – wenn die Konsequenzen gezogen werden sollen – darauf hinweisen, daß die Universität eine staatliche Anstalt für die Vorbildung »staatstreu« gesonnener Beamter sei. Damit würde man die Universität nicht etwa zu einer »Fachschule« (was vielen Dozenten so degradierend erscheint), sondern zu einem Priesterseminar machen, – nur ohne ihr dessen religiöse Würde geben zu können. Nun kann man freilich gewisse Schranken rein »logisch« erschließen wollen. Einer unserer allerersten Juristen erklärte gelegentlich, indem er sich gegen den Ausschluß von Sozialisten von den Kathedern aussprach: wenigstens einen »Anarchisten« würde auch er als Rechtslehrer nicht akzeptieren können, da der ja die Geltung des Rechts als solchen überhaupt negiere, – und er hielt dies Argument offenbar für durchschlagend. Ich bin der genau gegenteiligen Ansicht. Der Anarchist kann sicherlich ein guter Rechtskundiger sein. Und ist er das, dann kann gerade jener sozusagen archimedische Punkt außerhalb der uns so selbstverständlichen Konventionen und Voraussetzungen, auf den ihn seine objektive Überzeugung – wenn sie echt ist – stellt, ihn befähigen, in den Grundanschauungen der üblichen Rechtslehre eine Problematik zu erkennen, die allen denjenigen entgeht, welchen jene allzu selbstverständlich sind. Denn der radikalste Zweifel ist der Vater der Erkenntnis. Der Jurist hat so wenig die Aufgabe, den Wert jener Kulturgüter, deren Existenz an den Bestand von »Recht« gebunden ist, zu »beweisen«, wie der Mediziner die Aufgabe hat, »nachzuweisen«, daß die Verlängerung des Lebens unter allen Umständen erstrebenswert sei. Beide sind dazu auch, mit ihren Mitteln, gar nicht imstande. Wollte man aber das Katheder zur Stätte praktischer Werterörterungen machen, dann wäre es offenbar Pflicht, gerade die prinzipiellsten Grundfragen der ungehemmten Freiheit der Erörterung von allen Standpunkten aus freizugeben. Kann dies geschehen? Gerade die entscheidendsten und wichtigsten praktisch-politischen Wertfragen sind heute von den Kathedern deutscher Universitäten durch die

Natur der politischen Verhältnisse ausgeschlossen. Wem die Interessen der Nation über ausnahmslos allen ihren konkreten Institutionen stehen, für den bildet es z. B. eine zentral wichtige Frage: ob die heute maßgebende Auffassung von der Stellung des Monarchen in Deutschland vereinbar ist mit den Weltinteressen der Nation und mit denjenigen Mitteln: Krieg und Diplomatie, durch welche diese wahrgenommen werden? Es sind nicht immer die schlechtesten Patrioten und auch keineswegs Gegner der Monarchie, welche heute geneigt sind, diese Frage zu verneinen und an dauernde Erfolge auf jenen beiden Gebieten nicht zu glauben, solange hier nicht sehr tiefgehende Änderungen eingetreten sind. Jedermann aber weiß, daß diese Lebensfragen der Nation auf deutschen Kathedern nicht in voller Freiheit diskutiert werden können[3]. Angesichts dieser Tatsache aber, daß gerade die praktisch-politisch entscheidenden Wertungsfragen der freien Kathedererörterung dauernd entzogen sind, scheint es mir der Würde der Vertreter der Wissenschaft allein zu entsprechen: auch über solche Wertprobleme, die man ihnen zu behandeln freundlichst erlaubt, zu schweigen. –

Auf keinen Fall darf aber die – unaustragbare, weil durch Wertung bedingte – Frage: ob man im Unterricht praktische Wertungen vertreten dürfe, müsse, solle, irgendwie mit der rein logischen Erörterung der Rolle verquickt werden, welche Wertungen für empirische Disziplinen, wie die Soziologie und Nationalökonomie es sind, spielen. Darunter müßte sonst die Unbefangenheit der Diskussion des eigentlichen logischen Sachverhalts leiden, dessen Entscheidung an sich für jene Frage noch gar keine Anweisung gibt, außer der einen rein logisch geforderten: Klarheit und deutliche Trennung der heterogenen Problemsphären durch den Dozenten.

Nicht diskutieren möchte ich ferner, ob die Scheidung von empirischer Feststellung und praktischer Wertung »schwie-

---

3 Das ist keine deutsche Eigentümlichkeit. In fast allen Ländern bestehen, offen oder verhüllt, tatsächliche Schranken. Nur die Art der dadurch ausgeschlossenen Wertprobleme ist verschieden.

rig« sei. Sie ist es. Wir alle, der unterzeichnete Vertreter dieser
Forderung ebenso wie andere, verstoßen immer wieder einmal dagegen. Aber wenigstens die Anhänger der sogenannten
ethischen Nationalökonomie könnten wissen: daß auch das
Sittengesetz unerfüllbar ist, dennoch aber als »aufgegeben«
gilt. Und eine Gewissenserforschung könnte vielleicht zeigen, daß die Erfüllung des Postulats vor allem deshalb
schwierig ist, weil wir es uns ungern versagen, auch das so
interessante Gebiet der Wertungen, zumal mit der so anre-
genden »persönlichen Note«, zu betreten. Jeder Dozent wird
natürlich die Beobachtung machen, daß die Gesichter der
Studenten sich aufhellen und ihre Mienen sich spannen, wenn
er persönlich zu »bekennen« anfängt, und ebenso, daß die
Besuchsziffer seiner Vorlesungen durch die Erwartung, daß
er dies tun werde, höchst vorteilhaft beeinflußt wird. Jeder
weiß ferner, daß die Frequenzkonkurrenz der Universitäten
oft einem noch so kleinen Propheten, der die Hörsäle füllt,
bei Vorschlägen gegenüber einem noch so erheblichen Gelehrten und sachlichen Lehrer die Vorhand gibt, – es sei
denn, daß die Prophetie den, politisch oder konventionell,
jeweils als normal angesehenen Wertungen allzu entlegen
wäre. Nur der pseudowertfreie Prophet der materiellen
Interessenten ist, kraft des Einflusses dieser auf die politischen Gewalten, auch ihm an Chance überlegen. Ich halte
dies alles für unerfreulich und möchte daher auch auf die
Behauptung: daß die Forderung der Ausscheidung von praktischen Wertungen »kleinlich« sei, daß sie die Vorlesungen
»langweilig« machen würde, nicht eingehen. Ich lasse dahingestellt, ob Vorlesungen über ein empirisches Fachgebiet
vor allen Dingen »interessant« zu sein bestrebt sein müssen,
fürchte aber meinerseits, daß jedenfalls ein durch allzu interessante persönliche Noten erzielter Reiz den Studenten auf
die Dauer den Geschmack an schlichter sachlicher Arbeit
abgewöhnen würde.

    Nicht diskutieren ferner, sondern ausdrücklich anerken-
nen möchte ich: daß man gerade unter dem Schein der Aus-

merzung aller praktischen Wertungen ganz besonders stark, nach dem bekannten Schema: »die Tatsachen sprechen zu lassen«, suggestiv solche hervorrufen kann. Die bessere Qualität unserer parlamentarischen und Wahlberedsamkeit wirkt ja gerade mit diesem Mittel, – und für ihre Zwecke ganz legitim. Darüber, daß dies auf dem Katheder, gerade vom Standpunkt der Forderung jener Scheidung aus, von allen Mißbräuchen der allerverwerflichste wäre, ist kein Wort zu verlieren. Daß aber ein illoyal erweckter Schein der Erfüllung eines Gebotes sich für die Wirklichkeit ausgeben kann, bedeutet doch keine Kritik des Gebotes selbst. Dieses aber geht gerade dahin: daß, wenn der Lehrer praktische Wertungen sich nicht versagen zu sollen glaubt, er diese als solche den Schülern und sich selbst absolut deutlich mache.

Was schließlich am allerentschiedensten bekämpft werden muß, ist die nicht seltene Vorstellung: der Weg zur wissenschaftlichen »Objektivität« werde durch ein Abwägen der verschiedenen Wertungen gegeneinander und ein »staatsmännisches« Kompromiß zwischen ihnen betreten. Die »mittlere Linie« ist nicht nur mit den Mitteln empirischer Disziplinen genau ebensowenig wissenschaftlich beweisbar, wie die »extremsten« Wertungen. Sondern in der Wertungssphäre wäre gerade sie normativ am allerwenigsten eindeutig. Auf das Katheder gehört sie nicht, – sondern in die politischen Programme, Bureaus und Parlamente. Die Wissenschaften, normative und empirische, können den politisch Handelnden und den streitenden Parteien nur einen unschätzbaren Dienst leisten, nämlich ihnen zu sagen: 1. es sind die und die verschiedenen »letzten« Stellungnahmen zu diesem praktischen Problem denkbar; – 2. so und so liegen die Tatsachen, mit denen ihr bei eurer Wahl zwischen diesen Stellungnahmen zu rechnen habt. – Damit sind wir bei unserer »Sache«.

Unendliches Mißverständnis und vor allem terminologischer, daher gänzlich steriler, Streit hat sich an das Wort »Werturteil« geknüpft, welches zur Sache offenbar gar nichts

austrägt. Es ist, wie eingangs gesagt, ganz unzweideutig, daß
es sich bei diesen Erörterungen für unsere Disziplinen um
praktische Wertungen sozialer Tatsachen als, unter ethischen oder unter Kulturgesichtspunkten oder aus anderen
Gründen, praktisch wünschenswert oder unerwünscht, handelt. Daß die Wissenschaft 1. »wertvolle«, d. h. logisch und
sachlich gewertet richtige und 2. »wertvolle«, d. h. im
Sinne des wissenschaftlichen Interesses wichtige Resultate
zu erzielen wünscht, daß ferner schon die Auswahl des Stoffes eine »Wertung« enthält – solche Dinge sind trotz alles
darüber Gesagten[4] allen Ernstes als »Einwände« aufgetaucht.
Nicht minder ist das fast unbegreiflich starke Mißverständnis: als ob behauptet würde, daß die empirische Wissenschaft
»subjektive« Wertungen von Menschen nicht als Objekt
behandeln könne (während doch die Soziologie, in der
Nationalökonomie aber die gesamte Grenznutzenlehre auf
der gegenteiligen Voraussetzung beruht) immer wieder entstanden. Aber es handelt sich doch ausschließlich um die an
sich höchst triviale Forderung: daß der Forscher und Darsteller die Feststellung empirischer Tatsachen (einschließlich des
von ihm festgestellten »wertenden« Verhaltens der von ihm
untersuchten empirischen Menschen) und seine praktisch
wertende, d. h. diese Tatsachen (einschließlich etwaiger zum
Objekt einer Untersuchung gemachter »Wertungen« von
empirischen Menschen) als erfreulich oder unerfreulich
beurteilende, in diesem Sinn: »bewertende« Stellungnahme unbedingt auseinanderhalten solle, weil es sich da
nun einmal um heterogene Probleme handelt. In einer sonst

---

4 Ich muß mich auf das beziehen, was ich s. Z. im »Archiv für Sozialwissen-
schaft« Band XIX, ferner Band XXII, XXIV [S. 21 ff., 102 ff., 132 ff. dieses
Bandes] gesagt habe (die, wie recht wohl möglich ist, zuweilen ungenügende
Korrektheit der Einzelformulierungen dürfte keinen zur Sache wesentlichen
Punkt betreffen), und möchte für die »Unaustragbarkeit« gewisser letzter Wertungen auf einem wichtigen Problemgebiet u. a. namentlich auf G. Radbruchs
»Einführung in die Rechtswissenschaft« (2. Aufl. 1913) verwiesen haben. Ich
weiche in einigen Punkten von ihm ab. Aber für das hier erörterte Problem sind
sie nicht von Bedeutung.

wertvollen Abhandlung führt ein Schriftsteller aus: ein Forscher könne doch auch seine eigene Wertung als »Tatsache«
hinnehmen und nun daraus die Konsequenzen ziehen. Das
hiermit Gemeinte ist ebenso unbestreitbar richtig wie der
gewählte Ausdruck irreführend. Man kann natürlich sich vor
einer Diskussion darüber einigen, daß eine bestimmte praktische Maßregel: etwa die Deckung der Kosten einer Heeres-
vermehrung lediglich aus den Taschen der Besitzenden,
»Voraussetzung« der Diskussion sein und lediglich die Mittel, dies durchzuführen, zur Erörterung gestellt werden sollen. Das ist oft recht zweckmäßig. Aber eine solche gemeinsam vorausgesetzte praktische Absicht nennt man doch nicht
eine »Tatsache«, sondern einen »a priori feststehenden
Zweck«. Daß das auch sachlich zweierlei ist, würde sich sehr
bald in der Diskussion der »Mittel« zeigen, es sei denn, daß
der als undiskutabel »vorausgesetzte Zweck« so konkret
wäre, wie der: sich jetzt eine Zigarre anzuzünden. Dann sind
freilich auch die Mittel einer Diskussion nur selten bedürftig.
In fast jedem Falle einer allgemeiner formulierten Absicht,
z. B. in dem vorhin als Beispiel gewählten, wird man dagegen
die Erfahrung machen: daß bei der Diskussion der Mittel
nicht nur sich zeigt, daß die Einzelnen unter jenem vermeintlich eindeutigen Zweck ganz Verschiedenes verstanden
haben. Sondern insbesondere kann sich ergeben: daß der
genau gleiche Zweck aus sehr verschiedenen letzten Gründen gewollt wird und daß dies auf die Diskussion der Mittel
von Einfluß ist. Doch dies beiseite. Denn daß man von einem
bestimmten Zweck als gemeinsam gewollt ausgehen und nur
die Mittel, ihn zu erreichen, diskutieren kann und daß dies
dann eine rein empirisch zu erledigende Diskussion ergeben
kann – das ist wohl noch nie jemandem zu bestreiten eingefallen. Aber gerade um die Wahl der Zwecke (und nicht: der
»Mittel« bei fest gegebenem Zweck), gerade darum also, in
welchem Sinn die Wertung, die der Einzelne zugrunde legt,
eben nicht als »Tatsache« hingenommen, sondern zum
Gegenstand einer wissenschaftlichen Kritik gemacht wer-

den könne, dreht sich ja die ganze Erörterung. Wenn dies
nicht festgehalten wird, so ist alle weitere Auseinandersetzung vergeblich. –

Gar nicht zur Diskussion steht eigentlich die Frage: inwieweit praktische Wertungen, insbesondere also: ethische,
ihrerseits normative Dignität beanspruchen dürfen, also
anderen Charakter haben als z. B. die einmal als Beispiel
angeführte Frage: ob Blondinen den Brünetten vorzuziehen
seien, oder ähnlich subjektive Geschmacksurteile. Das sind
Probleme der Wertphilosophie, nicht der Methodik der
empirischen Disziplinen. Worauf allein es für diese ankommt, ist: daß einerseits die Geltung eines praktischen
Imperativs als Norm und andererseits die Wahrheitsgeltung
einer empirischen Tatsachenfeststellung in absolut heterogenen Ebenen der Problematik liegen und daß der spezifischen
Dignität jeder von beiden Abbruch getan wird, wenn man
dies verkennt und beide Sphären zusammenzuzwingen sucht.
Dies ist meines Erachtens in starkem Maße geschehen, insbesondere durch Professor von Schmoller[5]. Gerade die Ver-
ehrung für unseren Meister verbietet es, diese Punkte, wo ich
glaube, ihm nicht beipflichten zu dürfen, zu übergehen.

Zunächst möchte ich mich dagegen wenden, daß den
Anhängern der »Wertfreiheit« die bloße Tatsache des historischen und individuellen Schwankens der jeweils geltenden
wertenden Stellungnahmen als Beweis für den notwendig nur
»subjektiven« Charakter z. B. der Ethik gelte. Auch empirische Tatsachenfeststellungen sind oft sehr umstritten und
darüber, ob man jemanden für einen Schurken zu halten
habe, kann oft eine wesentlich größere allgemeine Übereinstimmung herrschen als (gerade bei den Fachleuten) etwa
über die Frage der Deutung einer verstümmelten Inschrift.
Die nach Schmollers Annahme zunehmende konventionelle
Einmütigkeit aller Konfessionen und Menschen über die
Hauptpunkte der praktischen Wertungen steht in schroffem

5 In seinem Artikel über die »Volkswirtschaftslehre« im Handwb. der Staatswis-
senschaften neueste Auflage [3. Aufl., Bd. VIII, S. 426–501].

Gegensatz zu meinem entgegengesetzten Eindruck. Allein das scheint mir ohne Belang für die Sache. Denn was jedenfalls zu bestreiten ist, wäre: daß man sich bei irgendeiner solchen durch Konvention geschaffenen faktischen Selbstverständlichkeit gewisser noch so weit verbreiteter praktischer Stellungnahmen wissenschaftlich beruhigen dürfe. Die spezifische Funktion der Wissenschaft scheint mir gerade umgekehrt: daß ihr das konventionell Selbstverständliche zum Problem wird. Gerade dies haben ja Schmoller und seine Freunde selbst s. Z. getan. Daß man ferner die kausale Wirkung des faktischen Bestehens gewisser ethischer oder religiöser Überzeugungen auf das Wirtschaftsleben untersucht und unter Umständen hoch veranschlagt, hat doch nicht etwa die Folge: daß man nun jene kausal vielleicht sehr wirksam gewesenen Überzeugungen um deswillen auch zu teilen habe oder auch nur für »wertvoll« halten müsse, wie umgekehrt durch Bejahung des hohen Werts einer ethischen oder religiösen Erscheinung nicht das geringste darüber ausgesagt ist, ob auch die ungewollten Folgen, die ihre Verwirklichung gehabt hat oder haben würde, mit dem gleichen positiven Wertprädikat zu versehen wären. Über diese Fragen ist durch tatsächliche Feststellungen gar nichts auszumachen und sie würde der Einzelne sehr verschieden beurteilen müssen, je nach seinen eigenen religiösen und anderen praktischen Wertungen. Das alles gehört gar nicht zur Streitfrage. Dagegen bestreite ich sehr nachdrücklich: daß eine »realistische« Wissenschaft vom Ethischen, d. h. die Aufzeigung der faktischen Einflüsse, welche die jeweilig in einer Gruppe von Menschen vorwiegenden ethischen Überzeugungen durch deren sonstige Lebensbedingungen erfahren und umgekehrt wieder auf diese geübt haben, ihrerseits eine »Ethik« ergebe, welche jemals über das Geltensollende etwas aussagen könne. So wenig wie eine »realistische« Darstellung der astronomischen Vorstellungen etwa der Chinesen, – welche also aufzeigt, aus welchen praktischen Motiven und wie sie Astronomie betrieben, zu welchen Ergebnissen und warum sie zu diesen kamen, – jemals die Richtigkeit dieser chinesischen Astronomie zu erweisen zum Ziele haben könnte. Und so wenig wie die Feststellung, daß die römischen Agrimensoren oder die Florentiner Bankiers (die letzteren selbst bei Erbteilungen von ganz großen Vermögen) mit ihren Methoden recht oft zu Resultaten kamen, welche mit der Trigonometrie oder dem Einmaleins unvereinbar sind, etwa die Geltung dieser letzteren zur Diskussion stellt. Durch empirisch-psychologische und historische Untersuchung eines bestimmten Wertungsstandpunktes auf seine individuelle, soziale, historische Bedingtheit hin gelangt man nun und nimmer je zu irgend etwas anderem, als dazu: ihn verstehend zu erklären. Das ist nichts Geringes. Es ist nicht nur wegen des persönlichen (aber nicht wissenschaftlichen) Nebenerfolgs: dem wirklich oder scheinbar Andersdenkenden persönlich leichter »gerecht werden« zu können, erwünscht. Sondern es ist auch wissenschaftlich höchst wichtig 1. für den Zweck einer empirischen Kausalbetrachtung menschlichen Handelns, um dessen wirkliche letzte Motive kennen zu lernen, 2. aber, wenn man mit einem (wirklich oder scheinbar) abweichend Wertenden diskutiert, für die Ermittlung der wirklichen gegenseitigen Wertungsstandpunkte. Denn dies ist der wirkliche Sinn einer Wertdiskussion: das, was der Gegner (oder auch: man selbst) wirklich meint, d. h.: den Wert, auf den es jedem der beiden Teile wirklich und nicht nur scheinbar ankommt, zu erfassen und so zu diesem Wert eine Stellungnahme überhaupt erst zu ermöglichen. Weit entfernt also, daß vom Standpunkt der Forderung der »Wertfreiheit« empirischer Erörterungen aus Diskussionen von Wertungen steril oder gar sinnlos wären, ist gerade die Erkenntnis dieses ihres Sinnes Voraussetzung aller nützlichen Erörterungen dieser Art. Sie setzen gerade das Verständnis für die Möglichkeit prinzipiell und unüberbrückbar abweichender letzter Wertungen voraus. Denn weder bedeutet »alles verstehen« auch »alles verzeihen«, noch führt überhaupt vom bloßen Verstehen des fremden

Standpunktes an sich ein Weg zu dessen Billigung. Sondern mindestens ebenso leicht, oft mit weit höherer Wahrscheinlichkeit, zu der Erkenntnis: daß, warum und worüber, man sich nicht einigen könne. Gerade diese Erkenntnis ist aber eine Wahrheitserkenntnis und gerade ihr dienen »Wertungsdiskussionen«. Was man dagegen auf diesem Wege ganz gewiß nicht gewinnt – weil es in der gerade entgegengesetzten Richtung liegt – ist irgendeine normative Ethik oder überhaupt die Verbindlichkeit irgendeines »Imperativs«. Jedermann weiß vielmehr, daß ein solches Ziel durch die, zum mindesten dem Anschein nach, »relativierende« Wirkung solcher Diskussionen eher erschwert wird. Damit ist natürlich nun wieder nicht gesagt: daß man um deswillen sie vermeiden solle. Im geraden Gegenteil. Denn eine »ethische« Überzeugung, welche durch psychologisches »Verstehen« abweichender Wertungen sich aus dem Sattel heben läßt, ist nur ebensoviel wert gewesen wie religiöse Meinungen, welche durch wissenschaftliche Erkenntnis zerstört werden, wie dies ja ebenfalls vorkommt. Wenn schließlich Schmoller annimmt, daß die Verfechter der »Wertfreiheit« der empirischen Disziplinen nur »formale« ethische Wahrheiten (gemeint ist offenbar: im Sinn der Kritik der praktischen Vernunft) anerkennen könnten, so möge darauf – obwohl das Problem nicht unbedingt zur Sache gehört – mit einigen Erörterungen eingegangen sein.

Zunächst ist die in Schmollers Auffassung liegende Identifikation von ethischen Imperativen mit »Kulturwerten«, auch den höchsten, abzulehnen. Denn es kann einen Standpunkt geben, für den Kulturwerte »aufgegeben« sind, auch soweit sie mit jeglicher Ethik in unvermeidlichem, unaustragbarem Konflikt liegen. Und umgekehrt ist eine Ethik, die alle Kulturwerte ablehnt, ohne inneren Widerspruch möglich. Jedenfalls aber sind beide Wertsphären nicht identisch. Ebenso ist es ein schweres (freilich weitverbreitetes) Mißverständnis, wenn geglaubt wird: »formale« Sätze wie etwa die der Kantischen Ethik enthielten keine inhaltlichen Weisungen. Die Möglichkeit einer normativen Ethik wird allerdings dadurch nicht in Frage gestellt, daß es Probleme praktischer Art gibt, für welche sie aus sich selbst heraus keine eindeutigen Weisungen geben kann (und dahin gehören, wie ich glaube, in ganz spezifischer Art bestimmte institutionelle, daher gerade »sozialpolitische« Probleme) und daß ferner die Ethik nicht das Einzige ist, was auf der Welt »gilt«, sondern daß neben ihr andere Wertsphären bestehen, deren Werte unter Umständen nur der realisieren kann, welcher ethische »Schuld« auf sich nimmt. Dahin gehört speziell die Sphäre politischen Handelns. Es wäre m. E. schwächlich, die Spannungen gegen das Ethische, welche gerade sie enthält, leugnen zu wollen. Aber es ist dies keineswegs, wie die übliche Entgegensetzung »privater« und »politischer« Moral glauben macht, nur ihr eigentümlich. – Gehen wir einige der vorstehend bezeichneten »Grenzen« der Ethik durch.

Zu den von keiner Ethik eindeutig entscheidbaren Fragen gehören die Konsequenzen des Postulates der »Gerechtigkeit«. Ob man z. B. – wie dies wohl Schmollers seinerzeit geäußerten Anschauungen am ehesten entsprechen würde – dem, der viel leistet, auch viel schuldet, oder umgekehrt von dem, der viel leisten kann, auch viel fordert, ob man also z. B. im Namen der Gerechtigkeit (denn andere Gesichtspunkte – etwa der des nötigen »Ansporns« – haben dann auszuscheiden) dem großen Talent auch große Chancen gönnen solle, oder ob man umgekehrt (wie Babeuf) die Ungerechtigkeit der ungleichen Verteilung der geistigen Gaben auszugleichen habe durch strenge Vorsorge dafür, daß das Talent, dessen bloßer Besitz ja schon ein beglückendes Prestigegefühl geben könne, nicht auch noch seine besseren Chancen in der Welt für sich ausnützen könne: – dies dürfte aus »ethischen« Prämissen unaustragbar sein. Diesem Typus entspricht aber die ethische Problematik der meisten sozialpolitischen Fragen. –

Aber auch auf dem Gebiet des persönlichen Handelns gibt es ganz spezifisch ethische Grundprobleme, welche die Ethik

aus eigenen Voraussetzungen nicht austragen kann. Dahin
gehört vor allem die Grundfrage: ob der Eigenwert des ethischen Handelns – der »reine Wille« oder die »Gesinnung«,
pflegt man das auszudrücken – allein zu seiner Rechtfertigung
genügen soll, nach der Maxime: »der Christ handelt recht und
stellt den Erfolg Gott anheim«, wie christliche Ethiker sie
formuliert haben. Oder ob die Verantwortung für die als
möglich oder wahrscheinlich vorauszusehenden F o l g e n des
Handelns, wie sie dessen Verflochtenheit in die ethisch irrationale Welt bedingt, mit in Betracht zu ziehen ist. Auf sozia-
lem Gebiet geht alle radikal revolutionäre politische Haltung,
der sog. »Syndikalismus« vor allem, von dem ersten, alle
»Realpolitik« von dem letzten Postulat aus. Beide berufen
sich auf ethische Maximen. Aber diese Maximen liegen untereinander in ewigem Zwist, der mit den Mitteln einer rein in
sich selbst beruhenden Ethik schlechthin unaustragbar ist.

Diese beiden ethischen Maximen sind solche von streng
»formalem« Charakter, darin ähnlich den bekannten Axiomen der »Kritik der praktischen Vernunft«. Von diesen wird
um dieses Charakters willen vielfach geglaubt, sie enthielten
inhaltliche Weisungen zur Bewertung des Handelns überhaupt nicht. Das trifft, wie gesagt, keineswegs zu. Nehmen
wir absichtlich ein möglichst weit von aller »Politik« ablie-
gendes Beispiel, welches vielleicht verdeutlichen kann, welchen Sinn dieser vielberedete »nur formale« Charakter jener
Ethik eigentlich hat. Angenommen, ein Mann sagt mit Bezug
auf seine erotische Beziehung mit einer Frau: »Anfänglich
war unser beider Verhältnis nur eine Leidenschaft, jetzt ist
es ein Wert«, – so würde die kühl temperierte Sachlichkeit
der Kantischen Ethik die erste Hälfte dieses Satzes so ausdrücken: »Anfänglich waren wir beide einander n u r M i t -
t e l « – und damit den ganzen Satz als einen Sonderfall jenes
bekannten Prinzips in Anspruch nehmen, welches man selt-
samerweise gern als einen rein zeitgeschichtlich bedingten
Ausdruck des »Individualismus« hingestellt hat, während es
in Wahrheit eine überaus geniale Formulierung einer uner-

meßlichen Vielheit ethischer Sachverhalte bedeutet, die man nur eben richtig verstehen muß. In ihrer negativen Fassung und in der Ausschaltung jeglicher Aussage darüber: was denn das positive Gegenteil der ethisch abzulehnenden Behandlung des anderen »nur als Mittel« sei, enthält sie offensichtlich 1. die Anerkennung außerethischer selbständiger Wertsphären, – 2. die Begrenzung der ethischen Sphäre diesen gegenüber, – endlich 3. die Feststellung, daß und in welchem Sinn dem Handeln im Dienst außerethischer Werte dennoch Unterschiede der ethischen Dignität anzuhaften vermögen. Tatsächlich sind jene Sphären von Werten, welche die Behandlung des andern »nur als Mittel« gestatten oder vorschreiben, der Ethik gegenüber heterogen. Es kann das hier nicht weiter verfolgt werden: jedenfalls aber zeigt sich, daß der »formale« Charakter selbst jenes höchst abstrakten ethischen Satzes gegen den Inhalt des Handelns nicht etwa indifferent bleibt. – Nun aber kompliziert sich das Problem weiter. Jenes negative Prädikat selbst, welches mit den Worten »nur eine Leidenschaft« ausgesprochen wurde, kann von einem bestimmten Standpunkt aus als eine Lästerung des innerlich Echtesten und Eigentlichsten des Lebens hingestellt werden, des einzigen oder doch des königlichsten Weges hinaus aus den unpersönlichen oder überpersönlichen und daher lebensfeindlichen »Wert«-Mechanismen, aus dem Angeschmiedetsein an das leblose Gestein des Alltagsdaseins und aus den Prätensionen »aufgegebener« Unwirklichkeiten. Es läßt sich jedenfalls eine Konzeption dieser Auffassung denken, welche – obwohl sie für das von ihr gemeinte Konkretissimum des Erlebens den Ausdruck »Wert« wohl verschmähen würde – eben doch eine Sphäre konstituieren würde, welche jeder Heiligkeit oder Güte, jeder ethischen oder ästhetischen Gesetzlichkeit, jeder Kulturbedeutsamkeit oder Persönlichkeitswertung gleich fremd und feindlich gegenüberstehend, dennoch und eben deshalb ihre eigene, in einem alleräußersten Sinn des Wortes »immanente« Dignität in Anspruch nähme. Welches immer nun unsere Stellungnahme zu diesem Anspruch sein mag, jedenfalls ist sie mit den Mitteln keiner »Wissenschaft« beweisbar oder »widerlegbar«.

Jede empirische Betrachtung dieser Sachverhalte würde, wie der alte Mill bemerkt hat, zur Anerkennung des absoluten Polytheismus als der einzigen ihnen entsprechenden Metaphysik führen. Eine nicht empirische, sondern sinndeutende Betrachtung: eine echte Wertphilosophie also, würde ferner, darüber hinausgehend, nicht verkennen dürfen, daß ein noch so wohlgeordnetes Begriffsschema der »Werte« gerade dem entscheidendsten Punkt des Tatbestandes nicht gerecht würde. Es handelt sich nämlich zwischen den Werten letztlich überall und immer wieder nicht nur um Alternativen, sondern um unüberbrückbar tödlichen Kampf, so wie zwischen »Gott« und »Teufel«. Zwischen diesen gibt es keine Relativierungen und Kompromisse. Wohlgemerkt: dem Sinn nach nicht. Denn es gibt sie, wie jedermann im Leben erfährt, der Tatsache und folglich dem äußeren Schein nach, und zwar auf Schritt und Tritt. In fast jeder einzelnen wichtigen Stellungnahme realer Menschen kreuzen und verschlingen sich ja die Wertsphären. Das Verflachende des »Alltags« in diesem eigentlichsten Sinn des Wortes besteht ja gerade darin: daß der in ihm dahinlebende Mensch sich dieser teils psychologisch, teils pragmatisch bedingten Vermengung todfeindlicher Werte nicht bewußt wird und vor allem: auch gar nicht bewußt werden will, daß er sich vielmehr der Wahl zwischen »Gott« und »Teufel« und der eigenen letzten Entscheidung darüber: welcher der kollidierenden Werte von dem Einen und welcher von dem Andern regiert werde, entzieht. Die aller menschlichen Bequemlichkeit unwillkommene, aber unvermeidliche Frucht vom Baum der Erkenntnis aber ist gar keine andere als eben die: um jene Gegensätze wissen und also sehen zu müssen, daß jede einzelne wichtige Handlung und daß vollends das Leben als Ganzes, wenn es nicht wie ein Naturereignis dahingleiten, sondern bewußt geführt werden soll, eine Kette letzter Entscheidungen bedeutet, durch welche die Seele, wie bei Platon, ihr eigenes

Schicksal: – den Sinn ihres Tuns und Seins heißt das – wählt. Wohl das gröblichste Mißverständnis, welches den Absichten der Vertreter der Wertkollision gelegentlich immer wieder zuteil geworden ist, enthält daher die Deutung dieses Standpunkts als »Relativismus«, – als einer Lebensanschauung also, die gerade auf der radikal entgegengesetzten Ansicht vom Verhältnis der Wertsphären zueinander beruht und (in konsequenter Form) nur auf dem Boden einer sehr besonders gearteten (»organischen«) Metaphysik sinnvoll durchführbar ist. –

Kehren wir zu unserem Spezialfall zurück, so scheint mir ohne die Möglichkeit eines Zweifels feststellbar: daß auf dem Gebiet der praktisch-politischen (speziell also auch der wirtschafts- und sozialpolitischen) Wertungen, sobald daraus Direktiven für ein wertvolles Handeln abgeleitet werden sollen: 1. die unvermeidlichen Mittel und 2. die unvermeidlichen Nebenerfolge, 3. die dadurch bedingte Konkurrenz mehrerer möglicher Wertungen miteinander in ihren praktischen Konsequenzen das einzige sind, was eine empirische Disziplin mit ihren Mitteln aufzeigen kann. Philosophische Disziplinen können darüber hinaus mit ihren Denkmitteln den »Sinn« der Wertungen, also ihre letzte sinnhafte Struktur und ihre sinnhaften Konsequenzen ermitteln, ihnen also den »Ort« innerhalb der Gesamtheit der überhaupt möglichen »letzten« Werte anweisen und ihre sinnhaften Geltungssphären abgrenzen. Schon so einfache Fragen aber, wie die: inwieweit ein Zweck die unvermeidlichen Mittel heiligen solle, wie auch die andere: inwieweit die nicht gewollten Nebenerfolge in Kauf genommen werden sollen, wie vollends die dritte, wie Konflikte zwischen mehreren in concreto kollidierenden, gewollten oder gesollten Zwecken zu schlichten seien, sind ganz und gar Sache der Wahl oder des Kompromisses. Es gibt keinerlei (rationales oder empirisches) wissenschaftliches Verfahren irgendwelcher Art, welches hier eine Entscheidung geben könnte. Am allerwenigsten kann diese Wahl unsere streng empirische Wissenschaft dem Ein-

zelnen zu ersparen sich anmaßen und sie sollte daher auch
nicht den Anschein erwecken, es zu können. –

Ausdrücklich sei schließlich aber noch bemerkt: daß die
Anerkennung dieses Sachverhalts für unsere Disziplinen von der Stellungnahme zu den vorstehend in größter
Kürze angedeuteten werttheoretischen Ausführungen vollständig unabhängig ist. Denn es gibt eben überhaupt keinen
logisch haltbaren Standpunkt, von dem aus man ihn ablehnen
könnte, außer dem einer durch kirchliche Dogmen eindeutig vorgeschriebenen Rangfolge der Werte. Ich muß
abwarten, ob sich wirklich Leute finden, welche behaupten,
daß die Fragen: ob eine konkrete Tatsache sich so oder anders
verhält? warum der betreffende konkrete Sachverhalt so und
nicht anders geworden ist? ob auf einen gegebenen Sachverhalt nach einer Regel des faktischen Geschehens ein anderer
Sachverhalt, und mit welchem Grunde von Wahrscheinlichkeit, zu folgen pflegt? dem Sinn nach nicht grundverschieden seien von den Fragen: was man in einer konkreten Situation praktisch tun solle? unter welchen Gesichtspunkten
jene Situation praktisch erfreulich oder unerfreulich erscheinen könne? ob es – wie immer geartete – allgemein formulierbare Sätze (Axiome) gebe, auf welche sich diese Gesichtspunkte reduzieren lassen? – ferner: daß einerseits die Frage:
in welcher Richtung sich eine konkret gegebene tatsächliche
Situation (oder generell: eine Situation eines bestimmten,
irgendwie hinlänglich bestimmten Typus) mit Wahrscheinlichkeit, und mit wie großer Wahrscheinlichkeit sie sich in
jener Richtung entwickeln werde (bzw. typisch zu entwik-
keln pflege)? und die andere Frage: ob man dazu beitragen solle, daß eine bestimmte Situation sich in einer
bestimmten Richtung – sei es der an sich wahrscheinlichen,
sei es der gerade entgegengesetzten oder irgendeiner anderen
– entwickelt? endlich, daß einerseits die Frage: welche
Ansicht sich bestimmte Personen unter konkreten, oder eine
unbestimmte Vielheit von Personen sich unter gleichen
Umständen über ein Problem welcher Art immer mit Wahr-

scheinlichkeit (oder selbst mit Sicherheit) bilden werden?
und andererseits die Frage: ob diese mit Wahrscheinlichkeit
oder Sicherheit entstehende Ansicht richtig sei? – daß die
Fragen jedes dieser Gegensatzpaare miteinander dem Sinn
nach auch nur das mindeste zu tun haben? daß sie wirklich,
wie immer einmal wieder behauptet wird, »voneinander nicht
zu trennen« seien? daß diese letztere Behauptung nicht mit
den Anforderungen des wissenschaftlichen Denkens im
Widerspruche stehe? Ob dagegen jemand, der die absolute
Heterogenität beider Arten von Fragen zugibt, dennoch für
sich in Anspruch nimmt: in einem und demselben Buch, auf
einer und derselben Seite, ja in einem Haupt- und Nebensatz
einer und derselben syntaktischen Einheit sich einerseits über
das eine und andererseits über das andere der beiden heterogenen Probleme zu äußern, – das ist seine Sache. Was von ihm
zu verlangen ist, ist lediglich: daß er seine Leser über die
absolute Heterogenität der Probleme nicht unabsichtlich
(oder auch aus absichtsvoller Pikanterie) täusche. Persönlich bin ich der Ansicht, daß kein Mittel der Welt zu »pedantisch« ist, um nicht zur Vermeidung von Konfusionen am
Platze zu sein.

Der Sinn von Diskussionen über praktische Wertungen (der an der Diskussion Beteiligten selbst) kann also
nur sein:

a) Die Herausarbeitung der letzten, innerlich »konsequenten« Wertaxiome, von denen die einander entgegengesetzten
Meinungen ausgehen. Nicht nur über die der Gegner, sondern auch über die eigenen täuscht man sich oft genug. Diese
Prozedur ist dem Wesen nach eine von der Einzelwertung
und ihrer sinnhaften Analyse ausgehende, immer höher zu
immer prinzipielleren wertenden Stellungnahmen aufstei-
gende Operation. Sie operiert nicht mit den Mitteln einer
empirischen Disziplin und zeitigt keine Tatsachenerkenntnis.
Sie »gilt« in gleicher Art wie die Logik.

b) Die Deduktion der »Konsequenzen« für die wertende
Stellungnahme, welche aus bestimmten letzten Wertaxiomen

folgen würden, wenn man sie, und nur sie, der praktischen Bewertung von faktischen Sachverhalten zugrunde legte. Sie ist rein sinnhaft in bezug auf die Argumentation, dagegen an empirische Feststellungen gebunden für die möglichst erschöpfende Kasuistik derjenigen empirischen Sachverhalte, welche für eine praktische Bewertung überhaupt in Betracht kommen können.

c) Die Feststellung der faktischen Folgen, welche die praktische Durchführung einer bestimmten praktisch wertenden Stellungnahme zu einem Problem haben müßte: 1. infolge der Gebundenheit an bestimmte unvermeidliche Mittel, – 2. infolge der Unvermeidlichkeit bestimmter, nicht direkt gewollter Nebenerfolge. Diese rein empirische Feststellung kann u. a. als Ergebnis haben: 1. die absolute Unmöglichkeit irgendeiner auch noch so entfernt annäherungsweisen Durchführung des Wertpostulates, weil keinerlei Wege seiner Durchführung zu ermitteln sind; – 2. die mehr oder minder große Unwahrscheinlichkeit seiner vollen oder auch nur annäherungsweisen Durchführung, entweder aus dem gleichen Grunde oder weil die Wahrscheinlichkeit des Eintretens ungewollter Nebenerfolge besteht, welche direkt oder indirekt die Durchführung illusorisch zu machen geeignet sind; – 3. die Notwendigkeit, solche Mittel oder solche Nebenerfolge mit in Kauf zu nehmen, welche der Vertreter des betreffenden praktischen Postulats nicht in Betracht gezogen hatte, so, daß seine Wertentscheidung zwischen Zweck, Mittel und Nebenerfolg ihm selbst zu einem neuen Problem wird und an zwingender Gewalt auf andere einbüßt. – Endlich können dabei

d) neue Wertaxiome und daraus zu folgernde Postulate vertreten werden, welche der Vertreter eines praktischen Postulats nicht beachtet und zu denen er infolgedessen nicht Stellung genommen hatte, obwohl die Durchführung seines eignen Postulats mit jenen anderen entweder 1. prinzipiell oder 2. infolge der praktischen Konsequenzen, also: sinnhaft oder praktisch, kollidiert. Im Fall 1 handelt es sich bei der

weiteren Erörterung um Probleme des Typus a, im Falle 2 des
Typus c.

Sehr weit entfernt davon also, »sinnlos« zu sein, haben
Wertungsdiskussionen dieses Typus, gerade wenn sie in ihren
Zwecken richtig verstanden werden, und m. E. nur dann,
ihren sehr erheblichen Sinn.

Der Nutzen einer Diskussion praktischer Wertungen, an
der richtigen Stelle und im richtigen Sinne, ist aber mit solchen direkten »Ergebnissen«, die sie zeitigen kann, keineswegs erschöpft. Sie befruchtet vielmehr, wenn richtig geführt, die empirische Arbeit auf das Nachhaltigste, indem
sie ihr die Fragestellungen für ihre Arbeit liefert.

Die Problemstellungen der empirischen Disziplinen sind
zwar ihrerseits »wertfrei« zu beantworten. Sie sind keine
»Wertprobleme«. Aber sie stehen im Bereich unserer Disziplinen unter dem Einfluß der Beziehung von Realitäten »auf«
Werte. Über die Bedeutung des Ausdruckes »Wertbeziehung« muß ich mich auf eigene frühere Äußerungen und vor
allem auf die bekannten Arbeiten von H. Rickert beziehen.
Es wäre unmöglich, das hier nochmals vorzutragen. Es sei
daher nur daran erinnert, daß der Ausdruck »Wertbeziehung« lediglich die philosophische Deutung desjenigen spezifisch wissenschaftlichen »Interesses« meint, welches die
Auslese und Formung des Objektes einer empirischen Untersuchung beherrscht.

Innerhalb der empirischen Untersuchung werden durch
diesen rein logischen Sachverhalt jedenfalls keinerlei »praktische Wertungen« legitimiert. Wohl aber ergibt jener Sachverhalt in Übereinstimmung mit der geschichtlichen Erfahrung,
daß Kultur- und das heißt: Wertinteressen es sind, welche
auch der rein empirisch-wissenschaftlichen Arbeit die Richtung weisen. Es ist nun klar, daß diese Wertinteressen durch
Wertdiskussionen in ihrer Kasuistik sich entfalten können. Diese können dem wissenschaftlich, insbesondere dem
historisch arbeitenden, Forscher vor allem die Aufgabe
der »Wertinterpretation«: für ihn eine höchst wichtige

Vorarbeit seiner eigentlich empirischen Arbeit, weitgehend abnehmen oder doch erleichtern. Da die Unterscheidung nicht nur von Wertung und Wertbeziehung, sondern auch von Wertung und Wertinterpretation (das heißt: Entwicklung möglicher sinnhafter Stellungnahmen gegenüber einer gegebenen Erscheinung) vielfach nicht klar vollzogen wird und namentlich für die Würdigung des logischen Wesens der Geschichte dadurch Unklarheiten entstehen, so verweise ich in dieser Hinsicht auf die Bemerkungen im Archiv für Sozialwissenschaft XXII. S. 168 f. (ohne diese übrigens für irgendwie abschließend auszugeben).

Statt einer nochmaligen Erörterung dieser methodologischen Grundprobleme möchte ich einige für unsere Disziplinen praktisch wichtige Einzelpunkte näher besprechen.

Der Glaube ist noch immer verbreitet, daß man Weisungen für praktische Wertungen aus »Entwicklungstendenzen« ableiten solle, müsse oder doch: könne. Allein aus noch so eindeutigen »Entwicklungstendenzen« sind eindeutige Imperative des Handelns doch nur bezüglich der voraussichtlich geeignetsten Mittel bei gegebener Stellungnahme, nicht aber bezüglich jener Stellungnahme selbst zu gewinnen. Dabei ist freilich der Begriff des »Mittels« der denkbar weiteste. Wem etwa staatliche Machtinteressen ein letztes Ziel wären, der müßte je nach der gegebenen Situation sowohl eine absolutistische wie eine radikal-demokratische Staatsverfassung für das (relativ) geeignetere Mittel ansehen, und es wäre höchst lächerlich, einen etwaigen Wechsel in der Bewertung dieser staatlichen Zweckapparate als Mittel für einen Wechsel in der »letzten« Stellungnahme selbst anzusehen. Selbstverständlich aber ist es nun ferner, wie früher schon gesagt, für den Einzelnen ein stets erneut auftauchendes Problem: ob er die Hoffnung auf Realisierbarkeit seiner praktischen Wertungen aufzugeben habe angesichts seiner Erkenntnis des Bestehens einer eindeutigen Entwicklungstendenz, welche die Durchsetzung des von ihm Erstrebten an die Bedingung der Verwendung neuer, eventuell ihm sittlich oder sonst bedenklich

erscheinender Mittel oder an das Inkaufnehmen von ihm per-
horreszierter Nebenerfolge knüpft, oder sie derart unwahrscheinlich macht, daß seine Arbeit daran, an der Chance des
Erfolgs bewertet, als sterile »Donquixoterie« erscheinen
müßte. – Aber die Erkenntnis von solchen mehr oder minder schwer abänderlichen »Entwicklungstendenzen« nimmt
darin schlechterdings keine Sonderstellung ein. Jede einzelne neue Tatsache kann ebensogut die Konsequenz haben,
daß der Ausgleich zwischen Zweck und unvermeidlichem
Mittel, gewolltem Ziel und unvermeidlichem Nebenerfolg
neu zu vollziehen ist. Allein ob und mit welchen praktischen
Schlußfolgerungen dies zu geschehen habe, ist nicht nur keine
Frage einer empirischen, sondern, wie gesagt, überhaupt
keiner wie immer gearteten Wissenschaft. Man mag z. B.
dem überzeugten Syndikalisten noch so handgreiflich beweisen, daß sein Tun nicht nur sozial »nutzlos« sei, d. h. daß es
keinen Erfolg für die Änderung der äußeren Klassenlage des
Proletariats verspreche, ja daß es diese durch Erzeugung
»reaktionärer« Stimmungen unweigerlich verschlechtere, so
ist damit für ihn – wenn er sich wirklich zu den letzten Konsequenzen seiner Ansicht bekennt – gar nichts bewiesen.
Und zwar nicht, weil er ein Irrsinniger wäre, sondern weil er
von seinem Standpunkt aus »recht« haben kann – wie gleich
zu erörtern. Im ganzen neigen die Menschen hinlänglich stark
dazu, sich dem Erfolg oder dem jeweilig Erfolg Versprechen-
den innerlich anzupassen, nicht nur – was selbstverständlich
ist – in den Mitteln oder in dem Maße, wie sie ihre letzten
Ideale jeweils zu realisieren trachten, sondern in der Preis-
gabe dieser selbst. In Deutschland glaubt man dies mit dem
Namen »Realpolitik« schmücken zu dürfen. Es ist jedenfalls
nicht einzusehen, warum gerade die Vertreter einer empirischen Wissenschaft das Bedürfnis fühlen sollten, dies noch zu
unterstützen, indem sie sich als Beifallssalve der jeweiligen
»Entwicklungstendenz« konstituieren und die »Anpassung«
an diese aus einem letzten, nur vom Einzelnen im Einzelfall
zu lösenden, also auch dem Einzelnen ins Gewissen zu schie-

benden Wertungsproblem zu einem durch die Autorität einer »Wissenschaft« angeblich gedeckten Prinzip machen.

Es ist – richtig verstanden – zutreffend, daß eine erfolgreiche Politik stets die »Kunst des Möglichen« ist. Nicht minder richtig aber ist, daß das Mögliche sehr oft nur dadurch erreicht wurde, daß man nach dem jenseits seiner liegenden Unmöglichen griff. Es ist schließlich doch nicht die einzige wirklich konsequente Ethik der »Anpassung« an das Mögliche: die Bureaukratenmoral des Konfuzianismus, gewesen, welche die vermutlich von uns allen trotz aller sonstigen Differenzen (subjektiv) mehr oder minder positiv geschätzten spezifischen Qualitäten gerade unserer Kultur geschaffen hat. Daß, wie weiter oben ausgeführt, neben dem »Erfolgswert« einer Handlung ihr »Gesinnungswert« stehe, möchte wenigstens ich der Nation nicht gerade im Namen der Wissenschaft systematisch aberzogen wissen. Jedenfalls aber hindert die Verkennung dieses Sachverhalts das Verständnis der Realitäten. Denn um bei dem vorhin als Beispiel angezogenen Syndikalisten zu bleiben: es ist auch logisch eine Sinnlosigkeit, ein Verhalten, welches – wenn konsequent – als Richtschnur den »Gesinnungswert« nehmen muß, zum Zweck der »Kritik« lediglich mit seinem »Erfolgswert« zu konfrontieren. Der wirklich konsequente Syndikalist will ja lediglich eine bestimmte, ihm schlechthin wertvoll und heilig scheinende Gesinnung sowohl in sich selbst erhalten als, wenn möglich, in Anderen wecken. Seine äußeren, gerade die von vornherein zu noch so absoluter Erfolglosigkeit verurteilten Handlungen haben letztlich den Zweck, ihm selbst vor seinem eigenen Forum die Gewißheit zu geben, daß diese Gesinnung echt ist, d. h. die Kraft hat, sich in Handlungen zu »bewähren«, und nicht ein bloßes Bramarbasieren. Dafür gibt es (vielleicht) in der Tat nur das Mittel solcher Handlungen. Im übrigen ist – wenn er konsequent ist – sein Reich, wie das Reich jeder Gesinnungsethik, nicht von dieser Welt. »Wissenschaftlich« läßt sich lediglich feststellen, daß diese Auffassung seiner eigenen Ideale die einzig innerlich konsequente, durch äußere »Tatsachen« nicht widerlegbare ist. Ich möchte glauben, daß damit sowohl Anhängern wie Gegnern des Syndikalismus ein Dienst, und zwar genau der geleistet wäre, den sie mit Recht von der Wissenschaft verlangen. Mit dem »einerseits – andrerseits« von sieben Gründen »für« und sechs Gründen »gegen« eine bestimmte Erscheinung (etwa: den Generalstreik) und deren Abwägung gegeneinander nach Art der alten Kameralistik und etwa moderner chinesischer Denkschriften scheint mir dagegen im Sinn keiner wie immer gearteten Wissenschaft etwas gewonnen. Mit jener Reduktion des syndikalistischen Standpunkts auf seine möglichst rationale und innerlich konsequente Form und mit der Feststellung seiner empirischen Entstehungsbedingungen, Chancen und erfahrungsgemäßen praktischen Folgen ist vielmehr die Aufgabe jedenfalls der wertungsfreien Wissenschaft ihm gegenüber erschöpft. Daß man ein Syndikalist sein solle oder nicht sein solle, läßt sich ohne sehr bestimmte metaphysische Prämissen, welche nicht, und zwar in diesem Fall durch keine wie immer geartete Wissenschaft demonstrabel sind, niemals beweisen. Auch daß ein Offizier sich mit seiner Schanze lieber in die Luft sprengt, als sich zu ergeben, kann im Einzelfall recht gut in jeder Hinsicht, am Erfolg gemessen, absolut nutzlos sein. Nicht gleichgültig aber dürfte sein, ob die Gesinnung, die das, ohne nach dem Nutzen zu fragen, tut, überhaupt existiert oder nicht. »Sinnlos« muß jedenfalls sie so wenig sein wie die des konsequenten Syndikalisten. Wenn der Professor von der gemächlichen Höhe des Katheders herab einen solchen Catonismus empfehlen wollte, so würde sich das freilich nicht besonders stilgerecht ausnehmen. Aber es ist doch schließlich auch nicht geboten, daß er das Gegenteil preise und aus der Anpassung der Ideale an die gerade durch die jeweiligen Entwicklungstendenzen und Situationen gegebenen Chancen eine Pflicht mache.

Es ist hier soeben wiederholt der Ausdruck »Anpassung« gebraucht worden, der im gegebenen Fall bei der gewählten Ausdrucksweise wohl auch hinlänglich unmißverständlich ist. Aber es zeigt sich, daß er an sich doppelsinnig ist: Anpassung der Mittel einer letzten Stellungnahme an gegebene Situationen (»Realpolitik« im engeren Sinn) oder: Anpassung in der Auswahl aus den überhaupt möglichen letzten Stellungnahmen selbst an die jeweiligen wirklichen oder scheinbaren Augenblickschancen einer von ihnen (jene Art der »Realpolitik«, mit der unsere Politik seit 27 Jahren so merkwürdige Erfolge erzielte). Aber damit ist die Zahl seiner möglichen Bedeutungen bei weitem nicht erschöpft. Darum wäre es bei jeder Diskussion unserer Probleme, sowohl von »Wertungs-« wie von anderen Fragen, meines Erachtens gut, diesen viel mißbrauchten Begriff lieber gänzlich auszuscheiden. Denn ganz und gar mißverständlich ist er als Ausdruck eines wissenschaftlichen A r g u m e n t s , als welches er sowohl für die »Erklärung« (etwa des empirischen Bestehens gewisser ethischer Anschauungen bei gewissen Menschengruppen zu bestimmten Zeiten) wie für die »Bewertung« (z. B. jener faktisch bestehenden ethischen Anschauungen als objektiv »passend« und daher objektiv »richtig« und wertvoll) immer erneut auftaucht. In keiner dieser Hinsichten leistet er aber etwas, da er stets seinerseits erst der Interpretation bedarf. Er hat seine Heimat in der Biologie. Würde er wirklich im biologischen Sinn, also als durch die Umstände gegebene, relativ bestimmbare Chance einer Menschengruppe, das eigene psychophysische E r b g u t durch reichliche Fortpflanzung zu erhalten, gefaßt, dann wären z. B. die ökonomisch am reichlichsten ausgestatteten und ihr Leben am rationellsten regulierenden Volksschichten nach bekannten Erfahrungen der Geburtsstatistik die »unangepaßtesten«. »Angepaßt« an die Bedingungen der Umgebung des Salt Lake waren im biologischen Sinn – aber auch in jeder der zahlreichen sonst denkbaren wirklich rein empirischen Bedeutungen – die wenigen Indianer, die vor der Mormoneneinwanderung dort lebten, genau so gut und so schlecht wie die späteren volkreichen Mormonenansiedlungen. Wir verstehen also vermöge dieses Begriffes nicht das geringste empirisch besser, bilden uns aber

leicht ein, es zu tun. Und man kann – dies sei schon hier
festgestellt – auch nur bei zwei im übrigen in jeder Hinsicht
absolut gleichartigen Organisationen sagen, daß ein konkreter Einzelunterschied eine empirisch für ihren Fortbestand
»zweckmäßigere«, in diesem Sinn den gegebenen Bedingungen »angepaßtere« Lage der einen von ihnen bedingt. Für die
Bewertung aber kann jemand sowohl auf dem Standpunkt
stehen: die größere Zahl und die materiellen und sonstigen
Leistungen und Eigenschaften, welche die Mormonen dort-
hin brachten und dort entfalteten, seien ein Beweis ihrer
Überlegenheit über die Indianer, wie etwa ein anderer, der
die Mittel und Nebenerfolge der Mormonenethik, welche für
jene Leistungen mitverantwortlich ist, bedin-
gungslos perhorresziert, die Steppe sogar ohne alle Indianer,
und also vollends die romantische Existenz dieser letzteren
darin, vorziehen kann, ohne daß irgendeine, wie immer
geartete Wissenschaft der Welt prätendieren könnte, ihn zu
bekehren. Denn schon hier handelt es sich um den unaustrag-
baren Ausgleich von Zweck, Mittel und Nebenerfolg.

Nur wo bei einem absolut eindeutig gegebenen Zweck
nach dem dafür geeigneten Mittel gefragt wird, handelt es sich
um eine wirklich empirisch entscheidbare Frage. Der Satz: x
ist das einzige Mittel für y, ist in der Tat die bloße Umkehrung
des Satzes: auf x folgt y. Der Begriff der »Angepaßtheit« aber
(und alle ihm verwandten) gibt – und das ist die Hauptsache –
jedenfalls nicht die geringste Auskunft über die letztlich
zugrunde liegenden Wertungen, die er vielmehr – ebenso wie
z. B. der m. E. grundkonfuse neuerdings beliebte Begriff der
»Menschenökonomie« – lediglich verhüllt. »Angepaßt« ist
auf dem Gebiet der »Kultur«, je nachdem, wie man den
Begriff meint, entweder alles oder: nichts. Denn nicht auszuscheiden ist aus allem Kulturleben der Kampf. Man kann
seine Mittel, seinen Gegenstand, sogar seine Grundrichtung
und seine Träger ändern, aber nicht ihn selbst beseitigen. Er
kann statt eines äußeren Ringens von feindlichen Menschen
um äußere Dinge ein inneres Ringen sich liebender Menschen

um innere Güter und damit statt äußeren Zwangs eine innere Vergewaltigung (gerade auch in Form erotischer oder karitativer Hingabe) sein oder endlich ein inneres Ringen innerhalb der Seele des Einzelnen selbst mit sich selbst bedeuten, – stets ist er da, und oft um so folgenreicher, je weniger er bemerkt wird, je mehr sein Verlauf die Form stumpfen oder bequemen Geschehenlassens oder illusionistischen Selbstbetrugs annimmt oder sich in der Form der »Auslese« vollzieht. »Friede« bedeutet Verschiebung der Kampfformen oder der Kampfgegner oder der Kampfgegenstände oder endlich der Auslesechancen und nichts anderes. Ob und wann solche Verschiebungen vor einem ethischen oder einem anderen bewertenden Urteil die Probe bestehen, darüber läßt sich offenbar generell schlechthin nichts aussagen. Nur eines ergibt sich zweifellos: Ausnahmslos jede, wie immer geartete Ordnung der gesellschaftlichen Beziehungen ist, wenn man sie bewerten will, letztlich auch daraufhin zu prüfen, welchem menschlichen Typus sie, im Wege äußerer oder innerer (Motiv-)Auslese, die optimalen Chancen gibt, zum herrschenden zu werden. Denn weder ist sonst die empirische Untersuchung wirklich erschöpfend, noch ist auch die nötige tatsächliche Basis für eine, sei es bewußt subjektive, sei es eine objektive Geltung in Anspruch nehmende, Bewertung überhaupt vorhanden. Wenigstens denjenigen zahlreichen Kollegen sei dieser Sachverhalt in Erinnerung gebracht, welche glauben, es ließe sich mit eindeutigen »Fortschritts«-begriffen bei der Feststellung von gesellschaftlichen Entwicklungen operieren. Das führt nun zu einer näheren Betrachtung dieses wichtigen Begriffs.

Man kann natürlich den Begriff des »Fortschritts« absolut wertfrei brauchen, wenn man ihn mit dem »Fortschreiten« irgendeines konkreten, isoliert betrachteten Entwicklungs-Prozesses identifiziert. Aber in den meisten Fällen ist der Sachverhalt wesentlich komplizierter. Wir betrachten hier einige Fälle, wo die Verquickung mit Wertfragen am intimsten ist, aus heterogenen Gebieten.

Auf dem Gebiet der irrationalen, gefühlsmäßigen, affektiven Inhalte unseres seelischen Verhaltens kann die quantitative Zunahme und – was damit meist verbunden ist – qualitative Vermannigfaltigung der m ö g l i c h e n Verhaltungsweisen wertfrei als Fortschritt der seelischen »Differenzierung« bezeichnet werden. Alsbald verbindet sich aber damit der Wertbegriff: Vermehrung der »Spannweite«, der »Kapazität« einer konkreten »Seele« oder – was schon eine nicht eindeutige Konstruktion ist – einer »Epoche« (so in Simmels »Schopenhauer und Nietzsche«).

Es ist natürlich gar kein Zweifel, daß es jenes faktische »Fortschreiten der Differenzierung« gibt. Mit dem Vorbehalt, daß es nicht immer wirklich da vorhanden ist, wo man an sein Vorhandensein glaubt. Das für die Gegenwart zunehmende B e a c h t e n der Gefühlsnuancen, wie es auftritt, sowohl als Folge zunehmender Rationalisierung und Intellektualisierung aller Lebensgebiete wie als Folge zunehmender subjektiver Wichtigkeit, die der Einzelne allen seinen eigenen (für andere oft äußerst gleichgültigen) Lebensäußerungen beimißt, täuscht sehr leicht zunehmende Differenzierung vor. Es kann sie bedeuten oder befördern. Aber der Schein trügt leicht, und ich gestehe, daß ich die faktische Tragweite dieser Täuschung ziemlich hoch veranschlagen möchte. Immerhin: der Sachverhalt besteht. Ob nun jemand fortschreitende Differenzierung als »Fortschritt« b e z e i c h n e t, ist an sich terminologische Zweckmäßigkeitsfrage. Ob man sie aber als »Fortschritt« im Sinn zunehmenden »inneren Reichtums« b e w e r t e n soll, kann jedenfalls keine empirische Disziplin entscheiden. Denn die Frage, ob jeweils die neu sich entwickelnden oder neu in das Bewußtsein gehobenen Gefühlsmöglichkeiten mit unter Umständen neuen »Spannungen« und »Problemen« als »Werte« anzuerkennen sind, geht sie nichts an. Wer aber zu der Tatsache der Differenzierung als solcher bewertend Stellung nehmen will – was gewiß keine empirische Disziplin jemandem verbieten kann – und nach dem Standpunkt dafür sucht, dem werden naturge-

mäß manche Erscheinungen der Gegenwart auch die Frage
nahelegen: um welchen Preis dieser Prozeß, soweit er zur
Zeit überhaupt mehr als eine intellektualistische Illusion ist,
»erkauft« wird. Er wird z. B. nicht übersehen dürfen, daß die
Jagd nach dem »Erlebnis« – dem eigentlichen Modewert der
deutschen Gegenwart – in sehr starkem Maß Produkt abneh-
mender Kraft sein kann, den »Alltag« innerlich zu bestehen,
und daß jene Publizität, welche der Einzelne seinem »Erleben« zu geben das zunehmende Bedürfnis empfindet, vielleicht auch als ein Verlust an Distanz- und also an Stil- und
Würdegefühl bewertet werden könnte. Jedenfalls ist auf dem
Gebiet der Wertungen des subjektiven Erlebens »Fortschritt
der Differenzierung« mit Mehrung des »Werts« zunächst
nur in dem intellektualistischen Sinn der Vermehrung des
zunehmend bewußten Erlebens oder der zunehmenden
Ausdrucksfähigkeit und Kommunikabilität identisch.

Etwas komplizierter steht es mit der Anwendbarkeit des
»Fortschritts«begriffes (im Sinn der Bewertung) auf dem
Gebiet der Kunst. Sie wird gelegentlich leidenschaftlich
bestritten. Je nach dem gemeinten Sinn mit Recht oder
Unrecht. Es hat keine wertende Kunstbetrachtung gegeben, die mit dem exklusiven Gegensatz von »Kunst« und
»Unkunst« ausgekommen wäre, und nicht daneben noch die
Unterschiede zwischen Versuch und Erfüllung, zwischen
dem Wert verschiedener Erfüllungen, zwischen der vollen
und der in irgendeinem Einzelpunkt oder in mehreren solcher, selbst in wichtigen Punkten mißglückten, dennoch aber
nicht schlechthin wertlosen Erfüllung verwendete, und zwar
nicht nur für ein konkretes Formungswollen, sondern auch
für das Kunstwollen ganzer Epochen. Der Begriff eines
»Fortschritts« wirkt zwar, auf solche Tatbestände angewendet, wegen seiner sonstigen Verwendung für rein technische
Probleme trivial. Aber er ist nicht an sich sinnlos. Wieder
anders liegt das Problem für die rein empirische Kunstgeschichte und die empirische Kunstsoziologie. Für die
erstere gibt es einen »Fortschritt« der Kunst natürlich nicht

im Sinn der ästhetischen Wertung von Kunstwerken als sinnhafter Erfüllungen; denn diese Wertung ist nichts mit den
Mitteln empirischer Betrachtung zu Leistendes und liegt also
ganz jenseits ihrer Aufgabe. Dagegen kann gerade sie einen
durchaus nur technischen, rationalen und deshalb eindeutigen »Fortschritts«-Begriff verwenden, von dem alsbald näher
zu reden ist und dessen Brauchbarkeit für die empirische
Kunstgeschichte eben daraus folgt: daß er sich ganz und gar
auf die Feststellung der technischen Mittel beschränkt, welche ein bestimmtes Kunstwollen für eine fest gegebene
Absicht verwendet. Man unterschätzt die kunstgeschichtliche Tragweite dieser sich streng bescheidenden Ermittlungen
leicht oder mißdeutet sie in jenem Sinn, welchen ein modisches, ganz subalternes und unechtes vermeintliches »Kennertum« damit verbindet, indem es den Anspruch erhebt,
einen Künstler »verstanden« zu haben, wenn es den Vorhang
seines Ateliers gelüftet und seine äußeren Darstellungsmittel,
seine »Manier«, durchmustert hat. Allein der richtig verstandene »technische« Fortschritt ist geradezu die Domäne der
Kunstgeschichte, weil gerade er und sein Einfluß auf das
Kunstwollen das am Ablauf der Kunstentwicklung rein
empirisch, das heißt: ohne ästhetische Bewertung, Feststellbare enthält. Nehmen wir einige Beispiele, welche die wirklichen kunstgeschichtlichen Bedeutungen des »Technischen«
im echten Sinn des Wortes verdeutlichen.

  Die Entstehung der Gotik war in allererster Linie das
Resultat der technisch gelungenen Lösung eines an sich rein
bautechnischen Problems der Überwölbung von Räumen
bestimmter Art: die Frage nach dem technischen Optimum
der Schaffung von Widerlagern für den Gewölbeschub eines
Kreuzgewölbes, verbunden mit noch einigen hier nicht zu
erörternden Einzelheiten. Ganz konkrete bauliche Probleme
wurden gelöst. Die Erkenntnis, daß damit eine bestimmte
bestimmte Art der Überwölbbarkeit nicht quadratischer
Räume möglich gemacht war, weckte die leidenschaftliche
Begeisterung jener vorläufig und vielleicht für immer unbe

kannten Architekten, denen die Entwicklung des neuen Baustils verdankt wird. Ihr technischer Rationalismus führte das neue Prinzip in allen Konsequenzen durch. Ihr Kunstwollen nutzte es als Erfüllungsmöglichkeit bis dahin ungeahnter künstlerischer Aufgaben und riß alsdann die Plastik in die Bahn eines primär durch die ganz neuen Raum- und Flächenformungen der Architektur geweckten neuen »Körpergefühls« hinein. Daß diese primär technisch bedingte Umwälzung zusammenstieß mit bestimmten in starkem Maße soziologisch und religionsgeschichtlich bedingten Gefühlsinhalten, bot die wesentlichen Bestandteile jenes Materials an Problemen dar, mit welchen das Kunstschaffen der gotischen Epoche arbeitete. Indem die kunstgeschichtliche und kunstsoziologische Betrachtung diese sachlichen, technischen, gesellschaftlichen, psychologischen Bedingungen des neuen Stils aufzeigt, erschöpft sie ihre rein empirische Aufgabe. Weder aber »wertet« sie dabei den gotischen Stil im Verhältnis etwa zum romanischen oder etwa dem seinerseits sehr stark am technischen Problem der Kuppel und daneben an den soziologisch mitbedingten Änderungen des Aufgabenbereiches der Architektur orientierten Renaissancestil, noch »wertet« sie ästhetisch, solange sie empirische Kunstgeschichte bleibt, das einzelne Bauwerk. Vielmehr: Das I n t e r - e s s e an den Kunstwerken und an ihren ästhetisch relevanten einzelnen Eigentümlichkeiten und also ihr O b j e k t ist ihr heteronom: als ihr Apriori, gegeben durch deren von ihr, mit ihren Mitteln, gar nicht feststellbaren ästhetischen Wert.

Ähnlich auf dem Gebiet etwa der Musikgeschichte. Ihr zentrales Problem ist für den Standpunkt des I n t e r e s s e s des m o d e r n e n e u r o p ä i s c h e n M e n s c h e n (»Wertbezogenheit«!) doch wohl: warum die harmonische Musik aus der fast überall volkstümlich entwickelten Polyphonie nur in Europa und in einem bestimmten Zeitraum entwickelt wurde, während überall sonst die Rationalisierung der Musik einen andern und zwar meist den gerade entgegengesetzten Weg einschlug: Entwicklung der Intervalle durch Distanzteilung (meist der Quarte) statt durch harmonische Teilung (der Quinte). Im Mittelpunkt steht also das Problem der Entstehung der Terz in deren harmonischer Sinndeutung: als Glied des Dreiklangs, und weiterhin: der harmonischen Chromatik, ferner: der modernen musikalischen Rhythmik (der guten und schlechten Taktteile) – statt rein metronomischer Taktierung –, einer Rhythmik, ohne welche die moderne Instrumentalmusik undenkbar ist. Da handelt es sich nun wiederum primär um rein technisch rationale »Fortschritts«-Probleme. Denn daß z. B. Chromatik längst vor der harmonischen Musik, als Mittel der Darstellung von »Leidenschaft« bekannt war, zeigt die antike chromatische (angeblich sogar: enharmonische) Musik zu den leidenschaftlichen Dochmien des neuerdings entdeckten Euripidesfragments. Nicht in dem künstlerischen Ausdruckswollen also, sondern in den technischen Ausdrucksmitteln lag der Unterschied dieser antiken Musik gegen jene Chromatik, welche die großen musikalischen Experimentatoren der Renaissancezeit in stürmischem rationalen Entdeckungsstreben schufen, und zwar ebenfalls: um »Leidenschaft« musikalisch formen zu können. Das technisch Neue aber war, daß diese Chromatik diejenige unserer harmonischen Intervalle wurde und nicht eine solche mit den melodischen Halb- und Viertel-Ton-Distanzen der Hellenen. Und daß sie dies werden konnte, hatte seinen Grund wiederum in vorangegangenen Lösungen technisch-rationaler Probleme. So namentlich in der Schaffung der rationalen Notenschrift (ohne welche keine moderne Komposition auch nur denkbar wäre) und, schon vorher, bestimmter zur harmonischen Deutung musikalischer Intervalle drängender Instrumente und vor allem: des rational polyphonen Gesanges. Den Hauptanteil an diesen Leistungen aber hatte im frühen Mittelalter das Mönchtum des nordisch-abendländischen Missionsgebiets, welches ohne eine Ahnung von der späteren Tragweite seines Tuns die volkstümliche Polyphonie für seine Zwecke rationalisierte, statt, wie das byzantinische, sich seine Musik vom hellenisch geschulten Melopoiós herrichten zu lassen. Durchaus konkrete, soziologisch und religionshistorisch bedingte, Eigentümlichkeiten der äußeren und inneren Lage der christlichen Kirche im Okzident ließen dort aus einem nur dem Mönchtum des Abendlandes eignen Rationalismus diese musikalische Problematik entstehen, welche ihrem Wesen nach »technischer« Art war. Die Übernahme und Rationalisierung des Tanztakts andererseits, des Vaters der in die Sonate ausmündenden Musikformen, war bedingt durch bestimmte gesellschaftliche Lebensformen der Renaissance-Gesellschaft. Die Entwicklung des Klaviers endlich, eines der wichtigsten technischen Träger der modernen musikalischen Entwicklung und ihrer Propaganda im Bürgertum, wurzelte in dem spezifischen Binnenraum-Charakter der nordeuropäischen Kultur. All das sind »Fortschritte« der technischen Mittel der Musik, welche deren Geschichte sehr stark bestimmt haben. Diese Komponenten der historischen Entwicklung wird die empirische Musikgeschichte entwickeln können und müssen, ohne ihrerseits eine ästhetische Bewertung der musikalischen Kunstwerke vorzunehmen. Der technische »Fortschritt« hat sich recht oft zuerst an, ästhetisch gewertet, höchst unzulänglichen Leistungen vollzogen. Die Interessenrichtung: das historisch zu erklärende Objekt, ist der Musikgeschichte heteronom durch dessen ästhetische Bedeutsamkeit gegeben.

Für das Gebiet der Entwicklung der Malerei ist die vornehme Bescheidenheit der Fragestellung in Wölfflins »Klassischer Kunst« ein ganz hervorragendes Beispiel der Leistungsfähigkeit empirischer Arbeit.

Die völlige Geschiedenheit der Wertsphäre von dem Empirischen tritt nun darin charakteristisch hervor: daß die Verwendung einer bestimmten noch so »fortgeschrittenen« Technik über den ästhetischen Wert des Kunstwerks nicht das geringste besagt. Kunstwerke mit noch so »primitiver« Technik – Bilder z. B. ohne alle Kenntnis der Perspektive – vermögen ästhetisch den vollendetsten, auf dem Boden

rationaler Technik geschaffenen absolut ebenbürtig zu sein,
unter der Voraussetzung, daß das künstlerische Wollen sich
auf diejenigen Formungen beschränkt hat, welche jener »primitiven« Technik adäquat sind. Die Schaffung neuer technischer Mittel bedeutet zunächst nur zunehmende Differenzierung und gibt nur die Möglichkeit zunehmenden »Reichtums« der Kunst im Sinn der Wertsteigerung. Tatsächlich
hat sie nicht selten den umgekehrten Effekt der »Verarmung«
des Formgefühls gehabt. Aber für die empirisch-kausale
Betrachtung ist gerade die Änderung der »Technik« (im
höchsten Sinn des Worts) das wichtigste allgemein feststellbare Entwicklungsmoment der Kunst.

Nun pflegen nicht nur Kunsthistoriker, sondern überhaupt die Historiker, zu entgegnen: daß sie sich das Recht
politischer, kultureller, ethischer, ästhetischer Bewertung
weder nehmen lassen, noch in der Lage seien, ohne diese ihre
Arbeit zu leisten. Die Methodologie hat weder die Macht
noch die Absicht, jemandem vorzuschreiben, was er in einem
literarischen Werk zu bieten beabsichtigt. Sie nimmt sich
nur ihrerseits das Recht festzustellen: daß gewisse Probleme untereinander heterogenen Sinn haben, daß ihre Ver-
wechslung miteinander die Folge hat, daß eine Diskussion
zum Aneinandervorbeireden führt, und daß über die einen
eine Diskussion mit den Mitteln, sei es der empirischen Wissenschaft, sei es der Logik sinnvoll, über die andern dagegen
unmöglich ist. Vielleicht darf hier, ohne für jetzt den Beweis
anzutreten, noch eine allgemeine Beobachtung hinzugefügt
werden: eine aufmerksame Durchmusterung historischer
Arbeiten zeigt sehr leicht, daß die rücksichtslose Verfolgung
der empirisch-historischen Kausalkette bis zum Ende fast
ausnahmslos dann zum Schaden der wissenschaftlichen
Ergebnisse unterbrochen zu werden pflegt, wenn der Historiker zu »werten« beginnt. Er kommt dann in die Gefahr,
z. B. als die Folge eines »Fehlers« oder eines »Verfalls« zu
»erklären«, was vielleicht Wirkung ihm heterogener Ideale
der Handelnden war, und er verfehlt so seine eigenste Auf-

gabe: das »Verstehen«. Das Mißverständnis erklärt sich aus
zweierlei Gründen. Zunächst daraus, daß, um bei der Kunst
zu bleiben, die künstlerische Wirklichkeit außer der rein
ästhetisch wertenden Betrachtung einerseits und der rein
empirisch und kausal zurechnenden andererseits noch einer
dritten: der wertinterpretierenden, zugänglich ist, über
deren Wesen das an anderer Stelle (s. o.) Gesagte hier nicht
wiederholt werden soll. Über ihren Eigenwert und ihre
Unentbehrlichkeit für jeden Historiker besteht nicht der
mindeste Zweifel. Ebenso nicht darüber, daß der übliche
Leser kunsthistorischer Darstellungen auch, und gerade,
diese Darbietung zu finden erwartet. Nur ist sie, auf ihre
logische Struktur hin angesehen, mit der empirischen Betrachtung nicht identisch.

Sodann aber: wer kunstgeschichtliche, noch so rein empirische, Leistungen vollbringen will, bedarf dazu der Fähigkeit,
künstlerisches Produzieren zu »verstehen«, und diese ist
ohne ästhetische Urteilsfähigkeit, also ohne die Fähigkeit
der Bewertung, selbstverständlich nicht denkbar. Das entsprechende gilt natürlich für den politischen Historiker, literarischen Historiker, Historiker der Religion oder der Philosophie. Aber offenbar besagt das gar nichts über das logische Wesen der historischen Arbeit.

Doch davon später. Hier sollte lediglich die Frage erörtert
werden: in welchem Sinn man, außerhalb der ästhetischen
Bewertung, von »Fortschritt« kunstgeschichtlich sprechen
könne. Es zeigt sich, daß dieser Begriff da einen technischen
und rationalen, die Mittel für eine künstlerische Absicht
meinenden, Sinn gewinnt, der gerade empirisch-kunstge-
schichtlich in der Tat bedeutsam werden kann. Es wird nun
Zeit, diesen Begriff des »rationalen« Fortschritts auf seinem
eigensten Gebiet aufzusuchen und auf seinen empirischen
oder nicht empirischen Charakter hin zu betrachten. Denn
das Gesagte ist nur ein Sonderfall eines sehr universellen Tatbestandes.

Die Art, wie Windelband (Gesch. der Phil. § 2, 4. Aufl.

S. 8) das Thema seiner »Geschichte der Philosophie« begrenzt (»der Prozeß, durch welchen die europäische Menschheit ihre Weltauffassung ... in wissenschaftlichen Begriffen niedergelegt hat«), bedingt für seine nach meiner Ansicht ganz glänzende Pragmatik der Verwendung eines aus dieser Kulturwertbezogenheit folgenden spezifischen »Fortschritts«-Begriffs (dessen Konsequenzen das. S. 15, 16 gezogen werden), der einerseits keineswegs für jede »Geschichte« der Philosophie selbstverständlich ist, andererseits aber bei Zugrundelegung der entsprechend gleichen Kulturwertbezogenheit nicht nur für eine Geschichte der Philosophie und auch nicht nur für jede Geschichte irgendeiner anderen Wissenschaft, sondern – anders als Windelband (ebenda S. 7, Nr. 1, Abs. 2) annimmt – für jede »Geschichte« überhaupt zutrifft. Nachstehend indessen soll nur von jenen rationalen »Fortschritts«-Begriffen die Rede sein, welche in unsren soziologischen und ökonomischen Disziplinen eine Rolle spielen. Unser europäisch-amerikanisches Gesellschafts- und Wirtschaftsleben ist in einer spezifischen Art und in einem spezifischen Sinn »rationalisiert«. Diese Rationalisierung zu erklären und die ihr entsprechenden Begriffe zu bilden ist daher eine der Hauptaufgaben unserer Disziplinen. Dabei nun erscheint wiederum das am Beispiel der Kunstgeschichte berührte, aber dort offen gelassene Problem: was die Bezeichnung eines Vorgangs als eines »rationalen Fortschritts« denn eigentlich besagen will.

Die Verquickung von »Fortschritt« im Sinne 1. des bloßen differenzierenden »Fortschreitens«, ferner 2. der fortschreitenden technischen Rationalität der Mittel, endlich 3. der Wertsteigerung wiederholt sich auch hier. Zunächst ist schon ein subjektiv »rationales« Sichverhalten nicht mit rational »richtigem«, d. h. die objektiv, nach der wissenschaftlichen Erkenntnis, richtigen Mittel verwendendem, Handeln identisch. Sondern es bedeutet an sich nur: daß die subjektive Absicht auf eine planvolle Orientierung an für richtig gehaltenen Mitteln für einen gegebenen Zweck gehe. Eine fortschreitende subjektive Rationalisierung des Handelns ist also nicht notwendig auch objektiv ein »Fortschritt« in der Richtung auf das rational »richtige« Handeln. Man hat z. B. die Magie ebenso systematisch »rationalisiert« wie die Physik. Die erste ihrer eigenen Absicht nach »rationale« Therapie bedeutete fast überall ein Verschmähen des Kurierens der empirischen Symptome mit rein empirisch erprobten Kräutern und Tränken zugunsten der Austreibung der (vermeintlich) »eigentlichen« (magischen, dämonischen) »Ursache« der Erkrankung. Sie hatte also formal ganz die gleiche rationalere Struktur wie manche der wichtigsten Fortschritte der modernen Therapie. Aber wir werden diese magischen Priestertherapien nicht als »Fortschritt« zum »richtigen« Handeln gegenüber jener Empirie w e r t e n können. Und andrerseits ist durchaus nicht etwa jeder »Fortschritt« in der Richtung der Verwendung der »richtigen« Mittel erzielt durch ein »Fortschreiten« im ersteren, subjektiv rationalen, Sinne. Daß subjektiv fortschreitend rationaleres Handeln zu objektiv »zweckmäßigerem« Handeln führt, ist nur eine von mehreren Möglichkeiten und ein mit (verschieden großer) Wahrscheinlichkeit zu erwartender Vorgang. Ist aber im Einzelfall der Satz richtig: die Maßregel x ist das (wir wollen annehmen: einzige) Mittel für die Erreichung des Erfolges y – was eine empirische Frage ist, und zwar die einfache Umkehrung des Kausalsatzes: auf x folgt y – und wird nun dieser Satz – was ebenfalls empirisch feststellbar ist – von Menschen bewußt für die Orientierung ihres auf den Erfolg y gerichteten Handelns verwertet, d a n n ist ihr Handeln »technisch richtig« orientiert. Wird menschliches Verhalten (welcher Art immer) in irgendeinem Einzelpunkt in diesem Sinn technisch »richtiger« als bisher orientiert, so liegt ein »t e c h n i - s c h e r Fortschritt« vor. Ob dies der Fall ist, d a s ist – immer natürlich: die absolute Eindeutigkeit des feststehenden Zweckes vorausgesetzt – für eine empirische Disziplin in der Tat eine mit den Mitteln der wissenschaftlichen Erfahrung zu treffende, also: eine empirische Feststellung.

Es gibt also in diesem Sinne, wohl gemerkt: bei eindeutig gegebenem Zweck, eindeutig feststellbare Begriffe von »technischer« Richtigkeit und von »technischem« Fortschritt in den Mitteln (wobei hier »Technik« in einem allerweitesten Sinne als rationales Sichverhalten überhaupt, auf allen Gebieten: auch denen der politischen, sozialen, erzieherischen, propagandistischen Menschenbehandlung und -beherrschung gemeint ist). Man kann insbesondere (um nur die uns naheliegenden Dinge zu berühren) auf dem speziellen, gewöhnlich »Technik« genannten Gebiet, ebenso aber auf dem der Handelstechnik, auch der Rechtstechnik, von einem »Fortschritt« annähernd eindeutig reden, wenn dabei ein eindeutig bestimmter Status eines konkreten Gebildes als Ausgangspunkt angenommen wird. Annähernd: denn die einzelnen technisch rationalen Prinzipien geraten, wie jeder Kundige weiß, in Konflikte miteinander, zwischen denen ein Ausgleich zwar vom jeweiligen Standpunkt konkreter Interessenten, niemals aber »objektiv«, zu finden ist. Und es gibt, bei Annahme gegebener Bedürfnisse, bei der ferneren Unterstellung, daß alle diese Bedürfnisse als solche und ihre subjektive Rangeinschätzung der Kritik entzogen sein sollen, und schließlich bei Annahme einer fest gegebenen Art der Wirtschaftsordnung überdies – wiederum unter dem Vorbehalt, daß z. B. die Interessen an Dauer, Sicherheit und Ausgiebigkeit der Deckung dieser Bedürfnisse in Konflikt geraten können und geraten – auch »ökonomischen« Fortschritt zu einem relativen Optimum der Bedarfsdeckung bei gegebenen Möglichkeiten der Mittelbeschaffung. Aber nur unter diesen Voraussetzungen und Einschränkungen.

Es ist nun versucht worden, daraus die Möglichkeit eindeutiger und dabei rein ökonomischer Wertungen abzuleiten. Ein charakteristisches Beispiel dafür ist der s. Z. von Prof. Liefmann herangezogene Schulfall der absichtlichen Vernichtung von unter dem Selbstkostenpreis gesunkenen Konsumgütern im Rentabilitätsinteresse der Produzenten. Diese sei als auch objektiv »volkswirtschaftlich richtig« zu bewerten. Diese und – worauf es hier ankommt – jede ähnliche Darlegung nimmt aber eine Reihe von Voraussetzungen als selbstverständlich an, die es nicht sind: Zunächst: daß das Interesse des Einzelnen über seinen Tod nicht nur faktisch oft hinausreiche, sondern auch als darüber hinausreichend ein-für allemal gelten solle. Ohne diese Übertragung aus dem »Sein« in das »Sollen« ist die betreffende angeblich rein ökonomische Wertung nicht eindeutig durchführbar. Denn ohne sie kann man z. B. nicht von den Interessen der »Produzenten« und »Konsumenten« als von Interessen perennierender Personen reden. Daß der Einzelne die Interessen seiner Erben in Betracht zieht, ist aber keine rein ökonomische Begebenheit mehr. Den lebendigen Menschen werden hier vielmehr Interessenten substituiert, welche »Kapital« in »Betrieben« verwerten und um dieser Betriebe willen existieren. Das ist eine für theoretische Zwecke nützliche Fiktion. Aber selbst als Fiktion paßt das nicht zu der Lage der Arbeiter. Insbesondere nicht: der kinderlosen. – Zweitens ignoriert sie die Tatsache der »Klassenlage«, welche unter der Herrschaft des Marktprinzips nicht nur trotz, sondern gerade infolge der – vom Rentabilitätsstandpunkt aus gewertet jeweils möglichen – »optimalen« Verteilung von Kapital und Arbeit auf die verschiedenen Erwerbszweige die Güterversorgung gewisser Konsumentenschichten absolut verschlechtern kann (nicht: muß). Denn jene »optimale« Verteilung der Rentabilität, welche die Konstanz der Kapitalinvestition bedingt, ist ja ihrerseits von den Machtkonstellationen zwischen den Klassen abhängig, deren Konsequenzen die Preiskampfposition jener Schichten im konkreten Fall schwächen können (nicht: müssen). – Drittens ignoriert sie die Möglichkeit dauernder unausgleichbarer Interessengegensätze zwischen Mitgliedern verschiedener politischer Einheiten und nimmt also a priori Partei für das »Freihandelsargument«, welches sich aus einem höchst brauchbaren heuristischen Mittel alsbald in eine gar nicht selbstverständliche »Wertung« verwandelt, sobald man an seiner Hand Postulate des Seinsollens aufstellt. Wenn sie aber etwa, um diesem Konflikt zu entgehen, die politische Einheit der Weltwirtschaft unterstellt – was theoretisch absolut gestattet sein muß – so verschiebt sich die unausrottbare Möglichkeit der Kritik, welche die Vernichtung jener genußfähigen Güter im Interesse des – wie hier unterstellt werden mag – unter den gegebenen Verhältnissen gegebenen dauernden Rentabilitätsoptimums (der Produzenten und Konsumenten) herausfordert, lediglich in ihrer Schlagweite. Die Kritik wendet sich dann nämlich gegen das gesamte Prinzip der Marktversorgung an der Hand solcher Direktiven, wie sie das in Geld ausdrückbare Rentabilitätsoptimum von tauschenden Einzelwirtschaften gibt, als solches. Eine nicht marktmäßige Organisation der Güterversorgung würde auf die durch das Marktprinzip gegebene Konstellation von Einzelwirtschaftsinteressen Rücksicht zu nehmen keinen Anlaß haben, daher auch nicht genötigt sein, jene einmal vorhandenen genußfähigen Güter dem Verbrauch zu entziehen.

Nur dann, wenn 1. ausschließlich dauernde Rentabilitätsinteressen konstant gedachter Personen mit konstant gedachten Bedürfnissen als leitender Zweck, – 2. die ausschließliche Herrschaft privatkapitalistischer Bedarfsversorgung durch ganz freien Markttausch und: – 3. eine uninteressierte Staatsmacht als bloße Rechtsgarantin als fest gegebene Bedingungen vorausgesetzt werden, ist die Ansicht von Prof. Liefmann auch nur theoretisch korrekt und dann freilich selbstverständlich richtig. Denn die Wertung betrifft dann die rationalen Mittel zur optimalen Lösung eines technischen Einzelproblems der Güterverteilung. Die zu theoretischen Zwecken nützlichen Fiktionen der reinen Ökonomik können aber nicht zur Grundlage von praktischen Wertungen realer Tatbestände gemacht werden. Es bleibt eben dabei: daß die ökonomische Theorie absolut gar nichts andres aussagen kann als: daß für den gegebenen technischen Zweck x die Maßregel y das allein oder das neben y^1, y^2 geeignete Mittel sei, daß im letzteren Fall zwischen y, y^1, y^2 die und die Unterschiede der

Wirkungsweise und – gegebenenfalls – der Rationalität bestehen, daß ihre Anwendung und also die Erreichung des Zwek-
kes x die »Nebenerfolge« z, z^1, z^2 mit in den Kauf zu nehmen
gebietet. Das alles sind einfache Umkehrungen von Kausalsätzen, und soweit sich daran »Wertungen« knüpfen lassen,
sind sie ausschließlich solche des Rationalitätsgrades einer
vorgestellten Handlung. Die Wertungen sind dann und nur
dann eindeutig, wenn der ökonomische Zweck und die sozialen Struktur-Bedingungen fest gegeben sind und nur zwischen mehreren ökonomischen Mitteln zu wählen ist, und
wenn diese überdies ausschließlich in bezug auf die Sicherheit, Schnelligkeit und quantitative Ergiebigkeit des Erfolges
verschieden, in jeder anderen für menschliche Interessen
möglicherweise wichtigen Hinsicht aber völlig identisch
funktionieren. Nur dann ist das eine Mittel wirklich bedin-
gungslos als das »technisch richtigste« auch zu w e r t e n und
ist diese Wertung eindeutig. In jedem andern, also in jedem
nicht rein technischen Fall hört die Wertung auf, eindeutig zu
sein und greifen Wertungen mit ein, welche nicht mehr rein
ökonomisch bestimmbar sind.

Aber mit Feststellung der Eindeutigkeit einer t e c h n i -
s c h e n Wertung innerhalb der rein ökonomischen Sphäre
wäre eine Eindeutigkeit der endgültigen »Wertung« natürlich
n i c h t erzielt. Vielmehr begänne nun jenseits dieser Erörterungen erst das Gewirr der unendlichen, nur durch Rückfüh-
rung auf letzte Axiome zu bewältigenden Mannigfaltigkeit
möglicher Wertungen. Denn – um nur eins zu erwähnen –
hinter der »Handlung« steht: der Mensch. Für ihn kann die
Steigerung der subjektiven Rationalität und o b j e k t i v -
t e c h n i s c h e n »Richtigkeit« des Handelns als s o l c h e über
eine gewisse Schwelle hinaus – ja, von gewissen Anschauungen aus: ganz generell – als eine Gefährdung wichtiger (z. B.
ethisch oder religiös wichtiger) Güter gelten. Die buddhisti-
sche (Maximal-)Ethik z. B., die jede Zweckhandlung schon
deshalb, weil sie Zweckhandlung ist, als von der Erlösung
abführend verwirft, wird schwerlich jemand von uns teilen.

Aber sie zu »widerlegen«, in dem Sinn wie ein falsches Rechenexempel oder eine irrige medizinische Diagnose, ist schlechthin unmöglich. Auch ohne so extreme Beispiele heranzuziehen aber, ist es leicht einzusehen: daß noch so zweifellos »technisch richtige« ökonomische Rationalisierungen durch diese ihre Qualität allein noch in keiner Art vor dem Forum der Bewertung legitimiert seien. Das gilt für ausnahmslos alle Rationalisierungen, einschließlich scheinbar so rein technischer Gebiete wie etwa des Bankwesens. Diejenigen, welche solchen Rationalisierungen opponieren, sind durchaus nicht notwendig Narren. Überall muß vielmehr, wenn man einmal werten will, der Einfluß der technischen Rationalisierungen auf Verschiebungen der gesamten äußeren und inneren Lebensbedingungen mit in Betracht gezogen werden. Überall und ausnahmslos haftet der in unsren Disziplinen legitime Fortschrittsbegriff am »Technischen«, das soll hier, wie gesagt, heißen: am »Mittel« für einen eindeutig gegebenen Zweck. Nie erhebt er sich in die Sphäre der »letzten« Wertungen.

Ich halte nach allem Gesagten die Verwendung des Ausdrucks »Fortschritt« selbst auf dem begrenzten Gebiet seiner empirisch unbedenklichen Anwendbarkeit: für sehr inopportun. Aber Ausdrücke läßt sich niemand verbieten, und man kann schließlich die möglichen Mißverständnisse vermeiden.

Es bleibt, ehe wir abschließen, noch eine letzte Problemgruppe über die Stellung des Rationalen innerhalb empirischer Disziplinen zu erörtern.

Wenn das normativ Gültige Objekt empirischer Untersuchung wird, so verliert es, als Objekt, den Norm-Charakter: es wird als »seiend«, nicht als »gültig«, behandelt. Beispielsweise: Wenn eine Statistik die Zahl der »Rechenfehler« innerhalb einer bestimmten Sphäre berufsmäßigen Rechnens feststellen wollte, – was recht wohl wissenschaftlichen Sinn haben könnte –, so würden für sie die Grundsätze des Einmaleins in zweierlei gänzlich verschiedenem Sinn »gelten«.

Einmal ist ihre normative Gültigkeit natürlich absolute Voraussetzung ihrer eigenen rechnerischen Arbeit. Das andere Mal aber, wo der Grad der »richtigen« Anwendung des Einmaleins als Objekt der Untersuchung in Frage kommt, steht es, rein logisch angesehen, durchaus anders. Hier wird die Anwendung des Einmaleins von seiten jener Personen, deren Rechnungen Gegenstand der statistischen Prüfung sind, als eine ihnen durch Erziehung gewohnt gewordene faktische Maxime des Sichverhaltens behandelt, deren tatsächliche Anwendung auf ihre Häufigkeit hin festgestellt werden soll, ganz ebenso wie etwa bestimmte Irrsinnserscheinungen das Objekt einer statistischen Feststellung sein können. Daß das Einmaleins normativ »gelte«, d. h. »richtig« sei, ist in diesem Fall, wo seine Anwendung »Objekt« ist, gar kein Gegenstand der Erörterung und logisch vollkommen gleichgültig. Der Statistiker muß bei der statistischen Nachprüfung der Rechnungen der Untersuchungspersonen sich auch seinerseits natürlich dieser Konvention, »nach dem Einmaleins« nachzurechnen, fügen. Aber er müßte ja ganz ebenso auch ein, normativ gewertet, »falsches« Rechenverfahren anwenden, falls etwa ein solches einmal in einer Menschengruppe für »richtig« gehalten worden wäre und wenn er dann die Häufigkeit von dessen tatsächlicher, vom Standpunkt jener Gruppe aus »richtiger«, Anwendung statistisch zu untersuchen hätte. Für jede empirische, soziologische oder historische Betrachtung ist unser Einmaleins also, wo es als Objekt der Untersuchung auftritt, eine konventionell in einem Menschenkreise geltende und in mehr oder minder großer Annäherung befolgte Maxime des praktischen Verhaltens und nichts anderes. Jede Darstellung der pythagoreischen Musiklehre muß die – für unser Wissen – »falsche« Rechnung zunächst einmal hinnehmen: daß 12 Quinten = 7 Oktaven seien. Jede Geschichte der Logik ebenso die historische Existenz von (für uns) widerspruchsvollen logischen Aufstellungen, – und es ist menschlich begreiflich, gehört aber nicht mehr zur wissenschaftlichen Leistung, wenn man

solche »Absurditäten« mit derartigen Explosionen des Zorns
begleitet, wie ein ganz besonders verdienstlicher Historiker
der mittelalterlichen Logik es getan hat.

Diese Metamorphose normativ gültiger Wahrheiten in
konventionell geltende Meinungen, welcher sämtliche geistigen Gebilde, auch logische oder mathematische Gedanken,
unterliegen, sobald sie Objekte einer auf ihr empirisches
Sein, nicht ihren (normativ) richtigen Sinn, reflektie-
renden Betrachtung werden, besteht durchaus unabhängig
von dem Tatbestand, daß die normative Geltung logischer
und mathematischer Wahrheiten andererseits das Apriori
aller und jeder empirischen Wissenschaft ist. – Weniger einfach ist ihre logische Struktur bei einer schon oben berührten
Funktion, die ihnen bei der empirischen Untersuchung geistiger Zusammenhänge zukommt und die von jenen beiden: der
Stellung als Objekt der Untersuchung und der Stellung als
deren Apriori wiederum sorgfältig zu scheiden ist. Jede Wissenschaft von geistigen oder gesellschaftlichen Zusammenhängen ist eine Wissenschaft vom menschlichen Sichverhalten (wobei in diesem Fall jeder geistige Denkakt und jeder
psychische Habitus mit unter diesen Begriff fällt). Sie will
dies Sichverhalten »verstehen« und kraft dessen seinen
Ablauf »erklärend deuten«. Nun kann hier der schwierige
Begriff des »Verstehens« nicht abgehandelt werden. Uns
interessiert in diesem Zusammenhang nur eine besondere Art
davon: die »rationale« Deutung. Wir »verstehen« es offenbar
ohne weiteres, daß ein Denker ein bestimmtes »Problem« so
»löst«, wie wir selbst es für normativ »richtig« halten, daß ein
Mensch z. B. »richtig« rechnet, daß er für einen beabsichtig-
ten Zweck die – nach unserer eignen Einsicht – »richtigen«
Mittel anwendet. Und unser Verständnis für diese Vorgänge
ist deshalb so besonders evident, weil es sich eben um die
Realisation von objektiv »Gültigem« handelt. Und dennoch
muß man sich hüten zu glauben, in diesem Fall erscheine das
normativ Richtige, logisch angesehen, in der gleichen Struktur wie in seiner allgemeinen Stellung als das Apriori aller

wissenschaftlichen Untersuchung. Vielmehr ist seine Funktion als Mittel des »Verstehens« genau die gleiche, wie sie das rein psychologische »Einfühlen« in logisch irrationale Gefühls- und Affekt-Zusammenhänge da versieht, wo es sich um deren verstehende Erkenntnis handelt. Nicht die normative Richtigkeit, sondern einerseits die konventionellen Gepflogenheiten des Forschers und Lehrers, so und nicht anders zu denken, andererseits aber auch erforderlichenfalls seine Fähigkeit, sich in ein davon abweichendes, ihm, nach seinen Gepflogenheiten, als normativ »falsch« erscheinendes Denken verstehend »einfühlen« zu können, ist hier das Mittel der verstehenden Erklärung. Schon daß das »falsche« Denken, der »Irrtum«, dem Verständnis im Prinzip ganz ebenso zugänglich ist, wie das »richtige«, beweist ja, daß das als normativ »richtig« Geltende hier nicht als solches, sondern nur als ein besonders leicht verständlicher konventioneller Typus in Betracht kommt. Und das führt nun zu einer letzten Feststellung über die Rolle des normativ Richtigen innerhalb der soziologischen Erkenntnis.

Schon um eine »falsche« Rechnung oder logische Feststellung zu »verstehen« und ihren Einfluß in denjenigen faktischen Konsequenzen, welche sie gehabt hat, feststellen und darlegen zu können, wird man offenbar nicht nur selbstverständlich seinerseits sie »richtig« rechnend bzw. logisch denkend nachprüfen, sondern auch gerade denjenigen Punkt mit den Mitteln des »richtigen« Rechnens bzw. der »richtigen« Logik ausdrücklich bezeichnen müssen, an welchem die untersuchte Rechnung oder logische Aufstellung von dem, was der darstellende Schriftsteller seinerseits als normativ »richtig« ansieht, abweicht. Nicht notwendig nur zu dem praktisch-pädagogischen Zweck, den z. B. Windelband in der Einleitung zu seiner Geschichte der Philosophie in den Vordergrund stellt (»Warnungstafeln« vor »Holzwegen« aufzustellen), der doch nur einen erwünschten Nebenerfolg der historischen Arbeit bedeutet. Und auch nicht, weil jeder geschichtlichen Problematik, zu deren Objekt irgendwelche

logische oder mathematische oder andere wissenschaftliche
Erkenntnisse gehören, unvermeidlich nur der von uns als
gültig anerkannte »Wahrheitswert« – und also der »Fortschritt« in der Richtung auf diesen – als einzig mögliche, für
die Auslese maßgebende letzte Wertbeziehung zugrunde liegen könnte. (Obwohl selbst dann, wenn dies tatsächlich der
Fall wäre, trotzdem der gerade von Windelband so oft festgestellte Sachverhalt zu beachten bliebe: daß der »Fortschritt«
in diesem Sinne sehr oft statt des direkten Weges den – ökonomisch ausgedrückt – »ergiebigen Produktionsumweg«
über »Irrtümer«: Problemverschlingungen, eingeschlagen
hat.) Sondern deshalb, weil (und also auch nur soweit, als)
diejenigen Stellen, an welchen das als Objekt untersuchte geistige Gedankengebilde von demjenigen abweicht, welches
der Schriftsteller selbst für »richtig« halten muß, regelmäßig
zu den in seinen Augen ihm spezifisch »charakteristischen«,
d. h. zu den, von ihm aus gesehen, entweder direkt wertbezo-
genen oder kausal unter dem Gesichtspunkt andrer wertbe-
zogener Sachverhalte wichtigen gehören werden. Das wird
nun allerdings normalerweise um so mehr der Fall sein, je
mehr der Wahrheitswert von Gedanken der leitende Wert
einer historischen Darstellung ist, also namentlich bei einer
Geschichte einer bestimmten »Wissenschaft« (etwa der Philosophie, oder der theoretischen Nationalökonomie). Aber
es ist keineswegs notwendig nur dann der Fall. Sondern es
tritt ein wenigstens ähnlicher Sachverhalt überall da ein, wo
ein subjektiv, der Absicht nach, rationales Handeln überhaupt den Gegenstand einer Darstellung bildet, und wo also
»Denk«- oder »Rechen-Fehler« kausale Komponenten des
Ablaufes des Handelns bilden können. Um z. B. die Führung
eines Krieges zu »verstehen«, muß unvermeidlich – wenn
auch nicht notwendig ausdrücklich oder in ausgeführter
Form – beiderseits ein idealer Feldherr vorgestellt werden,
dem die Gesamtsituation und Dislokation der beiderseitigen
militärischen Machtmittel und die sämtlichen daraus sich
ergebenden Möglichkeiten, das in concreto eindeutige Ziel:

Zertrümmerung der gegnerischen Militärmacht, zu erreichen, bekannt und stets gegenwärtig gewesen wären, und der auf Grund dieser Kenntnis irrtumslos und auch logisch »fehlerfrei« gehandelt hätte. Denn nur dann kann eindeutig festgestellt werden, welchen kausalen Einfluß der Umstand, daß die wirklichen Feldherren weder jene Kenntnis noch diese Irrtumslosigkeit besaßen und daß sie überhaupt keine bloß rationalen Denkmaschinen waren, auf den Gang der Dinge gehabt hat. Die rationale Konstruktion hat also hier den Wert, als Mittel richtiger kausaler »Zurechnung« zu fungieren. Ganz den gleichen Sinn haben nun diejenigen utopischen Konstruktionen streng und irrtumslos rationalen Handelns, welche die »reine« ökonomische Theorie schafft.

Zum Zweck der kausalen Zurechnung empirischer Vorgänge bedürfen wir eben rationaler, je nachdem empirisch-technischer oder auch logischer Konstruktionen, welche auf die Frage antworten: wie bei absoluter rationaler, empirischer und logischer »Richtigkeit« und »Widerspruchslosigkeit« ein Sachverhalt, möge er einen äußeren Zusammenhang des Handelns oder etwa ein Gedankengebilde (z. B. ein philosophisches System) darstellen, aussehen (oder ausgesehen haben) würde. Logisch betrachtet, ist nun aber die Konstruktion einer rational »richtigen« solchen Utopie dabei nur eine der verschiedenen möglichen Gestaltungen eines »Idealtypus« – wie ich (in einer mir für jeden anderen Ausdruck feilen Terminologie) solche Begriffsbildungen genannt habe. Denn nicht nur lassen sich, wie gesagt, Fälle denken, wo als Idealtypus gerade ein in charakteristischer Art falsches Schlußverfahren oder ein bestimmtes typisch zweckwidriges Verhalten einen besseren Dienst tun könnte. Sondern es gibt vor allem ganze Sphären des Verhaltens (die Sphäre des »Irrationalen«), wo nicht das Maximum von logischer Rationalität, sondern lediglich die durch isolierende Abstraktion gewonnene Eindeutigkeit jenen Dienst am besten leistet. Faktisch zwar verwendet der Forscher besonders häufig normativ »richtig« konstruierte »Idealtypen«. Logisch

betrachtet aber ist gerade dies: die normative »Richtigkeit«
dieser Typen, kein Essentiale. Sondern es kann ein Forscher,
um z. B. eine spezifische Art von typischer Gesinnung der
Menschen einer Epoche zu charakterisieren, sowohl einen
ihm persönlich ethisch normgemäß und in diesem Sinn objektiv »richtig«, wie einen ihm ethisch durchaus normwidrig
erscheinenden Typus von Gesinnung konstruieren und dann
das Verhalten der zu untersuchenden Menschen damit vergleichen, oder endlich auch einen Gesinnungstypus, für den
er persönlich gar kein positives oder negatives Prädikat
irgendeiner Art in Anspruch nimmt. Das normativ »Richtige« hat für diesen Zweck also keinerlei Monopol. Denn
welchen Inhalt immer der rationale Idealtypus hat: ob er eine
ethische, rechtsdogmatische, ästhetische oder religiöse Glau-
bensnorm oder eine technische oder ökonomische oder eine
rechtspolitische oder sozialpolitische oder kulturpolitische
Maxime oder eine in eine möglichst rationale Form gebrachte
»Wertung« welcher Art immer darstellt, stets hat seine Konstruktion innerhalb empirischer Untersuchungen nur den
Zweck: die empirische Wirklichkeit mit ihm zu »vergleichen«, ihren Kontrast oder ihren Abstand von ihm oder ihre
relative Annäherung an ihn festzustellen, um sie so mit möglichst eindeutig verständlichen Begriffen beschreiben und kausal zurechnend verstehen und erklären zu können. Diese Funktionen versieht die rationale rechtsdogmatische Begriffsbildung z. B. für die empirische Disziplin der
Rechtsgeschichte [vgl. dazu S. 148 ff. dieses Bandes] und die
rationale Kalkulationslehre für die Analyse des realen Verhaltens der Einzelwirtschaften in der Erwerbswirtschaft. Beide
eben genannten dogmatischen Disziplinen haben nun natürlich außerdem noch als »Kunstlehren« eminente normativ-
praktische Zwecke. Und beide Disziplinen sind in dieser
ihrer Eigenschaft, als dogmatische Wissenschaften, ebensowenig empirische Disziplinen im hier erörterten Sinn wie
etwa Mathematik, Logik, normative Ethik, Ästhetik, von

denen sie im übrigen aus anderen Gründen so völlig verschieden sind wie diese untereinander es auch sind.

Die ökonomische Theorie endlich ist offensichtlich eine Dogmatik in einem logisch sehr anderen Sinn als etwa die Rechtsdogmatik. Ihre Begriffe verhalten sich zur ökonomischen Realität spezifisch anders als diejenigen der Rechtsdogmatik zur Realität des Objekts der empirischen Rechtsgeschichte und Rechtssoziologie. Aber wie die dogmatischen Rechtsbegriffe als »Idealtypen« für die letzteren verwertet werden können und müssen, so ist diese Art der Verwendung für die Erkenntnis der sozialen Wirklichkeit der Gegenwart und Vergangenheit der geradezu ausschließliche Sinn der reinen ökonomischen Theorie. Sie macht bestimmte, in der Realität kaum jemals rein erfüllte, aber in verschieden starker Annäherung an sie anzutreffende Voraussetzungen und fragt: wie sich das soziale Handeln von Menschen, wenn es strikt rational verliefe, unter diesen Voraussetzungen gestalten würde. Sie unterstellt insbesondere das Walten rein ökonomischer Interessen und schaltet also den Einfluß machtpolitischer ebenso wie anderer außerökonomischer Orientierungen des Handelns aus.

Nun vollzog sich aber an ihr der typische Hergang der »Problemverschlingung«. Denn diese, in diesem Sinn, »staatsfreie«, »moralfreie«, »individualistische« reine Theorie, welche als methodisches Hilfsmittel unentbehrlich war und immer sein wird, faßte die radikale Freihandelsschule als ein erschöpfendes Abbild der »natürlichen«, d. h. der nicht durch menschliche Torheit verfälschten, Wirklichkeit, darüber hinaus aber und auf Grund dessen als ein »Sollen« auf: als ein in der Wertsphäre geltendes Ideal statt als einen für die empirische Erforschung des Seienden brauchbaren Idealtypus. Als infolge wirtschafts- und sozialpolitischer Änderungen der Einschätzung des Staats der Rückschlag in der Wertungssphäre eintrat, griff er seinerseits alsbald auf die Seinssphäre über und verwarf die rein ökonomische Theorie nicht nur als Ausdruck eines Ideals - als welches zu gelten sie nie hätte beanspruchen dürfen – sondern auch als methodischen Weg zur Erforschung des Tatsächlichen. »Philosophische« Erwägungen der verschiedensten Art sollten die rationale Pragmatik ersetzen und bei der Identifizierung des »psychologisch« Seienden mit dem ethisch Geltenden wurde eine reinliche Scheidung der Wertungssphäre von der empirischen Arbeit undurchführbar. Die außerordentlichen Leistungen der Träger dieser wissenschaftlichen Entwicklung auf historischem, soziologischem, sozialpolitischem Gebiet sind ebenso allgemein anerkannt, wie für den unbefangen Urteilenden der Jahrzehnte dauernde völlige Verfall der theoretischen und der streng wirtschaftswissenschaftlichen Arbeit überhaupt als naturgemäße Folge jener Problemvermischung zutage liegt. Die eine der beiden Hauptthesen, mit welchen die Gegner der reinen Theorie arbeiteten, war: daß die rationalen Konstruktionen dieser »reine Fiktionen« seien, welche über die Realität der Tatsachen nichts aussagten. Richtig verstanden, trifft diese Behauptung zu. Denn die theoretischen Konstruktionen stehen durchaus nur im Dienst der von ihnen selbst keineswegs gelieferten Erkenntnis der Realitäten, welche, infolge der Mitwirkung anderer, in ihren Voraussetzungen nicht enthaltener, Umstände und Motivenreihen, selbst im äußersten Fall nur Annäherungen an den konstruierten Verlauf enthalten. Das beweist freilich, nach dem Gesagten, nicht das mindeste gegen die Brauchbarkeit und Notwendigkeit der reinen Theorie. Die zweite These war: daß es jedenfalls eine wertungsfreie Lehre von der Wirtschaftspolitik als Wissenschaft nicht geben könne. Sie ist natürlich grundfalsch, so falsch, daß gerade die »Wertungsfreiheit« – im vorstehend vertretenen Sinn – die Voraussetzung jeder rein wissenschaftlichen Behandlung der Politik, insbesondere der Sozial- und Wirtschaftspolitik, ist. Daß es selbstverständlich möglich, wissenschaftlich nützlich und nötig ist, Sätze zu entwickeln von dem Typus: für die Erreichung des (wirtschaftspolitischen) Erfolgs x ist y das einzige oder sind, unter den Bedingungen b_1, b_2, b_3, y_1, y_2, y_3 die einzigen oder die erfolgreichsten Mittel, bedarf wohl nicht der Wiederholung. Und nur daran sei nachdrücklich erinnert, daß das Problem in der Möglichkeit absoluter Eindeutigkeit der Bezeichnung des Erstrebten besteht. Liegt diese vor, dann handelt es sich um einfache Umkehrung von Kausalsätzen und also um ein rein »technisches« Problem. Eben deshalb liegt aber auch in all diesen Fällen gar kein Zwang für die Wissenschaft vor, diese technischen teleologischen Sätze nicht als einfache Kausalsätze, also in der Form zu fassen: auf y folgt stets bzw. auf y_1, y_2, y_3 folgt unter den Bedingungen b_1, b_2, b_3 der Erfolg x. Denn das besagt genau dasselbe und die »Rezepte« kann sich der »Praktiker« daraus unschwer entnehmen. Aber die wissenschaftliche Lehre von der Wirtschaft hat denn doch neben der Ermittlung rein idealtypischer Formeln einerseits und andrerseits der Feststellung solcher kausalen wirtschaftlichen Einzelzusammenhänge – denn um solche handelt es sich ausnahmslos, wenn x hinlänglich eindeutig und also die Zurechnung des Erfolgs zur Ursache und also des Mittels zum Zweck hinlänglich streng sein soll – noch einige andere Aufgaben. Sie hat außerdem die Gesamtheit der gesellschaftlichen Erscheinungen auf die Art ihrer Mitbedingtheit durch ökonomische Ursachen zu untersuchen: durch ökonomische Geschichts- und Gesellschaftsdeutung. Und sie hat andererseits die Bedingtheit der Wirtschaftsvorgänge und Wirtschaftsformen durch die gesellschaftlichen Erscheinungen nach deren verschiedenen Arten und Entwicklungsstadien zu ermitteln: die Aufgabe der Geschichte und Soziologie der Wirtschaft. Zu diesen gesellschaftlichen Erscheinungen gehören selbstverständlich, und zwar in allererster Linie, die politischen Handlungen und Gebilde, vor allem also: der Staat und das staatlich garantierte Recht. Aber ebenso selbstverständlich nicht die politischen allein. Sondern die Gesamtheit aller derjenigen Gebilde, welche – in einem für das wissenschaftliche Interesse hinlänglich relevanten Grade – die Wirtschaft beeinflussen. Der Ausdruck: Lehre von der »Wirtschaftspolitik« wäre natürlich für die Gesamtheit dieser Probleme sehr wenig geeignet. Sein dennoch vorkommender Gebrauch dafür ist nur durch die, äußerlich aus dem Charakter der Universitäten als Bildungsstätten für Staatsbeamte, innerlich aber aus den zur intensiven Beeinflussung der Wirtschaft besonders fähigen gewaltigen Machtmitteln des Staats, aus der dadurch gegebenen praktischen Wichtigkeit gerade seiner Betrachtung, erklärlich. Daß bei allen diesen Untersuchungen Umkehrungen von Aussagen über »Ursache und Wirkung« in solche über »Mittel und Zweck« jedesmal dann möglich sind, wenn der Erfolg, um den es sich handelt, hinlänglich eindeutig angegeben werden kann, bedarf kaum der erneuten Feststellung. An dem logischen Verhältnis von Wertungssphäre und Sphäre des empirischen Erkennens wird dadurch natürlich auch hier nichts geändert. Und nur auf eins soll zum Schluß in diesem Zusammenhang noch hingewiesen werden.

Die Entwicklung der letzten Jahrzehnte und vollends die beispiellosen Geschehnisse, deren Zeugen wir jetzt sind, haben das Prestige gerade des Staates gewaltig gesteigert. Ihm allein von allen sozialen Gemeinschaften wird heute »legitime« Macht über Leben, Tod und Freiheit zugeschrieben und seine Organe machen davon Gebrauch: im Krieg gegen äußere Feinde, im Frieden und Krieg gegen innere Widerstände. Er ist im Frieden der größte Wirtschaftsunternehmer und machtvollste Tributherr der Bürger, im Krieg aber der Träger schrankenlosester Verfügung über alle ihm zugänglichen Wirtschaftsgüter. Seine moderne, rationalisierte, Betriebsform hat auf zahlreichen Gebieten Leistungen ermöglicht, welche zweifellos von gar keinem andersartig vergesellschafteten Zusammenhandeln auch nur annähernd ähnlich vollbracht werden könnten. Es konnte kaum ausbleiben, daß daraus die Folgerung gezogen wurde: er müsse auch – zumal für Wertungen, die sich auf dem Gebiet der »Politik« bewegen – der letzte »Wert« sein, an dessen Daseinsinteressen alles gesellschaftliche Handeln letztlich zu messen sei. Allein auch dies ist eine durchaus unzulässige Umdeutung von Tatsachen der Seinssphäre in Normen der Wertungssphäre, wobei hier von der fehlenden Eindeutigkeit der Konsequenzen aus jener Wertung, die sich bei jeder Erörterung der »Mittel« (der »Erhaltung« oder »Förderung« des »Staats«) bald zeigt, ganz abgesehen werden soll. Innerhalb der Sphäre des rein Tatsächlichen ist zunächst gerade gegenüber jenem Prestige die Feststellung zu treffen: daß der Staat gewisse Dinge nicht kann. Und zwar sogar auf den Gebieten, welche als seine eigenste Domäne gelten: den militärischen. Die Beobachtung mancher Erscheinungen, welche der jetzige Krieg bei den Armeen national gemischter Staaten hat hervortreten lassen, lehrt, daß die vom Staat nicht erzwingbare freie Hingabe des Einzelnen an die Sache, welche sein Staat vertritt, auch für den militärischen Erfolg nicht gleichgültig ist. Und auf wirtschaftlichem Gebiet sei nur angedeutet: daß die Übertragung der Kriegsformen und Kriegsprinzipien der Wirtschaft auf den Frieden als dauernder Erscheinungen sehr schnell Folgen haben könnte, welche gerade den Vertretern expansiver Staatsideale das Konzept verderben würden. Dies ist indessen hier nicht weiter zu besprechen. In der Wertungssphäre aber ist ein Standpunkt sehr wohl sinnvoll vertretbar, der die Macht des Staates im Interesse seiner Verwertbarkeit als Zwangsmittel gegen Widerstände auf das denkbar äußerste gesteigert sehen möchte, andererseits aber ihm jeglichen Eigenwert abspricht und ihn zu einem bloßen technischen Hilfsmittel für die Verwirklichung ganz anderer Werte stempelt, von denen allein er seine Würde zu Lehen tragen und also auch nur so lange bewahren könne, als er sich dieses seines Handlangerberufs nicht zu entschlagen versuche.

Hier soll natürlich weder dieser noch überhaupt irgendeiner der möglichen Wertungsstandpunkte entwickelt oder gar vertreten werden. Sondern es soll nur daran erinnert werden: daß, wenn irgend etwas, dann wohl dies eine berufsmäßigen »Denkern« besonders nahezulegende Obliegenheit ist: sich gegenüber den jeweilig herrschenden Idealen, auch den maje-

stätischsten, einen kühlen Kopf im Sinn der persönlichen
Fähigkeit zu bewahren, nötigenfalls »gegen den Strom zu
schwimmen«. Die »deutschen Ideen von 1914« waren ein
Literatenprodukt. Der Sozialismus der Zukunft ist eine
Phrase für die Rationalisierung der Wirtschaft durch eine
Kombination von weiterer Bürokratisierung und Zweckver-
bandsverwaltung durch Interessenten. Wenn der Fanatismus
wirtschaftspolitischer Ressortpatrioten für diese rein technischen Maßnahmen, statt sachlicher Erörterung ihrer Zweckmäßigkeit, die zum guten Teil ganz nüchtern finanzpolitisch
bedingt ist, die Weihe nicht nur der deutschen Philosophie,
sondern auch der Religion herabbeschwört, – wie es heute
massenhaft geschieht –, so ist das nichts als eine widerwärtige
Geschmacksentgleisung sich wichtig nehmender Literaten.
Wie die realen »deutschen Ideen von 1918«, bei deren Formung die heimkehrenden Krieger das Wort haben werden,
aussehen könnten oder sollten, kann heut vorweg wohl noch
niemand sagen. Auf diese aber wird es wohl für die Zukunft
ankommen. –

Wissenschaft als Beruf

Ich soll nach Ihrem Wunsch über »Wissenschaft als Beruf« sprechen. Nun ist es eine gewisse Pedanterie von uns Nationalökonomen, an der ich festhalten möchte: daß wir stets von den äußeren Verhältnissen ausgehen, hier also von der Frage: Wie gestaltet sich Wissenschaft als Beruf im materiellen Sinne des Wortes? Das bedeutet aber praktisch heute im wesentlichen: Wie gestaltet sich die Lage eines absolvierten Studenten, der entschlossen ist, der Wissenschaft innerhalb des akademischen Lebens sich berufsmäßig hinzugeben? Um zu verstehen, worin da die Besonderheit unserer deutschen Verhältnisse besteht, ist es zweckmäßig, vergleichend zu verfahren und sich zu vergegenwärtigen, wie es im Auslande dort aussieht, wo in dieser Hinsicht der schärfste Gegensatz gegen uns besteht: in den Vereinigten Staaten.

Bei uns – das weiß jeder – beginnt normalerweise die Laufbahn eines jungen Mannes, der sich der Wissenschaft als Beruf hingibt, als »Privatdozent«. Er habilitiert sich nach Rücksprache und mit Zustimmung des betreffenden Fachvertreters, auf Grund eines Buches und eines meist mehr formellen Examens vor der Fakultät, an einer Universität und hält nun, unbesoldet, entgolten nur durch das Kolleggeld der Studenten, Vorlesungen, deren Gegenstand er innerhalb seiner venia legendi selbst bestimmt. In Amerika beginnt die Laufbahn normalerweise ganz anders, nämlich durch Anstellung als »assistant«. In ähnlicher Art etwa, wie das bei uns an den großen Instituten der naturwissenschaftlichen und medizinischen Fakultäten vor sich zu gehen pflegt, wo die förmliche Habilitation als Privatdozent nur von einem Bruchteil der Assistenten und oft erst spät erstrebt wird. Der Gegensatz bedeutet praktisch: daß bei uns die Laufbahn eines Mannes der Wissenschaft im ganzen auf plutokratischen Voraussetzungen aufgebaut ist. Denn es ist außerordentlich gewagt für einen jungen Gelehrten, der keinerlei Vermögen hat, über-

haupt den Bedingungen der akademischen Laufbahn sich aus-
zusetzen. Er muß es mindestens eine Anzahl Jahre aushalten
können, ohne irgendwie zu wissen, ob er nachher die Chancen hat, einzurücken in eine Stellung, die für den Unterhalt
ausreicht. In den Vereinigten Staaten dagegen besteht das
bürokratische System. Da wird der junge Mann von Anfang
an besoldet. Bescheiden freilich. Das Gehalt entspricht meist
kaum der Höhe der Entlohnung eines nicht völlig ungelern-
ten Arbeiters. Immerhin: er beginnt mit einer scheinbar
sicheren Stellung, denn er ist fest besoldet. Allein die Regel
ist, daß ihm, wie unseren Assistenten, gekündigt werden
kann, und das hat er vielfach rücksichtslos zu gewärtigen,
wenn er den Erwartungen nicht entspricht. Diese Erwartungen aber gehen dahin, daß er »volle Häuser« macht. Das kann
einem deutschen Privatdozenten nicht passieren. Hat man
ihn einmal, so wird man ihn nicht mehr los. Zwar »Ansprü-
che« hat er nicht. Aber er hat doch die begreifliche Vorstellung: daß er, wenn er jahrelang tätig war, eine Art morali-
sches Recht habe, daß man auf ihn Rücksicht nimmt. Auch –
das ist oft wichtig – bei der Frage der eventuellen Habilitie-
rung anderer Privatdozenten. Die Frage: ob man grundsätzlich jeden, als tüchtig legitimierten, Gelehrten habilitieren
oder ob man auf den »Lehrbedarf« Rücksicht nehmen, also
den einmal vorhandenen Dozenten ein Monopol des Lehrens
geben solle, ist ein peinliches Dilemma, welches mit dem bald
zu erwähnenden Doppelgesicht des akademischen Berufes
zusammenhängt. Meist entscheidet man sich für das zweite.
Das bedeutet aber eine Steigerung der Gefahr, daß der betreffende Fachordinarius, bei subjektiv größter Gewissenhaftig-
keit, doch seine eigenen Schüler bevorzugt. Persönlich habe
ich – um das zu sagen – den Grundsatz befolgt: daß ein bei mir
promovierter Gelehrter sich bei einem an dern als mir und
anderswo legitimieren und habilitieren müsse. Aber das
Resultat war: daß einer meiner tüchtigsten Schüler ander-
wärts abgewiesen wurde, weil niemand ihm glaubte, daß
dies der Grund sei.

Ein weiterer Unterschied gegenüber Amerika ist der: bei uns hat im allgemeinen der Privatdozent w e n i g e r mit Vorlesungen zu tun, als er wünscht. Er kann zwar dem Rechte nach alle Vorlesungen seines Faches lesen. Das gilt aber als ungehörige Rücksichtslosigkeit gegenüber den älteren vorhandenen Dozenten, und in der Regel hält die »großen« Vorlesungen der Fachvertreter, und der Dozent begnügt sich mit Nebenvorlesungen. Der Vorteil ist: er hat, wennschon etwas unfreiwillig, seine jungen Jahre für die wissenschaftliche Arbeit frei.

In Amerika ist das prinzipiell anders geordnet. Gerade in seinen jungen Jahren ist der Dozent absolut überlastet, weil er eben b e z a h l t ist. In einer germanistischen Abteilung z. B. wird der ordentliche Professor etwa ein dreistündiges Kolleg über Goethe lesen und damit: genug –, während der jüngere assistant froh ist, wenn er, bei zwölf Stunden die Woche, neben dem Einbläuen der deutschen Sprache etwa bis zu Dichtern vom Range Uhlands hinauf etwas zugewiesen bekommt. Denn den Lehrplan schreiben die amtlichen Fachinstanzen vor, und darin ist der assistant ebenso wie bei uns der Institutsassistent abhängig.

Nun können wir bei uns mit Deutlichkeit beobachten: daß die neueste Entwicklung des Universitätswesens auf breiten Gebieten der Wissenschaft in der Richtung des amerikanischen verläuft. Die großen Institute medizinischer oder naturwissenschaftlicher Art sind »staatskapitalistische« Unternehmungen. Sie können nicht verwaltet werden ohne Betriebsmittel größten Umfangs. Und es tritt da der gleiche Umstand ein wie überall, wo der kapitalistische Betrieb einsetzt: die »Trennung des Arbeiters von den Produktionsmitteln«. Der Arbeiter, der Assistent also, ist angewiesen auf die Arbeitsmittel, die vom Staat zur Verfügung gestellt werden; er ist infolgedessen vom Institutsdirektor ebenso abhängig wie ein Angestellter in einer Fabrik: – denn der Institutsdirektor stellt sich ganz gutgläubig vor, daß dies Institut »s e i n« Institut sei, und schaltet darin, – und er steht häufig

ähnlich prekär wie jede »proletaroide« Existenz und wie der
assistant der amerikanischen Universität.

Unser deutsches Universitätsleben amerikanisiert sich, wie
unser Leben überhaupt, in sehr wichtigen Punkten, und diese
Entwicklung, das bin ich überzeugt, wird weiter übergreifen
auch auf die Fächer, wo, wie es heute noch in meinem Fache
in starkem Maße der Fall ist, der Handwerker das Arbeitsmittel (im wesentlichen: die Bibliothek) selbst besitzt, ganz entsprechend, wie es der alte Handwerker in der Vergangenheit
innerhalb des Gewerbes auch tat. Die Entwicklung ist in vollem Gange.

Die technischen Vorzüge sind ganz unzweifelhaft, wie bei
allen kapitalistischen und zugleich bürokratisierten Betrieben. Aber der »Geist«, der in ihnen herrscht, ist ein anderer
als die althistorische Atmosphäre der deutschen Universitäten. Es besteht eine außerordentlich starke Kluft, äußerlich
und innerlich, zwischen dem Chef eines solchen großen kapitalistischen Universitätsunternehmens und dem gewöhnli-
chen Ordinarius alten Stils. Auch in der inneren Haltung. Ich
möchte das hier nicht weiter ausführen. Innerlich ebenso wie
äußerlich ist die alte Universitätsverfassung fiktiv geworden. Geblieben aber und wesentlich gesteigert ist ein der Uni-
versitätslaufbahn eigenes Moment: Ob es einem solchen
Privatdozenten, vollends einem Assistenten, jemals gelingt,
in die Stelle eines vollen Ordinarius und gar eines Instituts-
vorstandes einzurücken, ist eine Angelegenheit, die einfach
Hasard ist. Gewiß: nicht nur der Zufall herrscht, aber er
herrscht doch in ungewöhnlich hohem Grade. Ich kenne
kaum eine Laufbahn auf Erden, wo er eine solche Rolle spielt.
Ich darf das um so mehr sagen, als ich persönlich es einigen
absoluten Zufälligkeiten zu verdanken habe, daß ich seinerzeit in sehr jungen Jahren in eine ordentliche Professur eines
Faches berufen wurde, in welchem damals Altersgenossen
unzweifelhaft mehr als ich geleistet hatten. Und ich bilde mir
allerdings ein, auf Grund dieser Erfahrung ein geschärftes
Auge für das unverdiente Schicksal der vielen zu haben, bei

denen der Zufall gerade umgekehrt gespielt hat und noch spielt, und die trotz aller Tüchtigkeit innerhalb dieses Ausleseapparates nicht an die Stelle gelangen, die ihnen gebühren würde.

Daß nun der Hasard und nicht die Tüchtigkeit als solche eine so große Rolle spielt, liegt nicht allein und nicht einmal vorzugsweise an den Menschlichkeiten, die natürlich bei dieser Auslese ganz ebenso vorkommen wie bei jeder anderen. Es wäre unrecht, für den Umstand, daß zweifellos so viele Mittelmäßigkeiten an den Universitäten eine hervorragende Rolle spielen, persönliche Minderwertigkeiten von Fakultäten oder Ministerien verantwortlich zu machen. Sondern das liegt an den Gesetzen menschlichen Zusammenwirkens, zumal eines Zusammenwirkens mehrerer Körperschaften, hier: der vorschlagenden Fakultäten mit den Ministerien, an sich. Ein Gegenstück: wir können durch viele Jahrhunderte die Vorgänge bei den Papstwahlen verfolgen: das wichtigste kontrollierbare Beispiel gleichartiger Personenauslese. Nur selten hat der Kardinal, von dem man sagt: er ist »Favorit«, die Chance durchzukommen. Sondern in der Regel der Kandidat Nummer zwei oder drei. Das gleiche beim Präsidenten der Vereinigten Staaten: nur ausnahmsweise der allererste, aber: prononcierteste, Mann, sondern meist Nummer zwei, oft Nummer drei, kommt in die »nomination« der Parteikonvente hinein und nachher in den Wahlgang: die Amerikaner haben für diese Kategorien schon technischsoziologische Ausdrücke gebildet, und es wäre ganz interessant, an diesen Beispielen die Gesetze einer Auslese durch Kollektivwillensbildung zu untersuchen. Das tun wir heute hier nicht. Aber sie gelten auch für Universitätskollegien, und zu wundern hat man sich nicht darüber, daß da öfter Fehlgriffe erfolgen, sondern daß eben doch, verhältnismäßig angesehen, immerhin die Zahl der richtigen Besetzungen eine trotz allem sehr bedeutende ist. Nur wo, wie in einzelnen Ländern, die Parlamente oder, wie bei uns bisher, die Monarchen (beides wirkt ganz gleichartig) oder jetzt revolutionäre Gewalthaber aus politischen Gründen eingreifen, kann man sicher sein, daß bequeme Mittelmäßigkeiten oder Streber allein die Chancen für sich haben.

Kein Universitätslehrer denkt gern an Besetzungserörterungen zurück, denn sie sind selten angenehm. Und doch darf ich sagen: der gute Wille, rein sachliche Gründe entscheiden zu lassen, war in den mir bekannten zahlreichen Fällen ohne Ausnahme da.

Denn man muß sich weiter verdeutlichen: es liegt nicht nur an der Unzulänglichkeit der Auslese durch kollektive Willensbildung, daß die Entscheidung der akademischen Schicksale so weitgehend »Hasard« ist. Jeder junge Mann, der sich zum Gelehrten berufen fühlt, muß sich vielmehr klarmachen, daß die Aufgabe, die ihn erwartet, ein Doppelgesicht hat. Er soll qualifiziert sein als Gelehrter nicht nur, sondern auch: als Lehrer. Und beides fällt ganz und gar nicht zusammen. Es kann jemand ein ganz hervorragender Gelehrter und ein geradezu entsetzlich schlechter Lehrer sein. Ich erinnere an die Lehrtätigkeit von Männern wie Helmholtz oder wie Ranke. Und das sind nicht etwa seltene Ausnahmen. Nun liegen aber die Dinge so, daß unsere Universitäten, zumal die kleinen Universitäten, untereinander in einer Frequenzkonkurrenz lächerlichster Art sich befinden. Die Hausagrarier der Universitätsstädte feiern den tausendsten Studenten durch eine Festlichkeit, den zweitausendsten Studenten aber am liebsten durch einen Fackelzug. Die Kolleggeldinteressen – man soll das doch offen zugeben – werden durch eine »zugkräftige« Besetzung der nächstbenachbarten Fächer mitberührt, und auch abgesehen davon ist nun einmal die Hörerzahl ein ziffernmäßig greifbares Bewährungsmerkmal, während die Gelehrtenqualität unwägbar und gerade bei kühnen Neuerern oft (und ganz natürlicherweise) umstritten ist. Unter dieser Suggestion von dem unermeßlichen Segen und Wert der großen Hörerzahl steht daher meist alles. Wenn es von einem Dozenten heißt: er ist ein schlechter Lehrer, so ist das für ihn meist das akademische Todesurteil, mag er der allerer-

ste Gelehrte der Welt sein. Die Frage aber: ob einer ein guter
oder ein schlechter Lehrer ist, wird beantwortet durch die
Frequenz, mit der ihn die Herren Studenten beehren. Nun ist
es aber eine Tatsache, daß der Umstand, daß die Studenten einem Lehrer zuströmen, in weitestgehendem Maße von
reinen Äußerlichkeiten bestimmt ist: Temperament, sogar
Stimmfall, – in einem Grade, wie man es nicht für möglich
halten sollte. Ich habe nach immerhin ziemlich ausgiebigen
Erfahrungen und nüchterner Überlegung ein tiefes Miß-
trauen gegen die Massenkollegien, so unvermeidbar gewiß
auch sie sind. Die Demokratie da, wo sie hingehört. Wissenschaftliche Schulung aber, wie wir sie nach der Tradition der
deutschen Universitäten an diesen betreiben sollen, ist eine
geistesaristokratische Angelegenheit, das sollten wir
uns nicht verhehlen. Nun ist es freilich andererseits wahr: die
Darlegung wissenschaftlicher Probleme so, daß ein unge-
schulter, aber aufnahmefähiger Kopf sie versteht, und daß
er – was für uns das allein Entscheidende ist – zum selbstän-
digen Denken darüber gelangt, ist vielleicht die pädagogisch
schwierigste Aufgabe von allen. Gewiß: aber darüber, ob sie
gelöst wird, entscheiden nicht die Hörerzahlen. Und – um
wieder auf unser Thema zu kommen – eben diese Kunst ist
eine persönliche Gabe und fällt mit den wissenschaftlichen
Qualitäten eines Gelehrten ganz und gar nicht zusammen. Im
Gegensatz zu Frankreich aber haben wir keine Körperschaft
der »Unsterblichen« der Wissenschaft, sondern es sollen
unserer Tradition gemäß die Universitäten beiden Anforderungen: der Forschung und der Lehre, gerecht werden. Ob
die Fähigkeiten dazu sich aber in einem Menschen zusammenfinden, ist absoluter Zufall.

Das akademische Leben ist also ein wilder Hasard. Wenn
junge Gelehrte um Rat fragen kommen wegen Habilitation,
so ist die Verantwortung des Zuredens fast nicht zu tragen. Ist
er ein Jude, so sagt man ihm natürlich: lasciate ogni speranza.
Aber auch jeden anderen muß man auf das Gewissen fragen: Glauben Sie, daß Sie es aushalten, daß Jahr um Jahr

Mittelmäßigkeit nach Mittelmäßigkeit über Sie hinaussteigt, ohne innerlich zu verbittern und zu verderben? Dann bekommt man selbstverständlich jedesmal die Antwort: Natürlich, ich lebe nur meinem »Beruf«; – aber ich wenigstens habe es nur von sehr wenigen erlebt, daß sie das ohne inneren Schaden für sich aushielten.

So viel schien nötig über die äußeren Bedingungen des Gelehrtenberufs zu sagen.

Ich glaube nun aber, Sie wollen in Wirklichkeit von etwas anderem: von dem inneren Berufe zur Wissenschaft, hören. In der heutigen Zeit ist die innere Lage gegenüber dem Betrieb der Wissenschaft als Beruf bedingt zunächst dadurch, daß die Wissenschaft in ein Stadium der Spezialisierung eingetreten ist, wie es früher unbekannt war, und daß dies in alle Zukunft so bleiben wird. Nicht nur äußerlich, nein, gerade innerlich liegt die Sache so: daß der Einzelne das sichere Bewußtsein, etwas wirklich ganz Vollkommenes auf wissenschaftlichem Gebiet zu leisten, nur im Falle strengster Spezialisierung sich verschaffen kann. Alle Arbeiten, welche auf Nachbargebiete übergreifen, wie wir sie gelegentlich machen, wie gerade z. B. die Soziologen sie notwendig immer wieder machen müssen, sind mit dem resignierten Bewußtsein belastet: daß man allenfalls dem Fachmann nützliche Fragestellungen liefert, auf die dieser von seinen Fachgesichtspunkten aus nicht so leicht verfällt, daß aber die eigene Arbeit unvermeidlich höchst unvollkommen bleiben muß. Nur durch strenge Spezialisierung kann der wissenschaftliche Arbeiter tatsächlich das Vollgefühl, einmal und vielleicht nie wieder im Leben, sich zu eigen machen: hier habe ich etwas geleistet, was dauern wird. Eine wirklich endgültige und tüchtige Leistung ist heute stets: eine spezialistische Leistung. Und wer also nicht die Fähigkeit besitzt, sich einmal sozusagen Scheuklappen anzuziehen und sich hineinzusteigern in die Vorstellung, daß das Schicksal seiner Seele davon abhängt: ob er diese, gerade diese Konjektur an dieser Stelle dieser Handschrift richtig macht, der bleibe der Wissenschaft nur ja fern. Niemals wird er in sich das durchmachen, was man das »Erlebnis« der Wissenschaft nennen kann. Ohne diesen seltsamen, von jedem Draußenstehenden belächelten Rausch, diese Leidenschaft, dieses: »Jahrtausende mußten vergehen, ehe du ins Leben tratest, und andere Jahrtausende warten schweigend«: – darauf, ob dir diese Konjektur gelingt, hat einer den Beruf zur Wissenschaft nicht und tue etwas anderes. Denn nichts ist für den Menschen als Menschen etwas wert, was er nicht mit Leidenschaft tun kann.

Nun ist es aber Tatsache: daß mit noch so viel von solcher Leidenschaft, so echt und tief sie sein mag, das Resultat sich noch lange nicht erzwingen läßt. Freilich ist sie eine Vorbedingung des Entscheidenden: der »Eingebung«. Es ist ja wohl heute in den Kreisen der Jugend die Vorstellung sehr verbreitet, die Wissenschaft sei ein Rechenexempel geworden, das in Laboratorien oder statistischen Kartotheken mit dem kühlen Verstand allein und nicht mit der ganzen »Seele« fabriziert werde, so wie »in einer Fabrik«. Wobei vor allem zu bemerken ist: daß dabei meist weder über das, was in einer Fabrik noch was in einem Laboratorium vorgeht, irgendwelche Klarheit besteht. Hier wie dort muß dem Menschen etwas – und zwar das Richtige – einfallen, damit er irgend etwas Wertvolles leistet. Dieser Einfall aber läßt sich nicht erzwingen. Mit irgendwelchem kalten Rechnen hat er nichts zu tun. Gewiß: auch das ist unumgängliche Vorbedingung. Jeder Soziologe z. B. darf sich nun einmal nicht zu schade dafür sein, auch noch auf seine alten Tage vielleicht monatelang viele zehntausende ganz trivialer Rechenexempel im Kopfe zu machen. Man versucht nicht ungestraft, das auf mechanische Hilfskräfte ganz und gar abzuwälzen, wenn man etwas herausbekommen will, – und was schließlich herauskommt, ist oft blutwenig. Aber, wenn ihm nicht doch etwas Bestimmtes über die Richtung seines Rechnens und, während des Rechnens, über die Tragweite der entstehenden Einzelresultate »einfällt«, dann kommt selbst dies Blutwenige nicht heraus. Nur auf dem Boden ganz harter Arbeit bereitet sich normalerweise der Einfall vor. Gewiß: nicht immer. Der Einfall eines Dilettanten kann wissenschaftlich genau die gleiche oder größere Tragweite haben wie der des Fachmanns. Viele unserer allerbesten Problemstellungen und Erkenntnisse verdanken wir gerade Dilettanten. Der Dilettant unterscheidet sich vom Fachmann – wie Helmholtz über Robert Mayer gesagt hat – nur dadurch, daß ihm die feste Sicherheit der Arbeitsmethode fehlt, und daß er daher den Einfall meist nicht in seiner Tragweite nachzukontrollieren und abzuschätzen oder durchzuführen in der Lage ist. Der Einfall ersetzt nicht die Arbeit. Und die Arbeit ihrerseits kann den Einfall nicht ersetzen oder erzwingen, so wenig wie die Leidenschaft es tut. Beide – vor allem: beide zusammen – locken ihn. Aber er kommt, wenn es ihm, nicht, wenn es uns beliebt. Es ist in der Tat richtig, daß die besten Dinge einem so, wie Ihering es schildert: bei der Zigarre auf dem Kanapee, oder wie Helmholtz mit naturwissenschaftlicher Genauigkeit für sich angibt: beim Spaziergang auf langsam steigender Straße, oder ähnlich, jedenfalls aber dann, wenn man sie nicht erwartet, einfallen, und nicht während des Grübelns und Suchens am Schreibtisch. Sie wären einem nur freilich nicht eingefallen, wenn man jenes Grübeln am Schreibtisch und wenn man das leidenschaftliche Fragen nicht hinter sich gehabt hätte. Wie dem aber sei: – diesen Hasard, der bei jeder wissenschaftlichen Arbeit mit unterläuft: kommt die »Eingebung« oder nicht? – auch den muß der wissenschaftliche Arbeiter in Kauf nehmen. Es kann einer ein vorzüglicher Arbeiter sein und doch nie einen eigenen wertvollen Einfall gehabt haben. Nur ist es ein schwerer Irrtum, zu glauben, das sei nur in der Wissenschaft so, und z. B. in einem Kontor gehe es etwa anders zu wie in einem Laboratorium. Ein Kaufmann oder Großindustrieller ohne »kaufmännische Phantasie«, d. h. ohne Einfälle, geniale Einfälle, der ist sein Leben lang nur ein Mann, der am besten Kommis oder technischer Beamter bliebe: nie wird er organisatorische Neuschöpfungen gestalten. Die Eingebung spielt auf dem Gebiet der Wissenschaft ganz und gar nicht – wie sich der Gelehrtendünkel einbildet – eine größere Rolle als auf dem Gebiete der Bewältigung von Problemen des praktischen Lebens durch einen modernen Unternehmer. Und sie spielt andererseits – was auch oft verkannt wird – keine geringere Rolle als auf dem Gebiete der Kunst. Es ist eine kindliche Vorstellung, daß ein Mathematiker an einem Schreibtisch mit einem Lineal oder mit anderen mechanischen Mitteln oder Rechenmaschinen zu irgendwelchem wissenschaftlich wertvollen Resultat käme: die mathematische Phantasie eines Weierstraß ist natürlich dem Sinn und Resultat nach ganz anders ausgerichtet als die eines Künstlers und qualitativ von ihr grundverschieden. Aber nicht dem psychologischen Vorgang nach. Beide sind: Rausch (im Sinne von Platons »manía«) und »Eingebung«.

Nun: ob jemand wissenschaftliche Eingebungen hat, das hängt ab von uns verborgenen Schicksalen, außerdem aber von »Gabe«. Nicht zuletzt auf Grund jener zweifellosen Wahrheit hat nun eine ganz begreiflicherweise gerade bei der Jugend sehr populäre Einstellung sich in den Dienst einiger Götzen gestellt, deren Kult wir heute an allen Straßenecken und in allen Zeitschriften sich breit machen finden. Jene Götzen sind: die »Persönlichkeit« und das »Erleben«. Beide sind eng verbunden: die Vorstellung herrscht, das letztere mache die erstere aus und gehöre zu ihr. Man quält sich ab, zu »erleben« – denn das gehört ja zur standesgemäßen Lebensführung einer Persönlichkeit, – und gelingt es nicht, dann muß man wenigstens so tun, als habe man diese Gnadengabe. Früher nannte man dies »Erlebnis« auf deutsch: »Sensation«. Und von dem, was »Persönlichkeit« sei und bedeute, hatte man eine – ich glaube – zutreffendere Vorstellung.

Verehrte Anwesende! »Persönlichkeit« auf wissenschaftlichem Gebiet hat nur der, der rein der Sache dient. Und nicht nur auf wissenschaftlichem Gebiet ist es so. Wir kennen keinen großen Künstler, der je etwas anderes getan hätte, als seiner Sache und nur ihr zu dienen. Es hat sich, soweit seine

Kunst in Betracht kommt, selbst bei einer Persönlichkeit vom
Range Goethes gerächt, daß er sich die Freiheit nahm: sein
»Leben« zum Kunstwerk machen zu wollen. Aber mag man
das bezweifeln, – jedenfalls muß man eben ein Goethe sein,
um sich das überhaupt erlauben zu dürfen, und wenigstens
das wird jeder zugeben: unbezahlt ist es auch bei jemand wie
ihm, der alle Jahrtausende einmal erscheint, nicht geblieben.
Es steht in der Politik nicht anders. Davon heute nichts. Auf
dem Gebiet der Wissenschaft aber ist derjenige ganz gewiß
keine »Persönlichkeit«, der als Impresario der Sache, der er
sich hingeben sollte, mit auf die Bühne tritt, sich durch »Erleben« legitimieren möchte und fragt: Wie beweise ich, daß ich
etwas anderes bin als nur ein »Fachmann«, wie mache ich es,
daß ich, in der Form oder in der Sache, etwas sage, das so
noch keiner gesagt hat wie ich?: – eine heute massenhaft auf-
tretende Erscheinung, die überall kleinlich wirkt, und die
denjenigen herabsetzt, der so fragt, statt daß ihn die innere
Hingabe an die Aufgabe und nur an sie auf die Höhe und zu
der Würde der Sache emporhöbe, der er zu dienen vorgibt.
Auch das ist beim Künstler nicht anders. –

Diesen mit der Kunst gemeinsamen Vorbedingungen unserer Arbeit steht nun gegenüber ein Schicksal, das sie von der
künstlerischen Arbeit tief unterscheidet. Die wisensnschaftli-
che Arbeit ist eingespannt in den Ablauf des Fortschritts.
Auf dem Gebiete der Kunst dagegen gibt es – in diesem Sinne
– keinen Fortschritt. Es ist nicht wahr, daß ein Kunstwerk
einer Zeit, welche neue technische Mittel oder etwa die
Gesetze der Perspektive sich erarbeitet hatte, um deswillen
rein künstlerisch höher stehe als ein aller Kenntnis jener Mittel und Gesetze entblößtes Kunstwerk, – wenn es nur mate-
rial- und formgerecht war, das heißt: wenn es seinen Gegenstand so wählte und formte, wie dies ohne Anwendung jener
Bedingungen und Mittel kunstgerecht zu leisten war. Ein
Kunstwerk, das wirklich »Erfüllung« ist, wird nie überboten,
es wird nie veralten; der Einzelne kann seine Bedeutsamkeit
für sich persönlich verschieden einschätzen; aber niemand

wird von einem Werk, das wirklich im künstlerischen Sinne »Erfüllung« ist, jemals sagen können, daß es durch ein anderes, das ebenfalls »Erfüllung« ist, »überholt« sei. Jeder von uns dagegen in der Wissenschaft weiß, daß das, was er gearbeitet hat, in 10, 20, 50 Jahren veraltet ist. Das ist das Schicksal, ja: das ist der Sinn der Arbeit der Wissenschaft, dem sie, in ganz spezifischem Sinne gegenüber allen anderen Kulturelementen, für die es sonst noch gilt, unterworfen und hingegeben ist: jede wissenschaftliche »Erfüllung« bedeutet neue »Fragen« und will »überboten« werden und veralten. Damit hat sich jeder abzufinden, der der Wissenschaft dienen will. Wissenschaftliche Arbeiten können gewiß dauernd, als »Genußmittel« ihrer künstlerischen Qualität wegen, oder als Mittel der Schulung zur Arbeit, wichtig bleiben. Wissenschaftlich aber überholt zu werden, ist – es sei wiederholt – nicht nur unser aller Schicksal, sondern unser aller Zweck. Wir können nicht arbeiten, ohne zu hoffen, daß andere weiter kommen werden als wir. Prinzipiell geht dieser Fortschritt in das Unendliche. Und damit kommen wir zu dem Sinnproblem der Wissenschaft. Denn das versteht sich ja doch nicht so von selbst, daß etwas, das einem solchen Gesetz unterstellt ist, Sinn und Verstand in sich selbst hat. Warum betreibt man etwas, das in der Wirklichkeit nie zu Ende kommt und kommen kann? Nun zunächst: zu rein praktischen, im weiteren Wortsinn: technischen Zwecken: um unser praktisches Handeln an den Erwartungen orientieren zu können, welche die wissenschaftliche Erfahrung uns an die Hand gibt. Gut. Aber das bedeutet nur etwas für den Praktiker. Welches aber ist die innere Stellung des Mannes der Wissenschaft selbst zu seinem Beruf? – wenn er nämlich nach einer solchen überhaupt sucht. Er behauptet: die Wissenschaft »um ihrer selbst willen« und nicht nur dazu zu betreiben, weil andere damit geschäftliche oder technische Erfolge herbeiführen, sich besser nähren, kleiden, beleuchten, regieren können. Was glaubt er denn aber Sinnvolles damit, mit diesen stets zum Veralten bestimmten Schöpfungen, zu leisten, damit also, daß er sich

in diesen fachgeteilten, ins Unendliche laufenden Betrieb ein-
spannen läßt? Das erfordert einige allgemeine Erwägungen.

Der wissenschaftliche Fortschritt ist ein Bruchteil, und
zwar der wichtigste Bruchteil, jenes Intellektualisierungspro-
zesses, dem wir seit Jahrtausenden unterliegen, und zu dem
heute üblicherweise in so außerordentlich negativer Art Stellung genommen wird.

Machen wir uns zunächst klar, was denn eigentlich diese
intellektualistische Rationalisierung durch Wissenschaft und
wissenschaftlich orientierte Technik praktisch bedeutet.
Etwa, daß wir heute, jeder z. B., der hier im Saale sitzt, eine
größere Kenntnis der Lebensbedingungen hat, unter denen er
existiert, als ein Indianer oder ein Hottentotte? Schwerlich.
Wer von uns auf der Straßenbahn fährt, hat – wenn er nicht
Fachphysiker ist – keine Ahnung, wie sie das macht, sich in
Bewegung zu setzen. Er braucht auch nichts davon zu wissen. Es genügt ihm, daß er auf das Verhalten des Straßen-
bahnwagens »rechnen« kann, er orientiert sein Verhalten
daran; aber wie man eine Trambahn so herstellt, daß sie sich
bewegt, davon weiß er nichts. Der Wilde weiß das von seinen
Werkzeugen ungleich besser. Wenn wir heute Geld ausgeben, so wette ich, daß, sogar wenn nationalökonomische
Fachkollegen im Saale sind, fast jeder eine andere Antwort
bereit halten wird auf die Frage: Wie macht das Geld es, daß
man dafür etwas – bald viel, bald wenig – kaufen kann? Wie
der Wilde es macht, um zu seiner täglichen Nahrung zu kommen, und welche Institutionen ihm dabei dienen, das weiß er.
Die zunehmende Intellektualisierung und Rationalisierung
bedeutet also nicht eine zunehmende allgemeine Kenntnis
der Lebensbedingungen, unter denen man steht. Sondern sie
bedeutet etwas anderes: das Wissen davon oder den Glauben
daran: daß man, wenn man nur wollte, es jederzeit erfahren könnte, daß es also prinzipiell keine geheimnisvollen
unberechenbaren Mächte gebe, die da hineinspielen, daß man
vielmehr alle Dinge – im Prinzip – durch Berechnen
beherrschen könne. Das aber bedeutet: die Entzauberung

der Welt. Nicht mehr, wie der Wilde, für den es solche Mächte gab, muß man zu magischen Mitteln greifen, um die Geister zu beherrschen oder zu erbitten. Sondern technische Mittel und Berechnung leisten das. Dies vor allem bedeutet die Intellektualisierung als solche.

Hat denn aber nun dieser in der okzidentalen Kultur durch Jahrtausende fortgesetzte Entzauberungsprozeß und überhaupt: dieser »Fortschritt«, dem die Wissenschaft als Glied und Triebkraft mit angehört, irgendeinen über dies rein Praktische und Technische hinausgehenden Sinn? Aufgeworfen finden Sie diese Frage am prinzipiellsten in den Werken Leo Tolstojs. Auf einem eigentümlichen Wege kam er dazu. Das ganze Problem seines Grübelns dreht sich zunehmend um die Frage: ob der Tod eine sinnvolle Erscheinung sei oder nicht. Und die Antwort lautet bei ihm: für den Kulturmenschen – nein. Und zwar deshalb nicht, weil ja das zivilisierte, in den »Fortschritt«, in das Unendliche hineingestellte einzelne Leben seinem eigenen immanenten Sinn nach kein Ende haben dürfte. Denn es liegt ja immer noch ein weiterer Fortschritt vor dem, der darin steht; niemand, der stirbt, steht auf der Höhe, welche in der Unendlichkeit liegt. Abraham oder irgendein Bauer der alten Zeit starb »alt und lebensgesättigt«, weil er im organischen Kreislauf des Lebens stand, weil sein Leben auch seinem Sinn nach ihm am Abend seiner Tage gebracht hatte, was es bieten konnte, weil für ihn keine Rätsel, die er zu lösen wünschte, übrig blieben und er deshalb »genug« daran haben konnte. Ein Kulturmensch aber, hineingestellt in die fortwährende Anreicherung der Zivilisation mit Gedanken, Wissen, Problemen, der kann »lebensmüde« werden, aber nicht: lebensgesättigt. Denn er erhascht von dem, was das Leben des Geistes stets neu gebiert, ja nur den winzigsten Teil, und immer nur etwas Vorläufiges, nichts Endgültiges, und deshalb ist der Tod für ihn eine sinnlose Begebenheit. Und weil der Tod sinnlos ist, ist es auch das Kulturleben als solches, welches ja eben durch seine sinnlose »Fortschrittlichkeit« den Tod zur Sinnlosigkeit stempelt.

Überall in seinen späten Romanen findet sich dieser Gedanke als Grundton der Tolstojschen Kunst.

Wie stellt man sich dazu? Hat der »Fortschritt« als solcher einen erkennbaren, über das Technische hinausreichenden Sinn, so daß dadurch der Dienst an ihm ein sinnvoller Beruf würde? Die Frage muß aufgeworfen werden. Das ist nun aber nicht mehr nur die Frage des Berufs für die Wissenschaft, das Problem also: Was bedeutet die Wissenschaft als Beruf für den, der sich ihr hingibt? sondern schon die andere: Welches ist der Beruf der Wissenschaft innerhalb des Gesamtlebens der Menschheit? und welches ihr Wert?

Ungeheuer ist da nun der Gegensatz zwischen Vergangenheit und Gegenwart. Wenn Sie sich erinnern an das wundervolle Bild zu Anfang des siebten Buches von Platons Politeia: jene gefesselten Höhlenmenschen, deren Gesicht gerichtet ist auf die Felswand vor ihnen, hinter ihnen liegt die Lichtquelle, die sie nicht sehen können, sie befassen sich daher nur mit den Schattenbildern, die sie auf die Wand wirft, und suchen ihren Zusammenhang zu ergründen. Bis es einem von ihnen gelingt, die Fesseln zu sprengen, und er dreht sich um und erblickt: die Sonne. Geblendet tappt er umher und stammelt von dem, was er sah. Die anderen sagen, er sei irre. Aber allmählich lernt er in das Licht zu schauen, und dann ist seine Aufgabe, hinabzusteigen zu den Höhlenmenschen und sie emporzuführen an das Licht. Er ist der Philosoph, die Sonne aber ist die Wahrheit der Wissenschaft, die allein nicht nach Scheingebilden und Schatten hascht, sondern nach dem wahren Sein.

Ja, wer steht heute so zur Wissenschaft? Heute ist die Empfindung gerade der Jugend wohl eher die umgekehrte: Die Gedankengebilde der Wissenschaft sind ein hinterweltliches Reich von künstlichen Abstraktionen, die mit ihren dürren Händen Blut und Saft des wirklichen Lebens einzufangen trachten, ohne es doch je zu erhaschen. Hier im Leben aber, in dem, was für Platon das Schattenspiel an den Wänden der Höhle war, pulsiert die wirkliche Realität: das andere sind von ihr abgeleitete und leblose Gespenster und sonst nichts. Wie vollzog sich diese Wandlung? Die leidenschaftliche Begeisterung Platons in der »Politeia« erklärt sich letztlich daraus, daß damals zuerst der Sinn eines der großen Mittel alles wissenschaftlichen Erkennens bewußt gefunden war: des Begriffs. Von Sokrates ist er in seiner Tragweite entdeckt. Nicht von ihm allein in der Welt. Sie können in Indien ganz ähnliche Ansätze einer Logik finden, wie die des Aristoteles ist. Aber nirgends mit diesem Bewußtsein der Bedeutung. Hier zum erstenmal schien ein Mittel zur Hand, womit man jemanden in den logischen Schraubstock setzen konnte, so daß er nicht herauskam, ohne zuzugeben: entweder daß er nichts wisse: oder daß dies und nichts anderes die Wahrheit sei, die ewige Wahrheit, die nie vergehen würde, wie das Tun und Treiben der blinden Menschen. Das war das ungeheure Erlebnis, das den Schülern des Sokrates aufging. Und daraus schien zu folgen, daß, wenn man nur den rechten Begriff des Schönen, des Guten, oder auch etwa der Tapferkeit, der Seele – und was es sei – gefunden habe, daß man dann auch ihr wahres Sein erfassen könne, und das wieder schien den Weg an die Hand zu geben, zu wissen und zu lehren: wie man im Leben, vor allem: als Staatsbürger, richtig handle. Denn auf diese Frage kam den durch und durch politisch denkenden Hellenen alles an. Deshalb betrieb man Wissenschaft.

Neben diese Entdeckung des hellenischen Geistes trat nun als Kind der Renaissancezeit das zweite große Werkzeug wissenschaftlicher Arbeit: das rationale Experiment, als Mittel zuverlässig kontrollierter Erfahrung, ohne welches die heutige empirische Wissenschaft unmöglich wäre. Experimentiert hatte man auch früher: physiologisch z. B. in Indien im Dienst der asketischen Technik des Yogi, in der hellenischen Antike mathematisch zu kriegstechnischen Zwecken, im Mittelalter z. B. zum Zweck des Bergbaus. Aber das Experiment zum Prinzip der Forschung als solcher erhoben zu haben, ist die Leistung der Renaissance. Und zwar bildeten

die Bahnbrecher die großen Neuerer auf dem Gebiete der
Kunst: Lionardo und seinesgleichen, vor allem charakteri-
stisch die Experimentatoren in der Musik des 16. Jahrhun-
derts mit ihren Versuchsklavieren. Von ihnen wanderte das
Experiment in die Wissenschaft vor allem durch Galilei, in die
Theorie durch Bacon; und dann übernahmen es die exakten
Einzeldisziplinen an den Universitäten des Kontinents,
zunächst vor allem in Italien und den Niederlanden.

Was bedeutete nun die Wissenschaft diesen Menschen an
der Schwelle der Neuzeit? Den künstlerischen Experimentatoren von der Art Lionardos und den musikalischen Neuerern bedeutete sie den Weg zur w a h r e n Kunst, und das hieß
für sie zugleich: zur wahren N a t u r. Die Kunst sollte zum
Rang einer Wissenschaft, und das hieß zugleich und vor
allem: der Künstler zum Rang eines Doktors, sozial und dem
Sinne seines Lebens nach, erhoben werden. Das ist der Ehr-
geiz, der z. B. auch Lionardos Malerbuch zugrunde liegt.
Und heute? »Die Wissenschaft als der Weg zur Natur« – das
würde der Jugend klingen wie eine Blasphemie. Nein, umgekehrt: Erlösung vom Intellektualismus der Wissenschaft, um
zur eigenen Natur und damit zur Natur überhaupt zurückzu-
kommen! Als Weg zur Kunst vollends? Da bedarf es keiner
Kritik. – Aber man erwartete von der Wissenschaft im Zeital-
ter der Entstehung der exakten Naturwissenschaften noch
mehr. Wenn Sie sich an den Ausspruch Swammerdams erinnern: »Ich bringe Ihnen hier den Nachweis der Vorsehung
Gottes in der Anatomie einer Laus«, so sehen Sie, was die
(indirekt) protestantisch und puritanisch beeinflußte wissenschaftliche Arbeit damals sich als ihre eigene Aufgabe dachte:
den Weg zu Gott. Den fand man damals nicht mehr bei den
Philosophen und ihren Begriffen und Deduktionen: – daß
Gott auf diesem Weg nicht zu finden sei, auf dem ihn das
Mittelalter gesucht hatte, das wußte der ganze pietistische
Theologie der damaligen Zeit, Spener vor allem. Gott ist ver-
borgen, seine Wege sind nicht unsere Wege, seine Gedanken
nicht unsere Gedanken. In den exakten Naturwissenschaften

aber, wo man seine Werke physisch greifen konnte, da hoffte man, seinen Absichten mit der Welt auf die Spur zu kommen. Und heute? Wer – außer einigen großen Kindern, wie sie sich gerade in den Naturwissenschaften finden – glaubt heute noch, daß Erkenntnisse der Astronomie oder der Biologie oder der Physik oder Chemie uns etwas über den Sinn der Welt, ja auch nur etwas darüber lehren könnten: auf welchem Weg man einem solchen »Sinn« – wenn es ihn gibt – auf die Spur kommen könnte? Wenn irgend etwas, so sind sie geeignet, den Glauben daran: daß es so etwas wie einen »Sinn« der Welt gebe, in der Wurzel absterben zu lassen! Und vollends: die Wissenschaft als Weg »zu Gott«? Sie, die spezifisch gottfremde Macht? Daß sie das ist, darüber wird – mag er es sich zugestehen oder nicht – in seinem letzten Innern heute niemand im Zweifel sein. Erlösung von dem Rationalismus und Intellektualismus der Wissenschaft ist die Grundvoraussetzung des Lebens in der Gemeinschaft mit dem Göttlichen: dies oder etwas dem Sinn nach Gleiches ist eine der Grundparolen, die man aus allem Empfinden unserer religiös gestimmten oder nach religiösem Erlebnis strebenden Jugend heraushört. Und nicht nur für das religiöse, nein für das Erlebnis überhaupt. Befremdlich ist nur der Weg, der nun eingeschlagen wird: daß nämlich das einzige, was bis dahin der Intellektualismus noch nicht berührt hatte: eben jene Sphären des Irrationalen, jetzt ins Bewußtsein erhoben und unter seine Lupe genommen werden. Denn darauf kommt die moderne intellektualistische Romantik des Irrationalen praktisch hinaus. Dieser Weg zur Befreiung vom Intellektualismus bringt wohl das gerade Gegenteil von dem, was diejenigen, die ihn beschreiten, als Ziel darunter sich vorstellen. – Daß man schließlich in naivem Optimismus die Wissenschaft, das heißt: die auf sie gegründete Technik der Beherrschung des Lebens, als Weg zum Glück gefeiert hat – dies darf ich wohl, nach Nietzsches vernichtender Kritik an jenen »letzten Menschen«, die »das Glück erfunden haben«, ganz beiseite lassen. Wer glaubt daran? – außer einigen großen Kindern auf dem Katheder oder in Redaktionsstuben?

Kehren wir zurück. Was ist unter diesen inneren Voraussetzungen der Sinn der Wissenschaft als Beruf, da alle diese früheren Illusionen: »Weg zum wahren Sein«, »Weg zur wahren Kunst«, »Weg zur wahren Natur«, »Weg zum wahren Gott«, »Weg zum wahren Glück«, versunken sind? Die einfachste Antwort hat Tolstoj gegeben mit den Worten: »Sie ist sinnlos, weil sie auf die allein für uns wichtige Frage: ›Was sollen wir tun? Wie sollen wir leben?‹ keine Antwort gibt.« Die Tatsache, daß sie diese Antwort nicht gibt, ist schlechthin unbestreitbar. Die Frage ist nur, in welchem Sinne sie »keine« Antwort gibt, und ob sie statt dessen nicht doch vielleicht dem, der die Frage richtig stellt, etwas leisten könnte. – Man pflegt heute häufig von »voraussetzungsloser« Wissenschaft zu sprechen. Gibt es das? Es kommt darauf an, was man darunter versteht. Vorausgesetzt ist bei jeder wissenschaftlichen Arbeit immer die Geltung der Regeln der Logik und Methodik: dieser allgemeinen Grundlagen unserer Orientierung in der Welt. Nun, diese Voraussetzungen sind, wenigstens für unsere besondere Frage, am wenigsten problematisch. Vorausgesetzt ist aber ferner: daß das, was bei wissenschaftlicher Arbeit herauskommt, w i c h t i g im Sinn von »wissenswert« sei. Und da stecken nun offenbar alle unsere Probleme darin. Denn diese Voraussetzung ist nicht wieder ihrerseits mit den Mitteln der Wissenschaft beweisbar. Sie läßt sich nur auf ihren letzten Sinn d e u t e n, den man dann ablehnen oder annehmen muß, je nach der eigenen letzten Stellungnahme zum Leben.

Sehr verschieden ist ferner die Art der Beziehung der wissenschaftlichen Arbeit zu diesen ihren Voraussetzungen, je nach der Struktur dieser. Naturwissenschaften wie etwa die Physik, Chemie, Astronomie setzen als selbstverständlich voraus, daß die – soweit die Wissenschaft reicht, konstruierbaren – letzten Gesetze des kosmischen Geschehens wert sind, gekannt zu werden. Nicht nur, weil man mit diesen

Kenntnissen technische Erfolge erzielen kann, sondern, wenn sie »Beruf« sein sollen, »um ihrer selbst willen«. Diese Voraussetzung ist selbst schlechthin nicht beweisbar. Und ob diese Welt, die sie beschreiben, wert ist, zu existieren: ob sie einen »Sinn« hat, und ob es einen Sinn hat: in ihr zu existieren, erst recht nicht. Danach fragen sie nicht. Oder nehmen Sie eine wissenschaftlich so hoch entwickelte praktische Kunstlehre wie die moderne Medizin. Die allgemeine »Voraussetzung« des medizinischen Betriebs ist, trivial ausgedrückt: daß die Aufgabe der Erhaltung des Lebens rein als solchen und der möglichen Verminderung des Leidens rein als solchen bejaht werde. Und das ist problematisch. Der Mediziner erhält mit seinen Mitteln den Todkranken, auch wenn er um Erlösung vom Leben fleht, auch wenn die Angehörigen, denen dies Leben wertlos ist, die ihm die Erlösung vom Leiden gönnen, denen die Kosten der Erhaltung des wertlosen Lebens unerträglich werden – es handelt sich vielleicht um einen armseligen Irren – seinen Tod, eingestandener- oder uneingestandenermaßen, wünschen und wünschen müssen. Allein die Voraussetzungen der Medizin und das Strafgesetzbuch hindern den Arzt, davon abzugehen. Ob das Leben lebenswert ist und wann? – danach fragt sie nicht. Alle Naturwissenschaften geben uns Antwort auf die Frage: Was sollen wir tun, wenn wir das Leben technisch beherrschen wollen? Ob wir es aber technisch beherrschen sollen und wollen, und ob das letztlich eigentlich Sinn hat: – das lassen sie ganz dahingestellt oder setzen es für ihre Zwecke voraus. Oder nehmen Sie eine Disziplin wie die Kunstwissenschaft. Die Tatsache, daß es Kunstwerke gibt, ist der Ästhetik gegeben. Sie sucht zu ergründen, unter welchen Bedingungen dieser Sachverhalt vorliegt. Aber sie wirft die Frage nicht auf, ob das Reich der Kunst nicht vielleicht ein Reich diabolischer Herrlichkeit sei, ein Reich von dieser Welt, deshalb widergöttlich im tiefsten Innern und in seinem tiefinnerlichst aristokratischen Geist widerbrüderlich. Danach also fragt sie nicht: ob es Kunstwerke geben solle. – Oder die Jurisprudenz: – sie stellt fest, was, nach den Regeln des teils zwingend logisch, teils durch konventionell gegebene Schemata gebundenen juristischen Denkens gilt, also: wenn bestimmte Rechtsregeln und bestimmte Methoden ihrer Deutung als verbindlich anerkannt sind. Ob es Recht geben solle, und ob man gerade diese Regeln aufstellen solle, darauf antwortet sie nicht; sondern sie kann nur angeben: wenn man den Erfolg will, so ist diese Rechtsregel nach den Normen unseres Rechtsdenkens das geeignete Mittel, ihn zu erreichen. Oder nehmen Sie die historischen Kulturwissenschaften. Sie lehren politische, künstlerische, literarische und soziale Kulturerscheinungen in den Bedingungen ihres Entstehens verstehen. Weder aber geben sie von sich aus Antwort auf die Frage: ob diese Kulturerscheinungen es wert waren und sind, zu bestehen. Noch antworten sie auf die andere Frage: ob es der Mühe wert ist, sie zu kennen. Sie setzen voraus, daß es ein Interesse habe, durch dies Verfahren teilzuhaben an der Gemeinschaft der »Kulturmenschen«. Aber daß dies der Fall sei, vermögen sie »wissenschaftlich« niemandem zu beweisen, und daß sie es voraussetzen, beweist durchaus nicht, daß es selbstverständlich sei. Das ist es in der Tat ganz und gar nicht.

Bleiben wir nun einmal bei den mir nächstliegenden Disziplinen, also bei der Soziologie, Geschichte, Nationalökonomie und Staatslehre und jenen Arten von Kulturphilosophie, welche sich ihre Deutung zur Aufgabe machen. Man sagt und ich unterschreibe das: Politik gehört nicht in den Hörsaal. Sie gehört nicht dahin von seiten der Studenten. Ich würde es z. B. ganz ebenso beklagen, wenn etwa im Hörsaal meines früheren Kollegen Dietrich Schäfer in Berlin pazifistische Studenten sich um das Katheder stellten und Lärm von der Art machten, wie es antipazifistische Studenten gegenüber dem Professor Foerster, dem ich in meinen Anschauungen in vielem so fern wie möglich stehe, getan haben sollen. Aber Politik gehört allerdings auch nicht dahin von seiten des Dozenten. Gerade dann nicht, wenn er sich wissenschaftlich mit Politik befaßt, und dann am allerwenigsten. Denn praktisch-politische Stellungnahme und wissenschaftliche Analyse politischer Gebilde und Parteistellung ist zweierlei. Wenn man in einer Volksversammlung über Demokratie spricht, so macht man aus seiner persönlichen Stellungnahme kein Hehl: gerade das: deutlich erkennbar Partei zu nehmen, ist da die verdammte Pflicht und Schuldigkeit. Die Worte, die man braucht, sind dann nicht Mittel wissenschaftlicher Analyse, sondern politischen Werbens um die Stellungnahme der Anderen. Sie sind nicht Pflugscharen zur Lockerung des Erdreiches des kontemplativen Denkens, sondern Schwerter gegen die Gegner: Kampfmittel. In einer Vorlesung oder im Hörsaal dagegen wäre es Frevel, das Wort in dieser Art zu gebrauchen. Da wird man, wenn etwa von »Demokratie« die Rede ist, deren verschiedene Formen vornehmen, sie analysieren in der Art, wie sie funktionieren, feststellen, welche einzelnen Folgen für die Lebensverhältnisse die eine oder andere hat, dann die anderen nicht demokratischen Formen der politischen Ordnung ihnen gegenüberstellen und versuchen, so weit zu gelangen, daß der Hörer in der Lage ist, den Punkt zu finden, von dem aus er von seinen letzten Idealen aus Stellung dazu nehmen kann. Aber der echte Lehrer wird sich sehr hüten, vom Katheder herunter ihm irgendeine Stellungnahme, sei es ausdrücklich, sei es durch Suggestion – denn das ist natürlich die illoyalste Art, wenn man »die Tatsachen sprechen läßt« – aufzudrängen.

Warum sollen wir das nun eigentlich nicht tun? Ich schicke voraus, daß manche sehr geschätzte Kollegen der Meinung sind, diese Selbstbescheidung durchzuführen ginge überhaupt nicht, und wenn es ginge, wäre es eine Marotte, das zu vermeiden. Nun kann man niemandem wissenschaftlich vordemonstrieren, was seine Pflicht als akademischer Lehrer sei. Verlangen kann man von ihm nur die intellektuelle Rechtschaffenheit: einzusehen, daß Tatsachenfeststellung, Feststellung mathematischer oder logischer Sachverhalte oder der inneren Struktur von Kulturgütern einerseits, und andererseits die Beantwortung der Frage nach dem Wert der Kultur und ihrer einzelnen Inhalte und danach: wie man innerhalb der Kulturgemeinschaft und der politischen Verbände handeln solle – daß dies beides ganz und gar heterogene Probleme sind. Fragt er dann weiter, warum er nicht beide im Hörsaal behandeln solle, so ist darauf zu antworten: weil der Prophet und der Demagoge nicht auf das Katheder eines Hörsaals gehören. Dem Propheten wie dem Demagogen ist gesagt: »Gehe hinaus auf die Gassen und rede öffentlich.« Da, heißt das, wo Kritik möglich ist. Im Hörsaal, wo man seinen Zuhörern gegenübersitzt, haben sie zu schweigen und der Lehrer zu reden, und ich halte es für unverantwortlich, diesen Umstand, daß die Studenten um ihres Fortkommens willen das Kolleg eines Lehrers besuchen müssen, und daß dort niemand zugegen ist, der diesem mit Kritik entgegentritt, auszunützen, um den Hörern nicht, wie es seine Aufgabe ist, mit seinen Kenntnissen und wissenschaftlichen Erfahrungen nützlich zu sein, sondern sie zu stempeln nach seiner persönlichen politischen Anschauung. Es ist gewiß möglich, daß es dem Einzelnen nur ungenügend gelingt, seine subjektive Sympathie auszuschalten. Dann setzt er sich der schärfsten Kritik vor dem Forum seines eigenen Gewissens aus. Und es beweist nichts, denn auch andere, rein tatsächliche Irrtümer sind möglich und beweisen doch nichts gegen die Pflicht: die Wahrheit zu suchen. Auch und gerade im rein wissenschaftlichen Interesse lehne ich es ab. Ich erbiete mich, an den Werken unserer Historiker den Nachweis zu führen, daß, wo immer der Mann der Wissenschaft mit seinem eigenen Werturteil kommt, das volle Verstehen der Tatsachen aufhört. Doch geht das über das Thema des heutigen Abends hinaus und würde lange Auseinandersetzungen erfordern.

Ich frage nur: Wie soll auf der einen Seite ein gläubiger Katholik, auf der anderen Seite ein Freimaurer in einem Kolleg über die Kirchen- und Staatsformen oder über Religionsgeschichte, – wie sollen sie jemals über diese Dinge zur glei-

chen Wertung gebracht werden! Das ist ausgeschlossen.
Und doch muß der akademische Lehrer den Wunsch haben
und die Forderung an sich selbst stellen, dem einen wie dem
andern durch seine Kenntnisse und Methoden nützlich zu
sein. Nun werden Sie mit Recht sagen: der gläubige Katholik
wird auch über die Tatsachen des Herganges bei der Entstehung des Christentums niemals die Ansicht annehmen, die
ein von seinen dogmatischen Voraussetzungen freier Lehrer
ihm vorträgt. Gewiß! Der Unterschied aber liegt in folgen-
dem: die im Sinne der Ablehnung religiöser Gebundenheit
»voraussetzungslose« Wissenschaft kennt in der Tat ihrerseits das »Wunder« und die »Offenbarung« nicht. Sie würde
ihren eigenen »Voraussetzungen« damit untreu. Der Gläubige kennt beides. Und jene »voraussetzungslose« Wissenschaft mutet ihm nicht weniger – aber: auch nicht mehr –
zu als das Anerkenntnis: daß, wenn der Hergang ohne jene
übernatürlichen, für eine empirische Erklärung als ursächliche Momente ausscheidenden Eingriffe erklärt werden solle,
er so, wie sie es versucht, erklärt werden müsse. Das aber
kann er, ohne seinem Glauben untreu zu werden.

Aber hat denn nun die Leistung der Wissenschaft gar keinen Sinn für jemanden, dem die Tatsache als solche gleichgültig und nur die praktische Stellungnahme wichtig ist? Vielleicht doch. Zunächst schon eins. Wenn jemand ein brauch-
barer Lehrer ist, dann ist es seine erste Aufgabe, seine Schüler
unbequeme Tatsachen anerkennen zu lehren, solche,
meine ich, die für seine Parteimeinung unbequem sind; und es
gibt für jede Parteimeinung – z. B. auch für die meinige –
solche äußerst unbequeme Tatsachen. Ich glaube, wenn der
akademische Lehrer seine Zuhörer nötigt, sich daran zu
gewöhnen, daß er dann mehr als eine nur intellektuelle Leistung vollbringt, ich würde so unbescheiden sein, sogar den
Ausdruck »sittliche Leistung« darauf anzuwenden, wenn das
auch vielleicht etwas zu pathetisch für eine so schlichte Selbstverständlichkeit klingen mag.

Bisher sprach ich nur von praktischen Gründen der Vermeidung eines Aufdrängens persönlicher Stellungnahme. Aber dabei bleibt es nicht. Die Unmöglichkeit »wissenschaftlicher« Vertretung von praktischen Stellungnahmen – außer im Falle der Erörterung der Mittel für einen als fest gegeben vorausgesetzten Zweck – folgt aus weit tiefer liegenden Gründen. Sie ist prinzipiell deshalb sinnlos, weil die verschiedenen Wertordnungen der Welt in unlöslichem Kampf untereinander stehen. Der alte Mill, dessen Philosophie ich sonst nicht loben will, aber in diesem Punkt hat er recht, sagt einmal: wenn man von der reinen Erfahrung ausgehe, komme man zum Polytheismus. Das ist flach formuliert und klingt paradox, und doch steckt Wahrheit darin. Wenn irgend etwas, so wissen wir es heute wieder: daß etwas heilig sein kann nicht nur: obwohl es nicht schön ist, sondern: weil und insofern es nicht schön ist, – in dem 53. Kapitel des Jesaiasbuches und im 22. Psalm können Sie die Belege dafür finden, – und daß etwas schön sein kann nicht nur: obwohl, sondern: in dem, worin es nicht gut ist, das wissen wir seit Nietzsche wieder, und vorher finden Sie es gestaltet in den »Fleurs du mal«, wie Baudelaire seinen Gedichtband nannte, – und eine Alltagsweisheit ist es, daß etwas wahr sein kann, obwohl und indem es nicht schön und nicht heilig und nicht gut ist. Aber das sind nur die elementarsten Fälle dieses Kampfes der Götter der einzelnen Ordnungen und Werte. Wie man es machen will, »wissenschaftlich« zu entscheiden zwischen dem Wert der französischen und deutschen Kultur, weiß ich nicht. Hier streiten eben auch verschiedene Götter miteinander, und zwar für alle Zeit. Es ist wie in der alten, noch nicht von ihren Göttern und Dämonen entzauberten Welt, nur in anderem Sinne: wie der Hellene einmal der Aphrodite opferte, und dann dem Apollon und vor allem jeder den Göttern seiner Stadt, so ist es, entzaubert und entkleidet der mythischen, aber innerlich wahren Plastik jenes Verhaltens, noch heute. Und über diesen Göttern und in ihrem Kampf waltet das Schicksal, aber ganz gewiß keine »Wissenschaft«. Es läßt sich nur verstehen, was das Göttliche für die eine und für die andere oder: in der einen und der anderen Ordnung ist. Damit ist aber die Sache für jede Erörterung in einem Hörsaal und durch einen Professor schlechterdings zu Ende, so wenig natürlich das darin steckende gewaltige Lebensproblem selbst damit zu Ende ist. Aber andere Mächte als die Katheder der Universitäten haben da das Wort. Welcher Mensch wird sich vermessen, die Ethik der Bergpredigt, etwa den Satz: »Widerstehe nicht dem Übel« oder das Bild von der einen und der anderen Backe, »wissenschaftlich widerlegen« zu wollen? Und doch ist klar: es ist, innerweltlich angesehen, eine Ethik der Würdelosigkeit, die hier gepredigt wird: man hat zu wählen zwischen der religiösen Würde, die diese Ethik bringt, und der Manneswürde, die etwas ganz anderes predigt: »Widerstehe dem Übel, – sonst bist du für seine Übergewalt mitverantwortlich.« Je nach der letzten Stellungnahme ist für den Einzelnen das eine der Teufel und das andere der Gott, und der Einzelne hat sich zu entscheiden, welches für ihn der Gott und welches der Teufel ist. Und so geht es durch alle Ordnungen des Lebens hindurch. Der großartige Rationalismus der ethisch-methodischen Lebensführung, der aus jeder religiösen Prophetie quillt, hatte diese Vielgötterei entthront zugunsten des »Einen«, das not tut« – und hatte dann, angesichts der Realitäten des äußeren und inneren Lebens, sich zu jenen Kompromissen und Relativierungen genötigt gesehen, die wir alle aus der Geschichte des Christentums kennen. Heute aber ist es religiöser »Alltag«. Die alten vielen Götter, entzaubert und daher in Gestalt unpersönlicher Mächte, entsteigen ihren Gräbern, streben nach Gewalt über unser Leben und beginnen untereinander wieder ihren ewigen Kampf. Das aber, was gerade dem modernen Menschen so schwer wird, und der jungen Generation am schwersten, ist: einem solchen Alltag gewachsen zu sein. Alles Jagen nach dem »Erlebnis« stammt aus dieser Schwäche. Denn Schwäche ist es: dem Schicksal der Zeit nicht in sein ernstes Antlitz blicken zu können.

Schicksal unserer Kultur aber ist, daß wir uns dessen wieder deutlicher bewußt werden, nachdem durch ein Jahrtausend die angeblich oder vermeintlich ausschließliche Orientierung an dem großartigen Pathos der christlichen Ethik die Augen dafür geblendet hatte.

Doch genug von diesen sehr ins Weite führenden Fragen. Denn der Irrtum, den ein Teil unserer Jugend begeht, wenn er auf all das antworten würde: »Ja, aber wir kommen nun einmal in die Vorlesung, um etwas anderes zu erleben als nur Analysen und Tatsachenfeststellungen«, – der Irrtum ist der, daß sie in dem Professor etwas anderes suchen, als ihnen dort gegenübersteht, – einen F ü h r e r und nicht: einen L e h r e r. Aber nur als L e h r e r sind wir auf das Katheder gestellt. Das ist zweierlei, und daß es das ist, davon kann man sich leicht überzeugen. Erlauben Sie, daß ich Sie noch einmal nach Amerika führe, weil man dort solche Dinge oft in ihrer massivsten Ursprünglichkeit sehen kann. Der amerikanische Knabe lernt unsagbar viel weniger als der unsrige. Er ist trotz unglaublich vielen Examinierens doch dem S i n n seines Schullebens nach noch nicht jener absolute Examensmensch geworden, wie es der deutsche ist. Denn die Bürokratie, die das Examensdiplom als Eintrittsbillet ins Reich der Amtspfründen voraussetzt, ist dort erst in den Anfängen. Der junge Amerikaner hat vor nichts und niemand, vor keiner Tradition und keinem Amt Respekt, es sei denn vor der persönlich eigenen Leistung des Betreffenden: d a s nennt der Amerikaner »Demokratie«. Wie verzerrt auch immer die Realität diesem Sinngehalt gegenüber sich verhalten möge, der Sinngehalt ist dieser, und darauf kommt es hier an. Der Lehrer, der ihm gegenübersteht, von dem hat er die Vorstellung: er verkauft mir seine Kenntnisse und Methoden für meines Vaters Geld, ganz ebenso wie die Gemüsefrau meiner Mutter den Kohl. Damit fertig. Allerdings: wenn der Lehrer etwa ein football-Meister ist, dann ist er auf diesem Gebiet sein Führer. Ist er das (oder etwas Ähnliches auf anderem Sportgebiet) aber nicht, so ist er eben nur Lehrer und weiter nichts, und keinem amerikanischen jungen Manne wird es einfallen, sich von ihm »Weltanschauungen« oder maßgebliche Regeln für seine Lebensführung verkaufen zu lassen. Nun, in dieser Formulierung werden wir das ablehnen. Aber es fragt sich, ob hier in dieser von mir absichtlich noch etwas ins Extreme gesteigerten Empfindungsweise nicht doch ein Korn Wahrheit steckt.

Kommilitonen und Kommilitoninnen! Sie kommen mit diesen Ansprüchen an unsere Führerqualitäten in die Vorlesungen zu uns und sagen sich vorher nicht: daß von hundert Professoren mindestens neunundneunzig nicht nur keine football-Meister des Lebens, sondern überhaupt nicht »Führer« in Angelegenheiten der Lebensführung zu sein in Anspruch nehmen und nehmen dürfen. Bedenken Sie: es hängt der Wert des Menschen ja nicht davon ab, ob er Führerqualitäten besitzt. Und jedenfalls sind es nicht die Qualitäten, die jemanden zu einem ausgezeichneten Gelehrten und akademischen Lehrer machen, die ihn zum Führer auf dem Gebiet der praktischen Lebensorientierung oder, spezieller, der Politik machen. Es ist der reine Zufall, wenn jemand auch diese Qualität besitzt, und sehr bedenklich ist es, wenn jeder, der auf dem Katheder steht, sich vor die Zumutung gestellt fühlt, sie in Anspruch zu nehmen. Noch bedenklicher, wenn es jedem akademischen Lehrer überlassen bleibt, sich im Hörsaal als Führer aufzuspielen. Denn die, welche sich am meisten dafür halten, sind es oft am wenigsten, und vor allem: ob sie es sind oder nicht, dafür bietet die Situation auf dem Katheder schlechterdings keine Möglichkeit der Bewährung. Der Professor, der sich zum Berater der Jugend berufen fühlt und ihr Vertrauen genießt, möge im persönlichen Verkehr von Mensch zu Mensch mit ihr seinen Mann stehen. Und fühlt er sich zum Eingreifen in die Kämpfe der Weltanschauungen und Parteimeinungen berufen, so möge er das draußen auf dem Markt des Lebens tun: in der Presse, in Versammlungen, in Vereinen, wo immer er will. Aber es ist doch etwas allzu bequem, seinen Bekennermut da zu zeigen, wo die Anwesenden und vielleicht Andersdenkenden zum Schweigen verurteilt sind.

Sie werden schließlich die Frage stellen: wenn dem so ist, was leistet denn nun eigentlich die Wissenschaft Positives für das praktische und persönliche »Leben«? Und damit sind wir wieder bei dem Problem ihres »Berufs«. Zunächst natürlich: Kenntnisse über die Technik, wie man das Leben, die äußeren Dinge sowohl wie das Handeln der Menschen, durch Berechnung beherrscht: – nun, das ist aber doch nur die Gemüsefrau des amerikanischen Knaben, werden Sie sagen. Ganz meine Meinung. Zweitens, was diese Gemüsefrau schon immerhin nicht tut: Methoden des Denkens, das Handwerkszeug und die Schulung dazu. Sie werden vielleicht sagen: nun, das ist nicht Gemüse, aber es ist auch nicht mehr als das Mittel, sich Gemüse zu verschaffen. Gut, lassen wir das heute dahingestellt. Aber damit ist die Leistung der Wissenschaft glücklicherweise auch noch nicht zu Ende, sondern wir sind in der Lage, Ihnen zu einem Dritten zu verhelfen: zur Klarheit. Vorausgesetzt natürlich, daß wir sie selbst besitzen. Soweit dies der Fall ist, können wir Ihnen deutlich machen: man kann zu dem Wertproblem, um das es sich jeweils handelt – ich bitte Sie der Einfachheit halber an soziale Erscheinungen als Beispiel zu denken – praktisch die und die verschiedene Stellung einnehmen. Wenn man die und die Stellung einnimmt, so muß man nach den Erfahrungen der Wissenschaft die und die Mittel anwenden, um sie praktisch zur Durchführung zu bringen. Diese Mittel sind nun vielleicht schon an sich solche, die Sie ablehnen zu müssen glauben. Dann muß man zwischen dem Zweck und den unvermeidlichen Mitteln eben wählen. »Heiligt« der Zweck diese Mittel oder nicht? Der Lehrer kann die Notwendigkeit dieser Wahl vor Sie hinstellen, mehr kann er, solange er Lehrer bleiben und nicht Demagoge werden will, nicht. Er kann Ihnen ferner natürlich sagen: wenn Sie den und den Zweck wollen, dann müssen Sie die und die Nebenerfolge, die dann erfahrungsgemäß eintreten, mit in Kauf nehmen: wieder die gleiche Lage. Indessen das sind alles noch Probleme, wie sie für jeden Techniker auch entstehen können, der ja auch in zahlreichen Fällen nach dem Prinzip des kleineren Übels oder des relativ Besten sich entscheiden muß. Nur daß für ihn eins, die Hauptsache, gegeben zu sein pflegt: der Z w e c k . Aber eben dies ist nun für uns, sobald es sich um wirklich »letzte« Probleme handelt, n i c h t der Fall. Und damit erst gelangen wir zu der letzten Leistung, welche die Wissenschaft als solche im Dienste der Klarheit vollbringen kann, und zugleich zu ihren Grenzen: wir können – und sollen – Ihnen auch sagen: die und die praktische Stellungnahme läßt sich mit innerer Konsequenz und also: Ehrlichkeit ihrem S i n n nach ableiten aus der und der letzten weltanschauungsmäßigen Grundposition – es kann sein, aus nur einer, oder es können vielleicht verschiedene sein –, aber aus den und den anderen nicht. Ihr dient, bildlich geredet, diesem Gott und k r ä n k t j e n e n a n d e r e n , wenn Ihr Euch für diese Stellungnahme entschließt. Denn Ihr kommt notwendig zu diesen und diesen letzten inneren sinnhaften K o n s e q u e n z e n , wenn Ihr Euch treu bleibt. Das läßt sich, im Prinzip wenigstens, leisten. Die Fachdisziplin der Philosophie und die dem Wesen nach philosophischen prinzipiellen Erörterungen der Einzeldisziplinen versuchen das zu leisten. Wir können so, wenn wir unsere Sache verstehen (was hier einmal vorausgesetzt werden muß), den Einzelnen nötigen, oder wenigstens ihm dabei helfen, sich selbst R e c h e n s c h a f t z u g e b e n ü b e r d e n l e t z t e n S i n n seines eigenen Tuns. Es scheint mir das nicht so sehr wenig zu sein, auch für das rein persönliche Leben. Ich bin auch hier versucht, wenn einem Lehrer das gelingt, zu sagen: er stehe im Dienst »sittlicher« Mächte: der Pflicht, Klarheit und Verantwortungsgefühl zu schaffen, und ich glaube, er wird dieser Leistung um so eher fähig sein, je gewissenhafter er es vermeidet, seinerseits dem Zuhörer eine Stellungnahme aufoktroyieren oder suggerieren zu wollen.

Überall freilich geht diese Annahme, die ich Ihnen hier vortrage, aus von dem einen Grundsachverhalt: daß das

Leben, solange es in sich selbst beruht und aus sich selbst
verstanden wird, nur den ewigen Kampf jener Götter miteinander kennt, – unbildlich gesprochen: die Unvereinbarkeit
und also die Unaustragbarkeit des Kampfes der letzten überhaupt möglichen Standpunkte zum Leben, die Notwendigkeit also: zwischen ihnen sich zu entscheiden. Ob
unter solchen Verhältnissen die Wissenschaft wert ist, für
jemanden ein »Beruf« zu werden und ob sie selbst einen
objektiv wertvollen »Beruf« hat – das ist wieder ein Werturteil, über welches im Hörsaal nichts auszusagen ist. Denn für
die Lehre dort ist die Bejahung Voraussetzung. Ich persönlich bejahe schon durch meine eigene Arbeit die Frage.
Und zwar auch und gerade für den Standpunkt, der den Intellektualismus, wie es heute die Jugend tut oder – und meist –
zu tun nur sich einbildet, als den schlimmsten Teufel haßt.
Denn dann gilt für sie das Wort: »Bedenkt, der Teufel, der ist
alt, so werdet alt ihn zu verstehen.« Das ist nicht im Sinne der
Geburtsurkunde gemeint, sondern in dem Sinn: daß man
auch vor diesem Teufel, wenn man mit ihm fertig werden
will, nicht – die Flucht ergreifen darf, wie es heute so gern
geschieht, sondern daß man seine Wege erst einmal zu Ende
überschauen muß, um seine Macht und seine Schranken zu
sehen.

Daß Wissenschaft heute ein fachlich betriebener »Beruf«
ist im Dienst der Selbstbesinnung und der Erkenntnis tatsächlicher Zusammenhänge, und nicht eine Heilsgüter und
Offenbarungen spendende Gnadengabe von Sehern, Propheten oder ein Bestandteil des Nachdenkens von Weisen und
Philosophen über den Sinn der Welt – das freilich ist eine
unentrinnbare Gegebenheit unserer historischen Situation,
aus der wir, wenn wir uns selbst treu bleiben, nicht herauskommen können. Und wenn nun wieder Tolstoj in Ihnen
aufsteht und fragt: »Wer beantwortet, da es die Wissenschaft
nicht tut, die Frage: was sollen wir denn tun? und: wie sollen
wir unser Leben einrichten?« oder in der heute abend hier
gebrauchten Sprache: »welchem der kämpfenden Götter sol-

len wir dienen? oder vielleicht einem ganz anderen, und wer ist das?« – dann ist zu sagen: nur ein Prophet oder ein Heiland. Wenn der nicht da ist oder wenn seiner Verkündigung nicht mehr geglaubt wird, dann werden Sie ihn ganz gewiß nicht dadurch auf die Erde zwingen, daß Tausende von Professoren als staatlich besoldete oder privilegierte kleine Propheten in ihren Hörsälen ihm seine Rolle abzunehmen versuchen. Sie werden damit nur das eine fertig bringen, daß das Wissen um den entscheidenden Sachverhalt: der Prophet, nach dem sich so viele unserer jüngsten Generation sehnen, ist eben nicht da, ihnen niemals in der ganzen Wucht seiner Bedeutung lebendig wird. Es kann, glaube ich, gerade dem inneren Interesse eines wirklich religiös »musikalischen« Menschen nun und nimmermehr gedient sein, wenn ihm und anderen diese Grundtatsache, daß er in einer gottfremden, prophetenlosen Zeit zu leben das Schicksal hat, durch ein Surrogat, wie es alle diese Kathederprophetien sind, verhüllt wird. Die Ehrlichkeit seines religiösen Organs müßte, scheint mir, dagegen sich auflehnen. Nun werden Sie geneigt sein, zu sagen: Aber wie stellt man sich dann zu der Tatsache der Existenz der »Theologie« und ihres Anspruchs darauf: »Wissenschaft« zu sein. Drücken wir uns um die Antwort nicht herum. »Theologie« und »Dogmen« gibt es zwar nicht universell, aber doch nicht gerade nur im Christentum. Sondern (rückwärtsschreitend in der Zeit) in stark entwickelter Form auch im Islâm, im Manichäismus, in der Gnosis, in der Orphik, im Parsismus, im Buddhismus, in den hinduistischen Sekten, im Taoismus und in den Upanishaden und natürlich auch im Judentum. Nur freilich in höchst verschiedenem Maße systematisch entwickelt. Und es ist kein Zufall, daß das okzidentale Christentum nicht nur – im Gegensatz zu dem, was z. B. das Judentum an Theologie besitzt – sie systematischer ausgebaut hat oder danach strebt, sondern daß hier ihre Entwicklung die weitaus stärkste historische Bedeutung gehabt hat. Der hellenische Geist hat das hervorgebracht, und alle Theologie des Westens geht auf ihn zurück, wie (offenbar)

alle Theologie des Ostens auf das indische Denken. Alle
Theologie ist intellektuelle Rationalisierung religiösen
Heilsbesitzes. Keine Wissenschaft ist absolut voraussetzungslos, und keine kann für den, der diese Voraussetzungen
ablehnt, ihren eigenen Wert begründen. Aber allerdings: jede
Theologie fügt für ihre Arbeit und damit für die Rechtfertigung ihrer eigenen Existenz einige spezifische Voraussetzungen hinzu. In verschiedenem Sinn und Umfang. Für jede
Theologie, z. B. auch für die hinduistische, gilt die Voraussetzung: die Welt müsse einen Sinn haben – und ihre Frage
ist: wie muß man ihn deuten, damit dies denkmöglich sei?
Ganz ebenso wie Kants Erkenntnistheorie von der Voraussetzung ausging: »Wissenschaftliche Wahrheit gibt es, und sie
gilt« – und dann fragte: Unter welchen Denkvoraussetzun-
gen ist das (sinnvoll) möglich? Oder wie die modernen Ästhe-
tiker (ausdrücklich – wie z. B. G. v. Lukács – oder tatsächlich) von der Voraussetzung ausgehen: »es gibt Kunstwerke« – und nun fragen: Wie ist das (sinnvoll) möglich?
Allerdings begnügen sich die Theologien mit jener (wesentlich religions-philosophischen) Voraussetzung in aller Regel
nicht. Sondern sie gehen regelmäßig von der ferneren Voraussetzung aus: daß bestimmte »Offenbarungen« als heilswich-
tige Tatsachen – als solche also, welche eine sinnvolle Lebensführung erst ermöglichen – schlechthin zu glauben sind und
daß bestimmte Zuständlichkeiten und Handlungen die Qualität der Heiligkeit besitzen – das heißt: eine religiös-sinnvolle
Lebensführung oder doch deren Bestandteile bilden. Und
ihre Frage ist dann wiederum: Wie lassen sich diese schlechthin anzunehmenden Voraussetzungen innerhalb eines Ge-
samtweltbildes sinnvoll deuten? Jene Voraussetzungen
selbst liegen dabei für die Theologie jenseits dessen, was
»Wissenschaft« ist. Sie sind kein »Wissen« im gewöhnlich
verstandenen Sinn, sondern ein »Haben«. Wer sie – den
Glauben oder die sonstigen heiligen Zuständlichkeiten –
nicht »hat«, dem kann sie keine Theologie ersetzen. Erst
recht nicht eine andere Wissenschaft. Im Gegenteil: in jeder

»positiven« Theologie gelangt der Gläubige an den Punkt, wo
der Augustinische Satz gilt: credo non quod, sed quia
absurdum est. Die Fähigkeit zu dieser Virtuosenleistung des
»Opfers des Intellekts« ist das entscheidende Merkmal des
positiv religiösen Menschen. Und daß dem so ist: – dieser
Sachverhalt zeigt, daß trotz (vielmehr infolge) der Theologie
(die ihn ja enthüllt) die Spannung zwischen der Wertsphäre
der »Wissenschaft« und der des religiösen Heils unüberbrückbar ist.

Das »Opfer des Intellekts« bringt rechtmäßigerweise nur
der Jünger dem Propheten, der Gläubige der Kirche. Noch
nie ist aber eine neue Prophetie dadurch entstanden (ich wie-
derhole dieses Bild, das manchen anstößig gewesen ist, hier
absichtlich:), daß manche moderne Intellektuelle das Bedürfnis haben, sich in ihrer Seele sozusagen mit garantiert echten,
alten Sachen auszumöblieren, und sich dabei dann noch daran
erinnern, daß dazu auch die Religion gehört hat, die sie nun
einmal nicht haben, für die sie aber eine Art von spielerisch
mit Heiligenbildchen aus aller Herren Länder möblierter
Hauskapelle als Ersatz sich aufputzen oder ein Surrogat
schaffen in allerhand Arten des Erlebens, denen sie die Würde
mystischen Heiligkeitsbesitzes zuschreiben und mit dem sie –
auf dem Büchermarkt hausieren gehen. Das ist einfach:
Schwindel oder Selbstbetrug. Durchaus kein Schwindel, sondern etwas sehr Ernstes und Wahrhaftes, aber vielleicht
zuweilen sich selbst in seinem Sinn Mißdeutendes ist es dagegen, wenn manche jener Jugendgemeinschaften, die in der
Stille in den letzten Jahren gewachsen sind, ihrer eigenen
menschlichen Gemeinschaftsbeziehung die Deutung einer
religiösen, kosmischen oder mystischen Beziehung geben. So
wahr es ist, daß jeder Akt echter Brüderlichkeit sich mit dem
Wissen darum zu verknüpfen vermag, daß dadurch einem
überpersönlichen Reich etwas hinzugefügt wird, was unver-
lierbar bleibt, so zweifelhaft scheint mir, ob die Würde rein
menschlicher Gemeinschaftsbeziehungen durch jene religiö-

sen Deutungen gesteigert wird. – Indessen, das gehört nicht mehr hierher. –

Es ist das Schicksal unserer Zeit, mit der ihr eigenen Rationalisierung und Intellektualisierung, vor allem: Entzauberung der Welt, daß gerade die letzten und sublimsten Werte zurückgetreten sind aus der Öffentlichkeit, entweder in das hinterweltliche Reich mystischen Lebens oder in die Brüderlichkeit unmittelbarer Beziehungen der Einzelnen zueinander. Es ist weder zufällig, daß unsere höchste Kunst eine intime und keine monumentale ist, noch daß heute nur innerhalb der kleinsten Gemeinschaftskreise, von Mensch zu Mensch, im pianissimo, jenes Etwas pulsiert, das dem entspricht, was früher als prophetisches Pneuma in stürmischem Feuer durch die großen Gemeinden ging und sie zusammenschweißte. Versuchen wir, monumentale Kunstgesinnung zu erzwingen und zu »erfinden«, dann entsteht ein so jämmerliches Mißgebilde wie in den vielen Denkmälern der letzten 20 Jahre. Versucht man religiöse Neubildungen zu ergrübeln ohne neue, echte Prophetie, so entsteht im innerlichen Sinn etwas Ähnliches, was noch übler wirken muß. Und die Kathederprophetie wird vollends nur fanatische Sekten, aber nie eine echte Gemeinschaft schaffen. Wer dies Schicksal der Zeit nicht männlich ertragen kann, dem muß man sagen: Er kehre lieber, schweigend, ohne die übliche öffentliche Renegatenreklame, sondern schlicht und einfach, in die weit und erbarmend geöffneten Arme der alten Kirchen zurück. Sie machen es ihm ja nicht schwer. Irgendwie hat er dabei – das ist unvermeidlich – das »Opfer des Intellektes« zu bringen, so oder so. Wir werden ihn darum nicht schelten, wenn er es wirklich vermag. Denn ein solches Opfer des Intellekts zugunsten einer bedingungslosen religiösen Hingabe ist sittlich immerhin doch etwas anderes als jene Umgehung der schlichten intellektuellen Rechtschaffenheitspflicht, die eintritt, wenn man sich selbst nicht klar zu werden den Mut hat über die eigene letzte Stellungnahme, sondern diese Pflicht durch schwächliche Relativierung sich erleichtert. Und mir steht sie auch höher als jene Kathederprophetie, die sich darüber nicht klar ist, daß innerhalb der Räume des Hörsaals nun einmal keine andere Tugend gilt als eben: schlichte intellektuelle Rechtschaffenheit. Sie aber gebietet uns festzustellen, daß heute für alle jene vielen, die auf neue Propheten und Heilande harren, die Lage die gleiche ist, wie sie aus jenem schönen, unter die Jesaja-Orakel aufgenommenen edomitischen Wächterlied in der Exilszeit klingt: »Es kommt ein Ruf aus Seʿîr in Edom: Wächter, wie lang noch die Nacht? Der Wächter spricht: Es kommt der Morgen, aber noch ist es Nacht. Wenn ihr fragen wollt, kommt ein ander Mal wieder.« Das Volk, dem das gesagt wurde, hat gefragt und geharrt durch weit mehr als zwei Jahrtausende, und wir kennen sein erschütterndes Schicksal. Daraus wollen wir die Lehre ziehen: daß es mit dem Sehnen und Harren allein nicht getan ist, und es anders machen: an unsere Arbeit gehen und der »Forderung des Tages« gerecht werden – menschlich sowohl wie beruflich. Die aber ist schlicht und einfach, wenn jeder den Dämon findet und ihm gehorcht, der s e i n e s Lebens Fäden hält.

Editorische Notiz

Die hier vorgelegten Texte sind auf Grund der Originaldrucke, die im folgenden angegeben werden, neu ediert und mit den späteren, bei J. C. B. Mohr (Paul Siebeck), Tübingen, erschienenen Ausgaben kritisch verglichen worden.

»Die Objektivität sozialwissenschaftlicher und sozialpolitischer Erkenntnis« erschien in dem von Max Weber, Werner Sombart und Edgar Jaffé seit 1904 herausgegebenen *Archiv für Sozialwissenschaft und Sozialpolitik*, Bd. 19 (1904) S. 22–87, und war teilweise so etwas wie ein »Editorial« dieser Zeitschrift.

»Objektive Möglichkeit und adäquate Verursachung in der historischen Kausalbetrachtung« ist der zweite, in sich abgeschlossene Teil der »Kritischen Studien auf dem Gebiet der kulturwissenschaftlichen Logik, I, II«, die im *Archiv für Sozialwissenschaft und Sozialpolitik*, Bd. 22 (1906) S. 143–204, erschienen. Der erste Teil dieser Studien war der Auseinandersetzung mit dem Historiker Eduard Meyer gewidmet, auf den sich Weber auch im zweiten Teil bezieht.

»Analyse des Begriffs der ›Regel‹« ist der letzte Abschnitt eines vierteiligen Aufsatzes über »R. Stammlers ›Überwindung‹ der materialistischen Geschichtsauffassung«, ebenfalls im *Archiv für Sozialwissenschaft und Sozialpolitik*, Bd. 24 (1907) S. 94–151 erschienen.

»Der Sinn der ›Wertfreiheit‹ der soziologischen und ökonomischen Wissenschaften« erschien in: *Logos. Internationale Zeitschrift für Philosophie der Kultur*, Bd. 7 (1917) S. 40–88.

»Wissenschaft als Beruf« war ursprünglich ein mündlich gehaltener Vortrag vor einer Münchener Studentenversammlung im Jahre 1919, der zuerst erschien in: *Geistige Arbeit als Beruf. Vier Vorträge vor dem Freistudentischen Bund*, [o. O.] 1919, Erster Vortrag.

Ab 1922 erschienen diese Aufsätze zusammen mit anderen in dem zunächst von Marianne Weber, dann – ab 1951 – von Johannes Winckelmann im Verlag J. C. B. Mohr (Paul Siebeck), Tübingen, herausgegebenen und von Auflage zu Auflage mehrfach veränderten Band *Gesammelte Aufsätze zur Wissenschaftslehre*, zuletzt in 6. Auflage

1985. – Der endgültige Text dieser Aufsätze erscheint in der *Max Weber-Gesamtausgabe*, die ab 1984 ebenfalls bei J. C. B. Mohr (Paul Siebeck) ediert wird, in den Bänden 7, 12 und 17 der 1. Abteilung.

Zu den einzelnen Drucken ist folgendes zu bemerken: Die Originaldrucke, die Weber noch selbst überwacht hatte, haben viele Druckfehler und sind in der Zeichensetzung nicht ganz einheitlich, außerdem weisen sie sehr viele Sperrungen auf. Aber sowohl die Sperrungen als auch die Interpunktion spiegeln Webers Bemühungen wider, seine Schriften in Sprecheinheiten mit deutlichen Betonungen zu gliedern.

Marianne Weber hat in ihrer Ausgabe von 1922 viele Druckfehler korrigiert, die Zeichensetzung meist belassen, aber sehr viele Sperrungen aufgehoben und an einigen Stellen die Sätze umgestellt, um sie lesbarer zu machen.

Winkelmann hat in seiner Ausgabe (1951) offenbar den Text von Marianne Weber übernommen, aber nunmehr eigene Bemerkungen eingefügt, die Interpunktion etwas vereinheitlicht und weitere Satzumstellungen vorgenommen.

In den nachfolgenden Auflagen ist dann die Zeichensetzung noch weiter verändert worden – oft zum Schaden des Originaltextes – und weitere Konjekturen und Satzumstellungen sind vorgenommen worden, ohne daß dies in textkritischen Anmerkungen festgehalten worden wäre.

Die vorliegende Ausgabe hält sich an die Originaldrucke, verbessert aber die offensichtlichen Druckfehler und bereinigt die Zeichensetzung an den Punkten, wo sie Webers sonstiger Handhabung von Satzzeichen zu widersprechen scheinen. Sowohl die Umlautschreibung als auch der Gebrauch von Anführungszeichen wurden modernisiert und normalisiert.

Die Anmerkungen Max Webers zu den Texten sind jeweils durchnumeriert, erläuternde Zusätze des Herausgebers als Fußnoten mit einem Stern oder in eckigen Klammern in den Anmerkungen selbst wiedergegeben.

Der Herausgeber dankt drei Mitarbeitern. Der durch Lesen und Gegenlesen zustande gekommene kritische Vergleich der Originaldrucke mit den späteren Ausgaben, auf dem der vorliegende Text basiert, wurde von Mareen Schattenberg und Rainer Geisler durchgeführt, Philip Beck half mir mit weiteren Vergleichen und Konkordanzen, und die Korrekturen der Fahnen und des Umbruchs wurden wieder von Mareen Schattenberg und Rainer Geisler vorgenommen.

Geschichte der Philosophie in Text und Darstellung

Alle acht Bände auch in Kassette erhältlich.

»Diese Unternehmung besticht durch einen gescheiten Ausweg aus dem Dilemma, in das uns die Einsicht führt, daß es einen unparteiischen Standpunkt vielleicht nur für den lieben Gott gibt. Sie verfügt über eine Konzeption, die die je verschiedene Eigenart der geistigen Standpunkte und Perspektiven schon durch die Kombination der literarischen Gattungen herausstellt. Die Brauchbarkeit für das philosophische Bildungswesen wird dadurch sehr gefördert. Besonders für die neu gestaltete Oberstufe des Gymnasiums, in der dem Fach Philosophie eine besondere Bedeutung zukommt, scheint die Mischung von Text und Darstellung geeignet.
Der Philosophieunterricht, der sich dieses Angebot zunutze macht, stellt die geistespolitischen Kategorien bereit, die für das Verständnis der westlichen Staatstheorien im Fach Gemeinschaftskunde erforderlich sind.«　　Eckhard Nordhofen, F. A. Z.

Philipp Reclam jun. Stuttgart

Deutsche Philosophie des 20. Jahrhunderts

IN RECLAMS UNIVERSAL-BIBLIOTHEK

Philipp Reclam jun. Stuttgart